찬 양

네비게이토 선교회는
국제적이며 복음적인 기독교 기관이다.
예수 그리스도께서는 자기를 따르는 자들에게
"너희는 가서 모든 족속으로 제자를 삼으라"
(마태복음 28:19)는 지상사명을 주셨다.
네비게이토 선교회는 세계 모든 국가에서
예수 그리스도의 일꾼들을 배가시켜
이 지상사명의 성취를 돕는 것을
근본 목표로 하고 있다.

네비게이토 출판사는
네비게이토 선교회의 문서 선교를 담당하고 있다.
본 출판사에서는 그리스도인의 영적 성장을 돕는
서적과 자료들을 출판하여,
그리스도인의 삶의 기초가 견고한
헌신된 제자로 성장하게 하고,
나아가 성숙한 인격과 지도력을 갖춘
일꾼이 되도록 돕고 있다.

Translated by permission
Title originally published in English as
PRAISE: A DOOR TO GOD'S PRESENCE
by NavPress, a ministry of The Navigators, USA.
ⓒ 1987 by Warren and Ruth Myers.
All rights reserved.
Korean Copyright ⓒ 1989 by Korea NavPress.

찬 양
하나님의 존전으로 통하는 문

PRAISE
A DOOR TO GOD'S PRESENCE

워렌 & 룻 마이어즈
WARREN & RUTH MYERS

TO KNOW CHRIST AND TO MAKE HIM KNOWN

차 례

저자 소개 ··· 7
추천의 말 ··· 9
머리말: 보상과 위험 ································· 11
서론: 찬양하는 삶에서 자라 감 ················· 17

제 I 부: 기초
1. 하나님께 초점을 맞춤 ························· 26
2. 하나님의 능력과 임재를 경험함 ·········· 40
3. 신령과 진정으로 예배함 ······················ 51
4. 찬양의 기초를 하나님의 말씀에 둠 ····· 68
5. 찬양과 간구를 함께 함 ························ 81
6. 함께 하는 찬양 ···································· 100
7. 일생 동안 찬양함 ································ 112

제Ⅱ부: 의문점

8. 예배[경배], 찬양, 감사 …………………………………… 124
9. 조건 없이 찬양함 ………………………………………… 142
10. 항상 감사함 ……………………………………………… 153
11. 갈등을 해결함 …………………………………………… 165
12. 시련을 사용하여 선을 이룸 …………………………… 178

제Ⅲ부: 자유

13. 보물찾기에 참여함 ……………………………………… 194
14. 기쁨을 가꿈 ……………………………………………… 206
15. 하나님과 친교를 나눔 ………………………………… 223
16. 풍성한 유익을 누림 …………………………………… 248

부록 …………………………………………………………… 268

저자 소개

저자인 워렌과 룻 마이어즈 부부는 선교사로서 주님의 복음을 위하여 평생을 바쳤습니다. 그들은 주로 아시아에서 그리스도의 제자를 삼고 일꾼을 배가함으로 그리스도의 지상사명을 성취하는 일에 헌신하였습니다.

남편인 워렌은 제2차 세계대전이 끝나기 직전 미국 육군항공대에서 복무하던 중 예수 그리스도를 개인의 구세주로 영접하였습니다. 그는 전쟁이 끝나고 대학에서 네비게이토 성경공부에 참석하면서 영적으로 성장하였고, 해외 선교사로서 주님을 섬기기로 헌신하였습니다. 1949년 대학을 졸업하고 네비게이토 간사가 되어 3년 동안 훈련을 받으며 사역을 하였고, 마침내 1952년 선교사로 아시아에 파송되어, 일생의 거의 대부분을 홍콩, 인도, 베트남 등 아시아에서 주님을 섬기다가 2001년 주님께로 돌아갔습니다.

아내인 룻은 10세 때 어머니의 인도로 예수님을 개인의 구세주로 영접한 후 잠시 신앙적 방황을 하다가 16세 때 하나님께서 원하시면 무엇이든지, 그것이 해외에 선교사로 나가는 것일지라도 기꺼이 순종하겠다고 헌신하였습니다. 그 후 영적으로 성장하기 시작하였고, 네비게이토 간사로 주님을 섬기게 되었습니다. 남편인 딘 덴러와 함께 아시아에 선교사로 파송되어 대만, 필리핀, 홍콩 등지에서 주님을 섬겼으며, 1960년 남편 딘을 암으로 잃는 아픔을 겪었습니다. 딘이 주님께로 돌아간 후 룻은 네비게이토 국제본부에서 섬기다가 워렌을 만나 재혼하게 되었고 워렌과 함께 다시 아시아로 나가 그리스도의 제자를 삼고 일꾼을 배가하는 일에 헌신하였습니다. 노년의 나이에도 저자는 끊임없이 하나님을 더 깊이 알기를 갈망하였고, 하나님의 사랑은 참으로 완전하다는 것을 배웠으며, 2010년 사랑하는 주님께로 돌아갔습니다. 워렌과 룻, 그들은 지금 영원한 하늘나라에서 그들이 그토록 사모하던 주님을 마음껏 찬양하고 있을 것입니다.

    저자 부부는 본서 외에도 효과적인 기도를 비롯하여 찬양의 31일, 기도의 31일, 경건의 시간을 갖는 법, 나를 기뻐하시며 사랑하시는 하나님, 완전한 사랑, 하나님의 속성을 경험함, 하나님의 임재를 경험함 등을 저술했습니다.

추천의 말

한 번 읽고 나면 다시 손이 가지 않는 책이 있는가 하면, 가까이에 두고 읽고 또 읽고 싶은 책도 있습니다. 이 책 '찬양: 하나님의 존전으로 통하는 문'은 바로 후자에 속하는 책입니다. 이 책은 예배[경배], 찬양, 감사라는 주제에 대한 저자들의 깊은 연구와 뜨거운 헌신의 결과로 나왔습니다. 여기에는 하나님께 예배[경배]와 찬양과 감사를 드리는 삶을 사는 데 필요한 실제적인 교훈이 담겨 있습니다.

예배[경배], 찬양, 감사, 이 세 가지는 우리 삶에서 있으면 좋고 없어도 그만인 것이 아니라, 없어서는 안 되는 기초가 되는 것이요, 하나님께는 영광을 돌리고 예배하는 사람에게는 영적 성숙을 가져다주는 아주 중요한 것입니다. 우리의 기도를 보면 인간 중심적일 때가 너무나 많습니다. 주님께서는 기도의 본을 통하여, 사람보다 하나님이, 사람의 필요보다 하나님의 영광이 우선되어야 한다는 것을 분명하게 가르쳐 주셨습니다. 우리가 신령과 진정으로 하나님을 예배할 그때에 하나님께서는 자신의 임재를 우리에게 나타내 보여 주십니다.

저자들은 전적으로 성경 말씀을 기초로 하여 이 주제들을 다루었습니다. 성경 말씀이 주님을 향한 사랑과 헌신의 불꽃을 타오르게 하는 연료가 되며 풍성한 삶으로 인도하는 길이 됨을 이 책은 아주 잘 보여 줍니다. 예배에 대한 거의 모든 유명 성구가 이 책 안에 총망라되어 있습니다. 뿐만 아니라 이 책은 기도와 연관하여 제기되는 여러 의문점까지도 다룹니다. 한 예로, '범사에 감사하라'는 가르침은 얼핏 생각하면 실행 불가능한 권면처럼 들리는데, 이 책에는 여기에 대한 만족할 만한 해결책이 제시되어 있습니다.

회중이 함께 드리는 예배와 찬양의 형식은 매우 다양해서 오늘날 논쟁거리가 되기도 합니다. 이 책에서는 이것을 논쟁거리로 버려두지 않고 오히려 그러한 다양한 형식을 통해 큰 유익과 활력을 얻을 수 있도록 실제적인 제안을 합니다. 마지막 부분에는 각 요일별로 할 수 있는 찬양 기도의 예가 제시되어 있습니다. 이 예를 따라 실행을 해보면 찬양의 삶에 새로운 도전과 활력을 얻게 될 것입니다.

저자들의 제안대로 이 책을 매주 한 장씩 읽고, 한 주 동안 실행해 보십시오. 영적으로 풍성한 축복과 유익을 누리게 되리라 확신합니다.

J. 오스왈드 샌더스

머리말:
보상과 위험

어느 날 아침나절에 평소 친하게 지내던 노부부와 이야기를 나누었습니다. 항상 하나님을 찬양하며 범사에 하나님께 감사하는 것이 어떤 가치가 있는가 하는 것이었습니다. 그 자리에는 대학 교수인 아들도 있었는데, 우리 이야기를 듣고 있다가 조심스레 말했습니다. "범사에 하나님께 감사하고 찬양하는 것이 판도라의 상자를 여는 것이 될 수도 있겠군요." 이 말이 마음에 걸려 아내의 머릿속에는 며칠 동안 이런저런 질문이 떠나질 않았습니다. '찬양과 감사가 위험할 수도 있을까? 그리고 비성서적인 것이 될 수도 있을까? 찬양과 감사가 어떻게, 뚜껑을 열자 온갖 재앙과 불행이 쏟아져 나와 세상에 퍼지게 되었다는 마법의 상자와 같은 게 될 수도 있지?'

위험과 잘못된 개념

올바른 찬양과 감사를 드리기 위해서는 하나님과 하나님의 말씀을 올바로 알아야 합니다. 하나님의 말씀과 다양한 찬양의 예들을 살펴보면서, 하나님과 하나님의 말씀에 대한 올바른 지식에 찬양과 감사의 기초를 두는 것이 얼마나 중요한가를 더욱 분명히 알게 되었습니다. 이 기초 위에서만이 우리의 찬양과 감사는 진정한 예배의 표현이 될 수 있습니다. 하나님께 입술의 고백만이 아니라 우리 자신까지 드리게 되는 것입니다. 그럴 때에 찬양과 감사는 기쁨의 근원이 될 수 있습니다. 이러한 찬양과 감사는 우리에게 힘을 주며, 하나님께 영광과 기쁨이 됩니다. 그러나 성서적인 시야와 원리에서 벗어난 찬양은 실제로, 판도라의 상자를 여는 것처럼, 하나님께 영광이 되지 못하고 해로운 결과를 초래할 수도 있습니다.

이처럼 해가 되는 결과를 몇 가지만 들어 보겠습니다. 어떤 이들은 진실치 못하게 미소의 가면 뒤에 자신의 감정을 숨기고 억누릅니다. 어떤 이들은 하나님께 굴복하지는 않고, 찬양으로 하나님의 마음을 움직여 자신이 원하는 것을 얻어 내려고 합니다. 또, 자신의 잘못으로 맞게 된 시련을 하나님께서 주신 것으로 혼동하는 이들도 있습니다. 삶 가운데 있는 문제들에 대한 해결책을 적극적으로 찾으려 하지는 않고 찬양으로 대체하려고 하는 피동적인 이들도 있습니다. 그리고 어떤 이들은 찬양에 대한 보상으로 시련 없는 삶을 허락해 주시지 않는다고 하나님을 원망하기도 합니다.

찬양을 만병통치약으로 생각하며 그리스도인의 삶에서 으뜸가는 성공 비결로 여기게 되면, 그리스도인의 다른 필수적인 기본 생활, 예를 들어 자신과 다른 사람들을 위한 기도라든가 주님과의 교제, 부지런한 말씀 섭취, 그리스도인의 교제, 그리스도를 증거하는 삶, 매일의 삶 속에서 그리스도의 주재권을 인정하고 순종하는 삶 등을 등한히 하기 쉽습니다.

또, 찬양의 감정적인 면을 지나치게 강조하다 보면 삶이 감정적으로 메마른 시기에는 실망에 빠질 수 있습니다. 신실한 그리스도인들 중에도 찬양에 따르는 강한 감정적인 기쁨을 경험하지 못함으로 말미암아 '나는 찬양의 삶을 제대로 살 수 없을 거야'라는 생각에 사로잡혀 낙심하는 이들이 있습니다. 그렇다고 부작용이 무서워서 찬양의 감정적인 측면을 무시하라는 말은 아닙니다. 무시하게 되면 찬양이 주는 많은 즐거움과 유익을 놓치게 됩니다. 실제로 찬양은 많은 즐거움과 유익을 주기 때문입니다.

그리스도인들 가운데는 찬양을 별로 중요하지 않게 생각하거나 아예 무시하는 이들이 많습니다. 그런가 하면 찬양을 통해 뭔가 이익을 얻으려고만 골몰하는 사람들도 있고, 찬양에 대해 의문을 품고 있는 이들도 있습니다. 또 어떤 이들은 찬양과 예배[경배]를 받고 싶어 하시는 하나님의 성품을 잘못 이해하고 있기도 합니다. 이들의 생각 속에는, 찬양이란 칭찬받기를 좋아하는 십대들이나 갈채를 기대하는 명사들과 같이 찬사를 갈망하는 허영에 찬 사람들에게나 어울리는 것이라는 선입견이 있습니다. 또한 모든 일에 감사하라는 성경의 가르침을 올바로 이해하지 못하여 실족하는 사람들도 있습니다.

보상

성경에 보면 하나님을 찬양하고 하나님께 감사하는 사람들이 자주 나옵니다. 그들은 자기들만 이 일을 할 뿐 아니라, 다른 사람들에게도 똑같이 이 일을 하라고 권면합니다.

감사로 하나님께 제사를 드리며…. (시편 50:14)

할렐루야, 여호와의 이름을 찬송하라. 여호와의 종들아, 찬송하라. 여호와를 경외하는 너희들아, 여호와를 송축하라. (시편 135:1,20)

범사에 감사하라. 이는 그리스도 예수 안에서 너희를 향하신 하나님의 뜻이니라. (데살로니가전서 5:18)

이러므로 우리가 예수로 말미암아 항상 찬미의 제사를 하나님께 드리자. 이는 그 이름을 증거하는 입술의 열매니라. (히브리서 13:15)

하나님께서는 예배[경배], 찬양, 감사에 큰 중요성을 부여하십니다. 하나님께서 이렇게 하시는 것은, 자신의 욕심만을 챙기는 이기주의자이시기 때문이 아니라 그 마음에 우리에게 가장 유익한 것을 도모하시는 분이시기 때문입니다. 찬양과 감사는 우리로 자기중심적인 사고에서 벗어나 그리스도 중심적인 사람이 되도록 도와줍니다. 찬양과 감사는 우리의 마음과 생각의 초점을 주님께 맞추도록 해주며, 우리로 주님을 더욱 닮게 해줍니다. 찬양과 감사를 소홀히 하는 것은 자기 자신에게 손해입니다. 찬양과 감사는 기쁨과 영적 활력을 더해 주는 강장제(强壯劑)와 같은 것이기 때문입니다.

이처럼 찬양은 우리의 내적 삶에 좋은 영향을 줄 뿐만 아니라,

외적으로도 하나님께서 베푸시는 구원과 축복을 경험케 하는 통로가 되며, 이것은 다시 우리에게 새로운 찬양의 동기가 됩니다.

그러므로 찬양과 감사를 하지 않는 것은 하나님께 천만부당한 일입니다. 우리에게 있는 모든 것이 하나님께서 주신 것이기에 하나님께 감사하고 하나님의 이름에 합당한 영광을 돌리는 것(시편 29:2 참조)은 우리가 마땅히 해야 할 일인 것입니다.

이런 등등의 많은 이유들이 있기에 찬양과 감사로 드리는 예배는 단순히 해도 좋고 안 해도 좋은 그런 것이 아니라 우리의 의무입니다. 하지만 예배는 단지 의무가 아니라, 살아 계신 하나님의 자녀 된 우리의 가장 큰 특권입니다. 그러기에 예배는 우리 삶에서 우선순위를 차지해야 마땅한 것입니다.

우리가 예배와 찬양과 감사에 대한 성서적 원리들을 배워 나가며 하나님께 감사하고 하나님을 찬양하는 능력을 길러 갈 때, 예배와 찬양과 감사는 우리에게 더할 나위 없이 큰 기쁨이 될 것입니다. C. S. 루이스는 시편 묵상집에서 찬양에 대해 다음과 같이 썼습니다.

우리는 자신이 즐거워하는 대상을 찬양하기를 기뻐합니다. 찬양은 그 즐거움을 표현할 뿐 아니라 완전케 하기 때문입니다. 그런 의미에서 찬양은 즐거움의 최종 완성이요 극치입니다. 찬양은 연인들이 줄곧 서로 상대방의 아름다움을 말해 대는 것과 같은 식의 찬사가 아닙니다. 기쁨은 표현될 때까지는 미완성입니다. 새로운 작가를 발견했는데도 그가 얼마나 훌륭한지를 아무에게도 말해 줄 수 없을 때, 등산을 하다가 길모퉁이를 도는 순간 갑자기 눈앞에 펼쳐진 전혀 뜻밖의 황홀한 경치에 넋을 잃고도 동행하던 사람들이 길가 도랑에 버려진 빈 깡통 보듯 대수롭지 않게 여기기에 입을 다물고 있어야 할 때, 그 사람이라면 맞장구치며 들어줄 텐데 1년 전 세상을 떠나서 이젠 멋진 유머를 듣고도 함께 나눌 사람이 없을 때, 답답한 마음은 이루 말할 수 없을 것입니다. 표현은 할 수 있다 하더라도 흡족하게 표현할 수가 없다면 답답하기는 마찬가지이리라. 그러나 그 찬사를 마음껏 완전하게 표현할 수 있다면 어떻겠습니까? 그 가슴 벅찬 감격을 시나 음악이나 그림으로 완벽하게 '꺼내 놓을' 수 있다면 말입니다. 그렇다면 그 찬사의 대상은 온전히 높임을 받을 것이요 우리의 기쁨은 더할 나위 없는 경지에 다다를 것입니다. 그 대상이 찬사를 받기에 합당하면 할수록 이 기쁨은 더 강렬할 것입니다. 지음받은 영혼이 만유 위에 뛰어나신 창조주, 만유 가운데 우리의 모든 찬양과 감사를 받으시기에 홀로 합당하신 하나님을 온전히(한계가 있긴 하지만 가능한 최고의 수준으로) 높여 드릴 수 있다면, 다시 말하여 주님을 사랑하고 주님을 기뻐하며 주님 안에서 기뻐할 뿐더러 나아가 이 기쁨을 어느 때나 완전하게 표현할 수 있다면, 그 영혼은 최고의 복을 누리고 있는 것이리라.

독자 여러분이 만유 가운데 우리의 모든 찬양과 감사를 받으시기에 홀로 합당하신 하나님 안에서 기뻐하며, 날마다 그 기쁨을 누릴 뿐더러, 그 기쁨을 더욱 차고 넘치게 표현하는 데 이 책이 도움이 되기를 간절히 기도합니다.

서론:
찬양하는 삶에서 자라 감

예배란 무엇입니까? 예배와 찬양은 서로 어떤 관계에 있습니까? 이 둘은 거의 같은 것입니까?

예배, 찬양, 감사는 기쁨으로 하나님과 친밀히 동행하는 삶에 없어서는 안 될 필수 요소입니다. 그러나 이 세 가지에 대한 우리의 생각은 막연하거나 혼동되어 있을 수 있습니다. "우리는 하나님께서 주시는 것을 인하여 감사하고, 하나님께서 하시는 일을 인하여 찬양하며, 하나님의 어떠하심을 인하여 예배[경배]한다"고 말하는가 하면, "우리는 하나님께서 하시는 일을 인하여 감사하고, 하나님의 어떠하심을 인하여 찬양하며, 예배에는 감사와 찬양 이 둘에다 또 다른 요소들이 포함되어 있다"라고 말하기도 합니다. 이러한 구분은 하나님을 높이는 우리의 기도에 무엇을 포함시켜야 하는가를 상기하는 데는 도움이 되지만, 성경은 이 셋을 이처럼 엄격하게 구분하고 있지는 않습니다.

하나님께서는 우리가 하나님을 향한 우리의 공경과 찬미와 고마움의 마음을 표현하기를 원하십니다. 성경은 신구약 전체에서 이 마음을 표현하는 여러 가지 방법을 예를 들어 보여 주고 있지만, 예배[경배], 찬양, 감사의 명확한 정의를 내리고 있지는 않습니다. 찬양과 감사를 정확하게 구분하고 있지도 않습니다.

이처럼 성경에 명확한 정의나 구분이 나와 있지 않기에, 이 셋에 대해 절대적이라기보다는 도움이 될 만한 정의를 내려 볼 필요가 있습니다. 이때 주의해야 할 점은, 우리와 다른 정의를 내리거나 다른 뜻으로 사용하는 사람들에 대하여 비판하는 마음을 갖지 않도록 해야 한다는 것입니다. 바울은 다툼을 일으키는 변론과 언쟁을 조심하라고 경고합니다(디모데전서 6:4-5, 디모데후서 2:23).

예배[경배]

성경에서 '예배[경배]'라는 말은 일반적으로 충성과 공경의 마음을 표하기 위해 몸을 굽혀 절을 하는 것과 같은 구체적인 행위를 나타내는 데 사용되고 있습니다. 예수님 당시부터 이러한 행위는 외적이고 눈에 보이는 것뿐만 아니라 내적이고 보이지 않는 것이 될 수도 있었습니다. 이 책에서는 예배를 바로 이런 뜻으로 사용하고자 합니다.

어떤 사람들은 예배라는 말 안에는 하나님의 영광을 위해 우리가 일상생활 가운데서 행하는 모든 활동이 다 포함된다고 생각하기도 합니다. 즉 우리가 하나님을 위해 어떤 일을 한다면 그것은 궁극적으로 하나님께 드리는 예배가 된다는 말입니다. 그러나 신구약의 말씀들 가운데 예배[경배]로 번역된 모든 말은 다른 활동들과는 구분하여 사용되고 있습니다. 우리는 우리의 일을 하나님께 드리는 그 행위는 예배라고 믿지만, 우리가 하는 일 자체를 예배라고는 생각지 않습니다. 비록 그것이 하나님께 드려졌기 때문에 신령한 것은 사실이지만, 그 일 자체를 예배라고 할 수는 없으며 그것은 예배의 열매라고 하는 편이 합당할 것입니다.

어느 쪽이든 그 목적은 영적으로 같은 결과를 향하고 있습니다. 그것은 곧 예배와 일, 둘 다 하나님께 열납될 수 있는 거룩한 제물로 드리는 것입니다. 우리가 매일 하나님 앞에 나아가 예배하며 우리의 마음을 드릴 때 그 행위는 예배에 그치지 않고 삶의 다른 활동들로 연장되어 우리의 삶 전체에 새로운 빛과 의미를 부여합니다. 중요한 것은 이 목표를 향해 힘써 나아가는 것입니다.

찬양

구약성경에 쓰인 찬양이라는 말에는 원래 소리를 낸다는 의미가 내포되어 있으며, 주로 공적 예배와 관련이 되어 있습니다. 그렇기 때문에 어떤 사람들은, 우리도 원래의 의미대로 무리가 함께 소리 내어 찬송하는 것에 한해서 찬양이라는 말을 사용해야 하며, 반면 감사와 예배라는 말은 우리가 함께 하는 것뿐만 아니라 개인적으로 조용히 마음속으로만 하는 것에도 사용할 수 있다고 생각합니다. 이렇게 구분하는 것이 좋다는 사람들도 있고, 오늘날 우리가 일반적으로 사용하는 찬양의 의미와 달라 별로 마음에 내키지 않아 하는 사람들도 있습니다.

고대 이스라엘은 회중이 소리 내어 드리는 찬양을 비롯한 풍성한 찬양의 본을 우리에게 물려주었습니다. 이것은 개인주의가 발달된 사회에 사는 사람들에게는 특히 중요합니다. 이들은 개인의 삶을 중시해서 다른 신자들과 함께 어울려 사는 삶의 중요성을 낮게 평가하는 경향이 있기 때문입니다. 그렇긴 하지만 히브리어에서 사용되던 찬양이라는 말의 의미 때문에 오늘날 우리가 보편적으로 사용하고 있는 찬양의 의미에 제한을 받을 필요는 없습니다. 말이란 역동적이고 변화하며, 오늘날 우리가 사용하는 찬양의 의미에는 회중이 소리 내어 하는 찬양과 더불어 개인이 마음 속으로 드리는 찬양이 모두 포함되어 있습니다. 1800년대에 호레이셔스 보나는 이런 시를 쓰기도 했습니다.

내 삶을 충만케 하소서, 주 나의 하나님.
내 삶을 찬양으로 가득 채워 주소서.
온 몸과 마음으로 주님을 찬양하며
삶 전체로 주님의 행사를 전하게 하소서.

입술로 찬양할 뿐 아니라
가슴으로 찬양하게 하소서.
온 몸과 마음으로, 나의 삶 전체로
주님을 찬양하게 하소서.

오늘날의 그리스도인들에게는 보다 넓은 의미의 이런 찬양이 일반화되어 있습니다. 이처럼 우리의 전 존재로 드리는 찬양이 예수님의 가르침과 부합된다고 생각합니다. 예수님께서는 순종에서뿐 아니라 예배에서도 우리의 생각과 동기와 내적 반응을 크게 강조하셨습니다.

앞에서 살펴본 예배, 찬양, 감사라는 말 중에서, 주 하나님의 무한하신 능력과, 주님께서 행하신 놀라운 일, 주님의 크고 높으신 위엄과 절대주권적 통치 등을 인해 하나님을 높이고 즐거워하는 반응을 가장 잘 나타내는 것이 바로 '찬양'인 것 같습니다. 이 반응이 개인적이든 공적이든, 소리를 내든 내지 않든 말입니다. 따라서 소리 없이 개인적으로 하는 찬양이 비록 옛날 이스라엘 백성의 찬양 개념과는 다르더라도, 오늘날 많은 사람들에게 예배의 중요한 면을 전달해 주고 있습니다. 아울러 우리의 경건의 시간에 시편을 자유롭게 사용해도 됩니다. 시편에 찬양이라는 말이 나올 때 '찬양이란 말 대신에 다른 말을 사용해야 되는 것 아니야?' 하는 생각은 하지 않아도 좋습니다.

어떤 용어든 주님께 영광을 돌리는 데 도움이 되는 의미로 사용해야 하며, 독단적이 되어서는 안 되고 그것을 다른 사람들에게까지 강요하지는 않도록 조심해야 합니다. 중요한 것은, 하나님의 속성과 성품, 하나님께서 하시는 일, 하나님께서 주시는 것들을 인하여 하나님을 영화롭게 해드리는 것입니다. 그것을 개인적으로 하든 회중이 함께 하든, 소리를 내든 내지 않든, 입술로 드리든 삶으로 드리든, 모든 방법을 다 동원하여 하나님을 영화롭게 해드리도록 하십시오.

제8장에서는 예배와 찬양과 감사에 대해 보다 깊이 연구하며 이 세 가지가 서로 어떻게 관련되어 있는가를 살펴보겠습니다. 이 책에서는 하나님께 감사하고 하나님을 찬양하는 우리의 모든 행위를 '예배'로 간주하겠습니다. 예배는 찬양과 감사라는 보석들이 박혀 있는 왕관이라 부를 수도 있을 것입니다.

예배하는 일에 성장함

하나님을 예배할 때 말을 많이 하거나 그럴듯한 말을 꾸며 할 필요는 없습니다. 어린 그리스도인의 몇 마디 더듬거리는 찬양까지도 하나님 아버지의 마음을 기쁘시게 합니다. 그러나 모든 의사 전달처럼 찬양과 감사를 표현하는 기술도 발전시킬 수 있습니다. 하나님께서는 우리의 예배에도 발전이 있기를 원하십니다.

여러분의 삶에서 단지 찬양을 더 많이 하려고 노력하는 것이 전적인 해결책이 될 수는 없습니다. 만일 여러분이 찬양이 없는 무기력한 삶을 살고 있다면 단순히 겉으로 드러난 증상만을 치료하려 하지 말고 그런 삶의 근본 원인을 밝혀내어 근본적인 치료를 해야 합니다. 원인으로는 여러 가지가 있을 수 있는데, 영적 영양실조에 걸려 있을 수도 있고, 또는 찬양에 대한 잘못된 개념을 가지고 있을 수도 있습니다. 대표적으로 이 두 가지가 진정한 찬양과 감사를 지속적으로 드리지 못하도록 가로막습니다.

지금까지 우리 부부의 예배와 찬양과 감사의 삶은 이해와 경험 두 가지 면에서 꾸준히 성장해 왔습니다. 이 책에서 우리는 예배와 찬양과 감사에 관한 우리의 이해와 경험을 나누고자 합니다. 여기서 소개하는 내용들이 여러분의 예배와 찬양과 감사를 더욱 새롭게 하고 풍성하게 해주기를 바라면서 이 책을 씁니다. 여러분이 이 세 가지 영역에서 더욱 성장하고 강건해지기를 기도합니다. 이 책의 내용들이 자비하시고 크신 위엄 가운데 계신 주 하나님께 신령과 진정으로 예배드리는 데 많은 도움이 되리라 믿습니다.

예배와 찬양과 감사는 해도 좋고 안 해도 좋은 것이 아니라 반드시 해야 되는 것인데, 우리는 두 가지 이유를 특히 강조하는 바입니다. 첫째는, 예배와 찬양과 감사가 하나님을 기쁘시게 해 드리기 때문입니다. 예배와 찬양과 감사를 통해 우리는 하나님과 더욱 친밀한 교제를 갖게 되고, 뿐만 아니라 주님과의 교제를 더욱 꾸준하게 갖게 됩니다. 둘째는, 이를 통해 우리의 필요가 채워지기 때문입니다. 우리에게는 하나님께서 주신 필요가 있는데, 곧 안전하고 만족스러운 삶을 살고 이를 통해 하나님을 영화롭게 하는 것입니다. 예배와 찬양과 감사는 바로 이 필요를 채워 줍니다.

이 책에는 또한 여러분이 하나님의 말씀에서 벗어나지 않고 풍성하고 의미 깊은 예배를 경험하도록 돕는 실제적인 방법도 제시되어 있습니다. 사람마다 개성이 각각 다르기 때문에 예배의 경험도 각기 다를 것이요, 이러한 다양성 자체가 하나님께 기쁨을 더해 드리게 될 것입니다. 이 책에서는 때때로 우리의 마음속에 일어나는, 예배에 방해가 되는 의문들과 숨은 문제점들에 대해서도 다루겠습니다.

이 책 뒷부분에는 요일별로 할 수 있는 찬양 기도문이 실려 있습니다. 이 찬양을 통해, 우리의 사랑하고 경외하는 하나님—성부, 성자, 성령 삼위일체 하나님—의 위대하신 속성과 성품, 그리고 그 하나님의 자녀가 되어 하나님의 절대주권적인 돌보심과 은혜로운 인도 아래서 사는 우리의 특권에 더욱 분명히 초점을 맞추는 데 많은 도움을 얻게 되리라 믿습니다. 또한 각 장의 끝부분에 개인적으로 또는 그룹으로 공부를 할 수 있도록 묵상 및 토의를 위한 난도 마련했습니다. 이를 통해 여러분이 배운 것을 활용하는 기술을 발전시킴으로 예배의 즐거움을 더욱 누리시기 바랍니다.

제I부

기 초

금광이 금을 열심히 찾는 사람들에게 금을 내주듯이, 성경은 하나님께서 어떤 분이신가를 더 잘 알려고 애쓰는 사람들에게 하나님으로 인하여 기뻐하고 즐거워할 수많은 이유를 가르쳐 줍니다.

지극히 크고 높은 위엄 가운데 계시며 자비로우신 하나님의 영광은 아무리 찬양해도 지나치지 않습니다. 하나님을 아는 지식이 깊어질 때, A. W. 토저의 말과 같이, 하나님께서는 이 세상에서 가장 '매력적인' 분이시라는 사실을 더욱 깊이 깨닫게 됩니다. 우리는 이 세상 그 어디에서도 맛볼 수 없는 기쁨과 즐거움을 누리게 됩니다.

제I부에서는, 하나님께 더욱 명확하게 초점을 맞추고, 주님 되신 예수 그리스도께 굴복하는 삶을 새롭게 하며, 성령의 역사를 더 깊이 경험하는 데 도움이 되는 내용을 다룹니다. 이 면에서 발전할 때 여러분의 예배는 그만큼 더 풍성해질 것입니다.

제 1장

하나님께 초점을 맞춤

봄베이(지금의 뭄바이)에 머물 때였습니다. 어느 날 저녁 무렵 나[룻]는 남편을 만나러 게이트웨이 거리를 따라 북쪽으로 가고 있었습니다. 갑자기 숨 막힐 듯이 아름다운 일몰 광경이 나를 사로잡았습니다. 인도양 위의 서쪽 하늘이 온통 형형색색의 색깔로 밝게 물들고 있었습니다. 하나님께서 친히 연출하신 호화찬란한 색들의 쇼에 나를 초대하여 이 멋진 광경을 보여 주신 것입니다. 그 순간부터는 유서 깊은 건물들도, 차와 사람으로 혼잡한 거리도 눈에 들어오지 않았습니다. 루비색과 산호색이 한데 어울려 빚어진 황홀한 바탕에 군데군데 흰색과 옅은 파랑색 줄무늬로 악센트를 준 저녁놀을 넋을 잃고 바라보았습니다. 색들이 펼치는 환희의 춤사위가 점차 잦아들면서 하늘은 진홍빛 호박 색깔로 물이 들기 시작하더니 끝내는 은색 잿빛으로 뒤덮였습니다.

믿음과 찬양

하나님께서 눈을 주셨기에 우리는 일몰 광경도 보며 즐길 수 있습니다. 눈이 있기에 넓게 펼쳐진 푸른 풀밭, 꽃들이 만발한 아름다운 정원을 보고 즐길 수 있으며, 어린아이의 얼굴에 나타난 경이의 표정도 읽을 수 있습니다. 시력이 신체의 기능인 것처럼 믿음은 마음의 눈을 떠 하나님을 볼 수 있게 해주는 영혼의 기능입니다. 믿음은 우리의 삶 가운데서 하나님께서 행하시기 위한 토대가 됩니다. 믿음을 통하여 우리는 하나님을 경험합니다. 믿음으로 우리는 영적으로 거듭나며, 영적으로 성숙해 가면서 하나님을 더 잘 알아 가게 됩니다. 그리스도 안에서 자신을 나타내신 하나님께 응답함으로 믿음은 시작되며, 하나님을 계속 알아 감으로 믿음은 성장합니다.

믿음은 우리를 위해 행하실 하나님을 바라보는 것입니다. 하나님을 의지하며, 하나님을 기대하는 것입니다. 믿음은 하나님께서 우리에게 필요한 것을 공급해 주시고, 우리를 보호해 주시며, 우리에게 만족을 주시고 능력을 주시리라고 하나님을 의뢰하는 것입니다. 믿음은 또한 하나님께서 말씀하신 것이 사실이라는 것과 하나님께서 약속하신 것은 반드시 이루신다는 것을 확신하는 것입니다.

많은 사람들이 처음에는 어느 정도 의심을 가지고 하나님을 바라봅니다. 그러다 믿음이 성장하면서 하나님을 의뢰하는 정도도 점점 커져서 더 큰 확신을 가지고 하나님을 의지합니다. 마침내는 아브라함과 같은 견고한 믿음의 소유자로 성장합니다. 아브라함은 하나님께서 약속하신 것을 능히 이루실 줄을 기대하며 확신했습니다.

믿음이 없어 하나님의 약속을 의심치 않고 믿음에 견고하여져서 하나님께 영광을 돌리며, 약속하신 그것을 또한 능히 이

루실 줄을 확신하였으니. (로마서 4:20-21)

믿음과 마찬가지로 찬양도 하나님께 초점을 맞추는 것입니다. 믿음은 신뢰하는 마음으로 하나님을 바라보는 것이요, 찬양은 찬미하는 마음으로 하나님을 바라보는 것입니다. 믿음은 찬양의 뿌리입니다. 믿음을 바탕으로 찬양이 발전하며, 또한 찬양은 믿음을 견고하게 해줍니다. 하나님을 찬미하는 것과 하나님을 신뢰하는 것은 서로 밀접한 관계에 있습니다.

찬양은 견고한 믿음에 이르게 해주는 지름길입니다. 찬양을 통해서 우리의 믿음은 머리로만 아는 신앙에서 분명한 확신을 가지고 하나님을 신뢰하는 성숙한 신앙으로 발전하게 됩니다. 지금까지의 믿음의 여정을 통해 우리는 이 사실을 거듭 발견하곤 했습니다. 우리는 갖가지 일로 믿음의 '대로(大路)'를 벗어납니다. 나의 경우를 보면, 사역이나 사무 처리에서 해야 할 일을 제때 못하여 생기는 부담감과, 중요한 일을 소홀히 한 데서 오는 후회가 겹칠 때 정로(正路)에서 벗어나는 것을 봅니다.

어느 날 밤 우리 부부는 싱가포르 항과 접해 있는 해변의 모래사장을 산책하면서 함께 기도를 하고 있었습니다. 그런데 불현듯 미처 쓰지 못하고 있던 급한 편지 생각이 났습니다. 편지가 늦어진 것 때문에 걱정을 하니까 아내도 같은 기분이 되어 혹시라도 편지가 늦어진 것 때문에 우리 편지를 받을 친구 부부가 무슨 손해라도 당하지는 않을까 걱정이 되었습니다.

우리는 잠깐 동안이지만 곁길로 빠졌다가 정신을 차려서 다시 기도하기 시작했습니다. 우리는 하나님의 절대주권과 하나님의 무한하신 능력, 그리고 하나님의 약속을 인하여 하나님을 찬양했습니다. 하나님께서는 우리를 위해 일하시겠다고 약속하셨습니다. 비록 내가 일을 소홀히 했지만 그것까지도 주관하여서 이 상황을 선한 결과로 바꾸어 주시기를 기도했습니다. 찬양은 우리의 믿음을 하나님께 고정시킬 수 있게 해주었습니다. 하나님께서는 우리의 실수보다 더 크시고, 우리의 책임보다 더 크십니다. 우리의 실수를 능히 덮으실 수 있는 분이시요, 우리가 못 다한 책임을 능히 감당해 주실 수 있는 분이십니다. 사탄은 우리를 대적하여 우리를 참소하고 낙담시키길 좋아하나, 하나님께서는 우리의 대적 마귀보다 더 크십니다(요한일서 4:4 참조).

비록 약간은 흔들리는 믿음 가운데서 찬양을 했지만 하나님께서는 우리를 불신에서 벗어나 하나님을 새롭게 신뢰할 수 있게 해주셨습니다. 찬양은 다시 믿음의 대로로 들어가게 해주는 진입로가 되었습니다. 몇 주 후 우리의 늦은 편지를 받은 친구는 "자네 편지를 받기 일주일 전까지만 해도 자네의 제안을 받아들일 준비가 되어 있지 못했었네"라는 내용의 편지를 보내 왔습니다. 하나님께서는 우리가 지체했던 것을 사용하셔서 오히려 편지를 적절한 때에 도착하게 하셨던 것입니다.

하나님을 바라봄

믿음과 찬양의 비결은 하나님을 아는 일에 자라 가는 데 있습니다. 주 하나님의 완전하신 성품과 그 위엄을 매일과 같이 묵상한다면 주님을 신뢰하고 찬양하고자 하는 마음이 샘솟게 될 것입니다. 해 지는 광경을 보고도 마음속으로 경외감을 느끼게 되는

데, 영의 눈으로 주님의 참모습을 보게 될 때에 어찌 찬양이 나오지 않을 수 있겠습니까? 하나님을 더 자주 바라보고 예배[경배]하면 할수록 하나님께서는 자신의 임재를 더욱더 잘 느낄 수 있게 해주십니다. 그리하여 주님께서는 우리에게 추상적이고 관념적인 존재가 아니라 '진짜'가 되십니다. 이 세상의 그 어느 누구보다도 우리에게 구체적이고 실제적이며 친밀하고 소중한 분이 되어 주시는 것입니다.

우리 부부는 시편 145편을 사용해서 찬양과 기도를 할 때가 많습니다. 따로 할 때도 있고 함께 할 때도 있습니다. 이 시는 성경 전체에서 가장 위대한 찬양시 가운데 하나입니다. 이 시에서는 하나님의 광대하심과 선하심과 인자하심을 인하여 하나님을 크게 찬양해야 한다고 선포합니다.

여러분도 이 시편을 읽어 보십시오. 하나님께서는 강하시면서도 부드러우십니다. 한편으로는 크고 두려운 일을 행하시고, 영원하고 영광스러운 나라를 통치하시는, 의(義)와 능력과 존귀와 영광과 위엄이 충만하신 분이십니다. 또 한편으로는 은혜와 온유와 자비와 인자와 긍휼이 충만하신 분이기도 하십니다. 이처럼 하나님 안에는 강한 속성과 부드러운 속성이 함께 들어 있습니다. 주님께서는 크신 능력으로 주님의 대적을 물리치시고 모든 만물을 다스리시는, 측량할 수 없이 광대하신 분이시면서도, 우리의 아주 작은 필요들까지도 관심을 갖고 끊임없이 살피시며 풍성하게 공급하여 주시고 돌보아 주시는, 아주 자상하신 분이십니다. 하나님께서는 영광스러운 위엄 가운데 높이 계신 분이시면서도 진실하게 자기를 부르는 모든 자에게 가까이하시는 분이십니다. 하나님께서는 모든 넘어지는 자를 붙드시며, 짓눌린 자를 일으키시며, 자기를 경외하는 자들의 소원을 이루시며, 우리의 부르짖음을 들으사 구원하시며, 자기를 사랑하는 자는 보호하시고 악인은 다 멸하시는 분이십니다.

하나님의 양면적인 속성을 생각하면 얼마나 놀라운지 모릅니다! 이것은 마치 우람한 근육을 자랑하는 남자가 갓난아기를 안고 우유를 먹이고 있거나 새끼 고양이를 꼭 껴안고 귀여워하는 모습을 보는 것과 같으며, 그런 사진 밑에 '강하고 부드럽게'라는 제목을 붙여 놓은 광고를 연상케 합니다. 하나님께서는 우리를 부드럽게 돌보아 주시고 강한 팔로 보호해 주십니다. 주님께서는 우리가 부드러운 사랑을 필요로 하는 때와 강한 보호를 필요로 하는 때를 알고 계십니다. 주님께서는 두려우면서도 친근한 분이시며, 가까이 가지 못할 빛에 거하시고 지극히 높으시며 엄위하시면서도 우리에게 자신을 알려 주시는, 참으로 자상하신 분이십니다.

요한계시록은 우리의 찬양에 또 다른 차원을 더해 주고 있습니다. "죽임을 당하신 어린양이 능력과 부와 지혜와 힘과 존귀와 영광과 찬송을 받으시기에 합당하도다"(요한계시록 5:12). 예수님께서는 우리를 짓누르던 온갖 무거운 죄를 다 짊어지시고 십자가에서 죽임을 당하셨습니다. 그리고 사흘 만에 부활하셨습니다. 그 결과 예수님을 믿는 우리는 크신 능력과 사랑의 하나님, 우리의 모든 소망이 되시는 하나님의 자녀가 되어 영광스러운 자유를 누릴 수 있게 되었습니다. 하나님께서는 찬양과 영광을 받으시기에 얼마나 합당한 분이신지요!

하나님을 송축하고 높임

찬양으로 하나님을 영화롭게 하는 것은 참으로 선하고 아름답고 마땅한 일입니다. 시편 147:1을 읽어 보십시오. "할렐루야! 우리 하나님께 찬양함이 선함이여. 찬송함이 아름답고 마땅하도다." 하나님을 찬양하는 것은 얼마나 즐거운 일인지 모릅니다. 찬양은 하기 싫어도 억지로 해야 하는 의무나 책임이 되어서는 결코 안 됩니다. 그러나 바쁜 일이 있거나 찬양하고 싶지 않을 때도 찬양을 하기 위해서는 그때그때 결단하고 값을 치르는 희생이 따르는 경우가 종종 있습니다.

무척 하고 싶은 일이나 급한 일을 뒤로 미루어 가면서까지 찬양을 위해 시간을 내기란 쉬운 일이 아닙니다. 뿐만 아니라 마음에 염려가 있어 긴장되어 있다든가, 불평이나 불만이 가득할 때, 또는 화가 나 있을 때, 그 마음을 제어하고 주님을 찬양하기가 쉽지 않다는 것도 압니다. 그러나 마음을 정하고 찬양을 하기 시작하면 찬양이 우리 영혼에 얼마나 놀라운 자유와 해방과 기쁨과 평안을 주는가를 새롭게 깨닫게 될 것입니다.

성경에 보면 찬양과 연관된 단어들이 많이 나오는데, 이는 우리의 찬양에 어떤 것이 포함되어야 하는지를 보여 줍니다. 찬양은 하나님을 영화롭게 하는 것입니다. 하나님께 존귀와 영광을 돌리는 것입니다. 하나님의 기이한 행사를 말하며, 하나님을 자랑하는 것입니다. 하나님을 앙모하고 경외하는 것입니다. 하나님을 높이며 송축하는 것입니다. 하나님의 어떠하심 곧 하나님의 속성과 성품을 기리는 것입니다. 찬양에는 노래가 포함되어 있을 때가 많습니다. "저희가 주의 크신 은혜를 기념하여 말하며 주의

의를 노래하리이다"(시편 145:7). 뿐만 아니라 즐거움과 기쁨에서 우러나오는 외침까지도 포함되어 있습니다. "내가 주를 찬양할 때에 내 입술이 기뻐 외치며 주께서 구속하신 내 영혼이 즐거워하리이다"(시편 71:23). 우리는 하나님을 직접 찬양할 수 있을 뿐만 아니라 다른 사람들에게 하나님의 높으신 위엄을 말함으로써 간접적으로도 하나님을 찬양할 수 있습니다. 직접적으로 하든 간접적으로 하든, 그 기쁨을 밖으로 드러내든 조용히 속으로만 하든, 찬양에는 하나님을 향한 공경과 고마움이 포함되어 있습니다. 공경은 하나님의 어떠하심 즉 하나님의 속성과 성품에 대한 반응이요, 고마움은 하나님의 행사(行事) 즉 하나님께서 행하시는 일에 대한 반응입니다.

이스라엘 백성은 출애굽 후 공경심과 고마움이 가득한 마음으로 여호와 하나님을 찬양했습니다. 하나님의 인자하심과 그 놀라우신 능력에 크게 감동된 이스라엘 백성은 하나님께서 어떻게 홍해를 가르고 그들을 안전하게 구출해 내셨으며, 그들을 추격하던 애굽 군대를 어떻게 모두 바다에 수장시키셨는가를 노래했습니다. 그들은 이렇게 소리 높여 외쳤습니다.

여호와여, 신 중에 주와 같은 자 누구니이까? 주와 같이 거룩함에 영광스러우며, 찬송할 만한 위엄이 있으며, 기이한 일을 행하는 자 누구니이까? (출애굽기 15:11)

한 젊은이가 공원 벤치에 앉아 성경을 읽고 있었습니다. 마침 이스라엘 백성이 애굽을 탈출하여 걸어서 홍해를 건너는 내용을 읽다가 감동이 되어 갑자기 큰소리로 외쳤습니다. "할렐루야! 주님을 찬양합니다! 참으로 놀라운 기적이로다! 할렐루야!"

마침 성경을 믿지 않는 어느 유명한 학자가 그곳을 지나가다가 이 소리에 걸음을 멈추고 뭐가 그렇게 신이 나느냐고 물었습니다. 젊은이는 이렇게 대답했습니다. "하나님께서 홍해를 가르시고 마른 땅으로 이스라엘 백성을 인도하여 내신 일이 놀랍지 않습니까? 할렐루야! 이건 정말 대단한 기적이 아닐 수 없습니다!"

"하지만 젊은이, 자넨 홍해가 진짜 바다가 아니었다는 걸 모르고 있었나? 홍해는 깊이가 불과 몇 센티미터밖에 안 되는 늪이었다네." 이런 반박으로 젊은이를 혼동과 실망에 빠뜨린 학자는 다시 자기 길을 가기 시작했습니다.

그런데 얼마 못 가 다시 할렐루야를 외치는 소리가 뒤에서 들려왔습니다. 의아해진 학자는 되돌아와서 물었습니다. "이번에는 또 왜 그러는가?"

"그런데 바로 여기를 보니 말입니다, 선생님. 하나님께서 그 몇 센티미터밖에 안 되는 얕은 물속에 온 애굽 군대를 수장시키셨다고 되어 있지 뭡니까! 이건 정말 놀라운 기적입니다! 할렐루야! 주님을 찬양합니다!"

감정과 관계없이 찬양함

여러분도 이 젊은이처럼 하나님의 무한하신 능력과 사랑에 흥분될 때가 있을 것입니다. 이러한 감정적 반응은 자연스러운 것이며, 그 결과로 나오는 찬양 또한 자연스러운 것입니다. 그러나 여러분이 드리는 찬양과 경배를 하나님께서 기뻐 받으실 것인가를 여러분의 감정 상태에 근거해 판단하지 않도록 하십시오. 아무런 감흥이 없이 무덤덤하더라도 찬양을 그만두지 마십시오. 정기적으로 하나님의 말씀을 묵상하고 지속적으로 찬양을 하기 바랍니다. 그러면 하나님께서 우리의 영혼의 반응을 계발시켜 주셔서 감정적 흥분도 맛보게 해주실 것입니다.

우리 영혼이 하나님의 임재를 느끼고 감정적으로 고양되는 때가 있음을 인하여 하나님께 감사해야 합니다. 그러나 그러한 감정 상태가 계속될 것으로 기대해서는 안 됩니다. 하나님께서는 때때로 우리로 하여금 감정적으로 최고조에 이르는 경험을 하게 하시고, 이를 사용하셔서 우리의 기분을 들뜨게 하시고 우리의 확신을 새롭게 하여 주십니다. 이를 통해 우리의 시야를 바꿔 주시고 생의 의미에 대한 우리의 생각을 새롭게 해주십니다. 우리는 이전에 경험했던 그런 절정의 순간들을 상기함으로써 심령의 환희를 누릴 수 있습니다. 그러나 계속해서 그런 감정적 경험을 허락하시는 것이 하나님의 뜻이라고 생각해서는 안 됩니다. 예수님께서는 변화산의 놀라운 경험도 하셨지만, 겟세마네 동산의 고민과 갈보리 언덕의 고초도 겪으셨습니다. 인생길에는 모든 게 형통하는 환희의 가도(街道)도 있지만 먼지가 풀풀 날리는 고통의 길도 있으며, 쾌청하고 화창한 날이 있는가 하면 안개가 자욱하고 하늘이 잔뜩 찌푸린 음산하고 우중충한 날도 있는 것입니다.

언제나 똑같은 감정적인 만족감 가운데서 기도하거나 찬양할 수는 없지만 우리는 늘 하나님을 기쁘시게 하는 기도와 찬양을 할 수 있습니다. 하나님께 예배할 때에는 뭔가를 얻어 내기보다

드리는 데 집중해야 합니다. 또한, 축복과 새로움을 느끼든 못 느끼든 지속적으로 찬양을 드려야 합니다. F. 호튼은 경건의 시간에 관한 책에서 이렇게 말합니다.

> 하나님께서는 예배할 사람들을 찾고 계십니다.… 우리가 느낄 수 있는 유익을 실제로 얻든 못 얻든 주님께서는 영원토록 찬양과 공경을 받으시기에 합당하십니다. 주님의 대속의 죽음은 너무나 고귀하여 영원토록 찬양하고 감사해도 다함이 없을 것입니다. 우리 자신과 우리의 주관적인 경험으로부터 눈을 돌려, 믿음으로 주 예수님께 시선을 고정시킵시다. 십자가에 못 박히신 예수님을 바라봅시다. 꿇어 엎드려 경배하며 찬미의 제사를 드립시다. 하나님께서는 반드시 우리가 그것을 통해 복을 얻게 해주실 것입니다. 하나님께서 "나를 존중히 여기는 자를 내가 존중히 여기리라"고 약속하셨기 때문입니다.

하나님을 아는 지식에서 자라 감

우리 부부는 찬양에 대한 동기를 주는 새로운 성구들을 계속 찾기도 하고, 전에 암송했던 구절들은 친숙해지도록 부지런히 복습하고 있습니다. 우리가 좋아하는 성구들 중에는 예레미야의 다음과 같은 찬양도 있습니다.

> 여호와여, 주와 같은 자 없나이다.
> 주는 크시니 주의 이름이 그 권능으로 인하여 크시니이다.

열방의 왕이시여, 주를 경외치 아니할 자가 누구리이까?
이는 주께 당연한 일이라.
열방의 지혜로운 자들과 왕족 중에
주와 같은 자 없음이니이다.
(예레미야 10:6-7)

오직 여호와는 참하나님이시요
사시는 하나님이시요 영원한 왕이시라.
그 진노하심에 땅이 진동하며
그 분노하심을 열방이 능히 당치 못하느니라.
여호와께서 그 권능으로 땅을 지으셨고
그 지혜로 세계를 세우셨고
그 명철로 하늘들을 펴셨으며.
(예레미야 10:10,12)

주 여호와여, 주께서 큰 능과 드신 팔로
천지를 지으셨사오니
주에게는 능치 못한 일이 없으시니이다.
(예레미야 32:17)

비할 데 없이 뛰어나신 하나님의 영광을 우리는 아무리 찬양해도 모자랍니다. 하나님을 깊이 알면 알수록 우리는, 하나님께서는 이 세상에서 가장 '매력적인' 분이심을 알게 됩니다. 주님만 생각하면 가슴이 설렙니다. 기뻐 어쩔 줄 모릅니다. 최고의 기쁨과 즐거움을 누리게 됩니다. 이 세상 그 어디에서도 맛볼 수 없는 것입니다.

그럴 때 찬양은 우리에게 더없이 고귀한 일이요 우리의 심령에 최고의 즐거움이 될 것입니다. 시편 71편을 쓴 기자가 노년에 경험한 바가 바로 이것입니다. 이 시편 기자는 날이 갈수록 더욱더욱 찬양의 삶이 발전하며 더 깊은 확신으로 생을 맞고 있는 것을 볼 수 있습니다. 자기가 믿고 의지하는 하나님께서 어떤 분이신가를 알았고, 그 하나님께 기도했기 때문입니다. 이를테면, 그는 하나님께서는 우리가 언제든지 피하여 거할 바위시라는 것을 알았습니다. 그래서 그는 자신이 현재 처한 고난과 역경 가운데서 간절히 부르짖습니다. "주는 나의 무시로 피하여 거할 바위가 되소서"라고 말입니다. 자신의 삶 속에서 개인적으로 그 하나님을 경험하기를 구합니다.

주는 나의 무시로 피하여 거할 바위가 되소서.…
이는 주께서 나의 반석이시요 나의 산성이심이니이다.
주 여호와여, 주는 나의 소망이시요 나의 어릴 때부터 의지시라.…
나는 항상 주를 찬송하리이다.
나는 항상 소망을 품고 주를 더욱더욱 찬송하리이다.
(시편 71:3,5-6,14)

오랜 세월을 하나님과 동행했던 이 시인은 늙어서도 계속 찬양하는 삶에서 성장해 갔던 것입니다.

우리가 영적으로 얼마나 성장했는지에 관계없이 우리의 찬양하는 삶이 정체되지 않도록 하기 위해서는 매일과 같이 하나님을 아는 지식이 깊어져야 합니다. 우리는 힘써 하나님을 더 알아 나가며, 과거에 우리가 한 모든 찬양을 뛰어넘는 새로운 찬양거리를 찾아야 합니다. 그리하면 우리는 시련의 고통 중에도 마음의 눈의 초점을 하나님께 맞추며, "말할 수 없는 영광스러운 즐거움으로 기뻐할"(베드로전서 1:8) 수 있게 될 것입니다.

묵상 및 토의를 위하여

1. '머리말: 보상과 위험' 및 제1장에서 예배[경배], 찬양, 감사를 통하여 하나님께 영광을 돌리는 일이 왜 중요한지 그 이유를 세 가지 이상 쓰십시오.
2. 찬양과 믿음은 어떤 연관이 있습니까?
3. 찬양에 대해, 또는 하나님에 대해, 새롭게 깨닫거나 인상 깊게 와 닿은 진리는 무엇입니까?

제 2 장

하나님의 능력과 임재를 경험함

긴장을 풀거나 무료함에서 벗어나기 위해 어떤 사람들은 여가 시간마다 TV나 비디오를 보거나 음악을 듣습니다. 적당히 하면 그런 식으로 기분 전환을 하는 것도 도움이 됩니다. 그러나 하나님께서는 우리의 공허함과 문제를 근본적으로 해결할 수 있는 매우 훌륭한 해결책을 주셨습니다. 언제 어디서나 우리의 귀는 우리와 함께 계시는 주 하나님께 채널을 맞추고, 우리의 눈은 아름다우신 주님을 보고 즐거워하며, 우리의 마음은 충만하신 주님 안에서 참안식을 누릴 수 있습니다. 값비싼 장비나 특별한 도구가 없이도 우리는 찬양을 통하여 쉼을 누리며 심령을 새롭게 할 수 있습니다.

찬양 – 선택이 아니라 필수

우리로 하나님을 깊이 경험할 수 있게 해주는 찬양이 일상생활 가운데서는 실제로 얼마나 잘되고 있습니까? 지속적으로 하나님을 찬양하고 있습니까, 아니면 이따금씩 감사의 마음이 일어날 때만 하고 있습니까? 찬양을 즐기는 편입니까, 아니면 의무감에서 어쩔 수 없이 참고 찬양을 하는 편입니까? 하나님의 축복을 확실히 보장해 줄 테니까 말입니다.

그리스도인들 중에는 찬양에 대해 회의적인 사람들이 있습니다. 자기도취와 자기만족에 빠져 찬양을 하는 사람들 때문입니다. 그들은 하나님을 찬양한다는 미명 아래 올바른 분별력이 없이 온갖 요란하고 세속적인 음악과 몸짓 등을 동원합니다. 가만히 들여다보면 그들의 찬양은 중심이 하나님이 아니고 '나'입니다. 혹은 세상 일로 바빠서, 심지어는 영적인 일로 바빠서 찬양을 통해 얻는 축복들을 놓치는 사람들도 있습니다. 마음을 다하여 하나님을 사랑하고 하나님께서 우리에게 주시는 자원들을 풍성하게 누리기 원한다면, 찬양을 소홀히 해서는 안 됩니다. 찬양은 해도 좋고 안 해도 좋은 선택이 아니라 반드시 해야 하는 필수인 것입니다.

찬양은 믿음을 나타내는 동시에 믿음을 더 견고케 해주고, 믿음은 능력을 가져다주며, 능력은 우리의 환경을 변화시키고, 나아가서는 우리를 변화시켜 줍니다. 지난날 하나님의 사람들이 그러하였듯이, 믿음은 우리에게 하나님께 순종할 능력을 주며, 하나님 보시기에 성공하고 형통한 삶을 살 수 있게 합니다.

히브리서 11:33-38에는 믿음으로 산 사람들의 예가 소개되어 있습니다. 어떤 이들은 믿음으로 큰 승리를 경험했습니다. "저희가 믿음으로 나라들을 이기기도 하며, 의를 행하기도 하며, 약속을 받기도 하며, 사자들의 입을 막기도 하며, 불의 세력을 멸하기도 하며, 칼날을 피하기도 하며, 연약한 가운데서 강하게 되기도 하며, 전쟁에 용맹되어 이방 사람들의 진을 물리치기도 하며, 여

자들은 자기의 죽은 자를 부활로 받기도 하며." 그러나 어떤 이들은 믿음으로 살았음에도 불구하고 늘 고난을 당하고 겉으로 보기에 형통과는 거리가 먼 듯한 삶을 살았습니다. "또 어떤 이들은 더 좋은 부활을 얻고자 하여 악형을 받되 구차히 면하지 아니하였으며, 또 어떤 이들은 희롱과 채찍질뿐 아니라 결박과 옥에 갇히는 시험도 받았으며, 돌로 치는 것과 톱으로 켜는 것과 시험과 칼에 죽는 것을 당하고, 양과 염소의 가죽을 입고 유리하여 궁핍과 환난과 학대를 받았으니, (이런 사람은 세상이 감당치 못하도다) 저희가 광야와 산중과 암혈과 토굴에 유리하였느니라." 그들은 세상의 관점에서는 실패한 것으로 보이지만 믿음으로 하나님을 영화롭게 했던 사람들입니다. 그들은 그리스도를 위하여 가난을 겪었고, 고난을 받았으며, 학대와 고문을 받고, 감옥에 갇히기도 했으며, 죽임을 당하기까지 했습니다. 그들과 마찬가지로 우리도 삶 가운데서 믿음으로 하나님의 뜻을 행한다면, 우리의 성공과 형통은 물론 우리가 당하는 역경과 고난까지도 하나님께 영광을 돌리는 승리의 찬가가 될 수 있습니다. 찬양은 우리의 믿음을 자극하고 북돋아 줍니다.

하나님의 능력을 경험함

기도는 하나님의 능하신 손을 움직이는 가느다란 신경이라고들 말합니다. 찬양과 더불어 하는 기도의 경우에는 특히 더 맞는 말입니다. 기도는 다른 방법으로는 얻지 못할 하나님의 복을 얻게 합니다. 기도는 우리의 시선을 하나님께 고정시키게 하며, 그럴 때 하나님께서는 그 능력과 자비를 우리의 삶과 우리가 처한 상황에 맞게 베풀어 주십니다.

역대하 20장에는 찬양과 믿음으로 충만한 기도가 얼마나 값진 것인가가 극적으로 그려져 있습니다. 강력한 세 나라의 연합군이 작은 나라 유다 왕국에 쳐들어 왔습니다. 적군의 침공 소식을 들은 여호사밧 왕은 두려움에 떨었습니다. 그러나 절망 중에서 그는 곧 하나님께 관심과 시선을 돌려서 하나님을 찬양하고 하나님의 약속을 주장하면서 유다를 구원해 주시기를 간절히 구하였습니다.

여호사밧의 기도는 찬양으로 시작되며, 찬양의 태도가 기도 전체에 흐르고 있습니다. 하늘과 땅의 모든 권세를 가지고 다스리시며 아무도 이길 수 없는 하나님을 칭송하는 것으로 기도가 시작됩니다.

우리 열조의 하나님 여호와여, 주는 하늘에서 하나님이 아니시니이까? 이방 사람의 모든 나라를 다스리지 아니하시나이까? 주의 손에 권세와 능력이 있사오니 능히 막을 사람이 없나이다. (역대하 20:6)

그는 이어서 하나님께서 이전에 주셨던 큰 승리에 대해 하나님을 찬양하면서 하나님께서 주신 약속들을 주장했습니다(7-9절).

찬양을 통해 하나님을 영화롭게 하며 믿음의 불을 다시 붙이고 난 후 여호사밧 왕은 자신이 당하고 있는 재난을 하나님께 간단히 아뢰었습니다. "우리를 치러 오는 이 큰 무리를 우리가 대적할 능력이 없고 어떻게 할 줄도 알지 못하옵고 오직 주만 바라보나이다"(12절). 하나님께서는 선지자를 통하여 이렇게 응답하셨습니다. "이 큰 무리로 인하여 두려워하거나 놀라지 말라. 이 전쟁이 너희에게 속한 것이 아니요 하나님께 속한 것이니라. 내일 너희는 마주 내려가라.… 이 전쟁에는 너희가 싸울 것이 없나니 항오를 이루고 서서 너희와 함께한 여호와가 구원하는 것을 보라. 유다와 예루살렘아, 너희는 두려워하며 놀라지 말고 내일 저희를 마주 나가라. 여호와가 너희와 함께하리라"(15-17절). 이에 여호사밧은 어떤 반응을 나타냈습니까? 더욱더 경배와 찬양을 드렸습니다. "…여호와 앞에 엎드려 경배하고… 심히 큰 소리로 이스라엘 하나님 여호와를 찬송하니라"(18-19절).

그 다음 날 하나님과 하나님의 약속을 믿고서 여호사밧의 군대는 이상한 대형을 지어 전장으로 행진해 나아갔습니다. 예복을 입은 성가대를 앞세우고 군인들은 그 뒤를 따라 나아갔던 것입니다! 그들이 노래하고 하나님을 찬양하기 시작했을 때 하나님께서는 복병을 두어 세 나라 동맹군을 치게 하셨고, 여기에서 패한 그들은 자기들끼리 서로 죽였습니다. 적군은 한 사람도 살아남지 못했습니다.

하나님의 백성이 승리를 거둔 후 적진에서 전리품을 취하는 데만도 사흘이나 걸렸습니다. 그 후 유다 왕국은 여호사밧이 통치하는 동안에는 평화를 누렸습니다. 하나님께서는 이 공포와 절망에 휩싸인 상황을 선으로 바꾸셔서 승리와 부를 허락해 주셨던 것입니다. 하나님의 능하신 손을 움직인 비결은 무엇이었습니까? 많은 찬양, 단순한 간구, 하나님의 말씀에 대한 믿음, 그리고 그 믿음의 표현으로서의 경배와 더 많은 찬양이었습니다. 일찍이 여호사밧의 조부인 아비야가 유다 왕국을 다스릴 때 있었던 한 전쟁에서도 유사한 일이 있었습니다. "그때에 이스라엘 자손이 항복하고 유다 자손이 이기었으니, 이는 저희가 그 열조의 하나님 여호와를 의지하였음이라"(역대하 13:18). 아버지인 아사 왕때에도 그런 일이 있었습니다(역대하 14:9-15). "구스 사람 세라가 저희를 치려 하여 군사 백만과 병거 삼백 승을 거느리고… 이르매, 아사가 마주 나아가서… 진 치고 그 하나님 여호와께 부르짖어 가로되, '여호와여, 강한 자와 약한 자 사이에는 주밖에 도와줄 이가 없사오니, 우리 하나님 여호와여, 우리를 도우소서. 우리가 주를 의지하오며 주의 이름을 의탁하옵고 이 많은 무리를 치러 왔나이다. 여호와여, 주는 우리 하나님이시오니, 원컨대 사람으로 주를 이기지 못하게 하옵소서' 하였더니, 여호와께서 구스 사람을 아사와 유다 사람 앞에서 쳐서 패하게 하시니 구스 사람이 도망하는지라"(9-12절).

하나님의 임재를 경험함

찬양을 통하여 우리는 하나님의 능력뿐 아니라 하나님의 임재를 더욱 경험할 수 있습니다. 솔로몬은 성전 봉헌 시 하나님의 임재를 경험했습니다. "나팔 부는 자와 노래하는 자가 일제히 소리를 발하여 여호와를 찬송하며 감사하는데… 모든 악기를 울리며 소리를 높여 여호와를 찬송하여 가로되, '선하시도다. 그 자비하심이 영원히 있도다' 하매, 그때에 여호와의 전에 구름이 가득한지라 제사장이 그 구름으로 인하여 능히 서서 섬기지 못하였으니, 이는 여호와의 영광이 하나님의 전에 가득함이었더라"(역대하 5:13-14). 시편 22:3에서는 "이스라엘의 찬송 중에 거하시는 주여, 주는 거룩하시니이다"라고 노래하고 있습니다. '…중에 거하시는'이라는 말은 '…위에 좌정하시는'이라는 의미도 있습니다. 하나님께서 그 백성 이스라엘의 찬송 중에 거하십니다. 이스라엘의 찬송 위에 좌정하십니다. 이스라엘 백성 위에 계셔서 그 백성의 찬양을 받으시는 하나님이십니다. 우리가 TV를 켜든 켜지 않든 전파가 늘 우리 주위에 있는 것처럼, 하나님께서는 언제나 살아 있는 성전인 우리 안에 계시고 또한 우리와 함께 계십니다.

찬양을 통하여 우리의 믿음을 표현하고 강하게 할 때, 우리는 자신이 처한 상황 가운데서 하나님께서 우리 마음의 보좌에 좌정하시게 해드리는 것입니다. 하나님의 왕 되심을 인정하고 실제 삶 속에서 자신의 왕으로 모시게 되는 것입니다. 또한 하나님께 채널을 맞춤으로 만왕의 왕이신 우리 하나님께서 베푸시는 풍성한 은혜와 축복(고린도후서 9:8 참조)을 누릴 준비를 갖추게 됩니다. 그러면 하나님께서는 우리를 위해 내적으로 외적으로 자신의 임재를 나타내 주십니다. 주님께서는 우리가 당하고 있는 시련들을 무대로 사용하셔서 주님의 사랑과 능력과 신실하심을 나타내 보여 주십니다. 그 결과 하나님의 실체, 즉 하나님께서 정말로 살아 계셔서 늘 우리와 함께하신다는 사실이 우리 자신에게는 물론 우리의 삶을 지켜보는 사람들에게 명확히 드러나게 됩니다. 하나님께서 당신과 함께 계심을 우리가 분명히 보았다! 이렇게들 말하게 됩니다. 아브라함에 그랬고, 이삭이 그랬고, 요셉이 그랬습니다. "때에 아비멜렉…이 아브라함에게 말하여 가로되, '네가 무슨 일을 하든지 하나님이 너와 함께 계시도다'"(창세기 21:

22). "그들이 가로되, '여호와께서 너와 함께 계심을 우리가 분명히 보았으므로… 이제 너는 여호와께 복을 받은 자니라'"(26:28-29). "여호와께서 요셉과 함께하시므로 그가 형통한 자가 되어 그 주인 애굽 사람의 집에 있으니, 그 주인이 여호와께서 그와 함께하심을 보며 또 여호와께서 그의 범사에 형통케 하심을 보았더라"(39:2-3).

1960년 나[롯]의 전 남편 딘이 병원에 입원하여 말기 암의 고통을 겪고 있을 때 찬양이 그의 삶에서 새로운 비중을 차지하고 있었습니다. 그는 자신이 하늘나라에 가서 영원토록 하나님을 찬양하겠지만, 이 땅에서 얼마 남지 않은 생을 사는 동안에도 고통 가운데서 하나님을 찬양하는 것만이 하나님의 마음에 기쁨을 드릴 수 있다고 말한 적이 있습니다. 그리하여 딘은 찬송을 통하여 병실을 하나님을 위한 특별한 처소로 만들기로 결심했습니다. 몇 달 후 그가 세상을 떠났을 때 장례식장에서 그의 가까운 친구는 "그의 병실은 지성소와 같았고, 그가 누웠던 침대는 설교단상 같았으며, 그에게 병문안 왔던 모든 사람이 은혜를 받았습니다"라고 회상했습니다. 찬양을 했다고 해서 암이 나은 것은 아니었습니다. 그러나 찬양과 믿음을 통하여 딘은 고통스런 상황 가운데서 날마다 순간순간마다 새롭게 하나님의 임재를 경험하였고, 살아 있을 때와 마찬가지로 죽을 때도 하나님을 영화롭게 하였습니다.

우리가 살 때나 죽을 때나, 축복 가운데 있을 때나 고난 가운데 있을 때나, 모든 피조물을 다스리시는 하나님께서는 우리를 위해 자신의 임재를 나타내기를 원하십니다. 주님의 임재는 강력한 힘이 있습니다. 주님께서 임재하실 때 주님의 대적들은 꼼짝 못하고 사탄의 세력은 두려움에 떱니다. 주님의 임재는 엄위하며 경외심을 불러일으킵니다. 주님께서 임재하시는 곳에는 영광과 기쁨과 능력이 충만합니다. 사실 주님께서는 언제나 우리에게 임재해 계십니다. 늘 우리와 함께하십니다. 그러나 우리가 믿음으로 주님을 찬양할 때 주님의 임재의 풍성한 축복을 새롭게 누리게 됩니다.

하나님의 임재가 우리에게 주는 복은 너무도 풍성하기에, 우리는 그 복을 인하여 하나님을 아무리 찬양해도 지나치지 않습니다. 하나님께서는 우리 안에서 생수가 되어 주시고, 우리 위에서 우리를 보호하는 그늘이 되어 주시며, 우리의 피난처가 되시고, 그 영원하신 팔로 우리를 그 품에 안아 주십니다. 하나님께서는 우리의 목자가 되사 우리 앞에 가시면서 우리를 인도하시고 우리의 환경을 예비해 주십니다. 하나님께서는 우리 뒤에서 우리를 호위하여 지켜 주시며, 우리의 실수를 덮어 주십니다. 하나님께서는 우리의 가장 좋은 친구가 되사 우리 옆에서 동행하시며, 우리의 오른손을 붙잡고 "두려워 말라. 내가 너를 도우리라"고 말씀하십니다. 우리가 하나님을 신뢰하지 않아 넘어질 때도 주님께서는 그 손으로 우리를 붙드사 우리로 아주 엎드러지지 않게 해주십니다. 주님께서는 필요할 때는 우리를 징계하시되, 늘 우리를 바로잡아 주십니다. (요한복음 7:38, 시편 57:1, 신명기 33:27, 요한복음 10:4, 이사야 52:12, 41:13, 시편 37:24 참조.) 우리가 하나님을 찬양할 때 하나님께서는 성령을 통하여 우리를 능력으로 강건케 하사 영적 거인들로 만들어 주십니다.

이 모든 축복을 생각할 때 우리는 시편 기자처럼 고백하지 않을 수 없습니다.

> 하늘에서는 주 외에 누가 내게 있으리요?
> 땅에서는 주밖에 나의 사모할 자 없나이다.
> 내 육체와 마음은 쇠잔하나
> 하나님은 내 마음의 반석이시요 영원한 분깃이시라.
> (시편 73:25-26)

또한 모세처럼 기도하지 않을 수 없습니다. "주께서 친히 가지 아니하시려거든 우리를 이곳에서 올려 보내지 마옵소서"(출애굽기 33:15). '만일 주께서 함께 가실 마음이 없으시거든 우리를 그 땅으로 올려 보내지 마소서' 이런 말입니다. 하나님께서 함께 가시지 않으면 그들도 안 가겠다는 것입니다. 하나님의 임재가 없이 앞으로 나아가느니 약속의 땅을 향하여 가는 이 위대한 모험을 차라리 포기하는 게 낫다는 것입니다.

그런데 우리는 어찌하여 종종, 우리의 삶과 사역에서 하나님의 분명한 임재에 대한 약속도 없이 앞으로 나아갑니까? 근본적인 이유를 한 가지 들면, 주님께 대한 찬양과 예배가 없기 때문일 수 있습니다. C. S. 루이스는 한때 찬양이 중요한 이유를 잘못 알고 지낸 적이 있었습니다. 그는 이렇게 술회했습니다.

> 하나님께서는 예배를 받으시는 과정에서 자신의 임재를 사람들에게 나타내 주신다는 사실을 나는 알지 못했습니다. 물론 그것만이 유일한 방법은 아닙니다. 그러나 많은 사람들에게 많은 경우 '주님의 참아름다우심'이 나타나는 것은, 주로 또는 오직, 함께 하나님을 예배할 때입니다.

함께 혹은 개인적으로 드리는 예배와 찬양을 통하여, 우리는 자신이 처한 상황 가운데서 하나님께서 왕으로서 우리 마음의 보좌에 좌정하시게 해드리며, 우리의 환경을 주님께서 거하시는 특별한 처소로 만들 수 있습니다. 찬양은 하나님의 임재의 빛과 능력을 켜는 스위치가 될 수 있습니다. 삶 가운데 찬양이 가득할 때 우리는 생에 대하여 진정한 의미에서 적극적이고 긍정적인 태도를 가질 수 있게 됩니다.

묵상 및 토의를 위하여

1. 이 장에 소개된 찬양의 유익 중에서 특별히 당신에게 찬양에 대한 동기를 주는 것은 무엇입니까?
2. 이 장에 소개된 찬양의 예를 통하여 당신이 찬양에 대해 배운 것은 무엇입니까?
3. 당신의 삶에 있는 크고 작은 여러 필요나 상황을 생각해 보십시오. 그 가운데서 어떻게 하면 날마다 하나님을 찬양하는 삶을 실천할 수 있겠습니까?

제3장

신령과 진정으로 예배함

    3차원 입체 음향으로 음악을 들으면 마치 현장에서 듣는 것처럼 풍부한 음을 생생하게 즐길 수 있습니다. 이처럼 예배와 찬양과 감사는 우리가 하나님께 보이는 3차원적 반응이라고 할 수 있습니다. 사람들을 섬긴다든지 하는 다른 섬김들을 통해서는 하나님을 간접적으로 섬기지만, 예배와 찬양과 감사를 통해서는 주 하나님을 직접적으로 섬기게 됩니다.

    하나님께 합당한 찬양과 감사를 드리기 위해서는 먼저 하나님을 예배해야 합니다. 예배를 할 때 우리는 하나님 앞에 겸손히 자신을 낮추며 경외하는 마음으로 하나님께 자신을 굴복하게 됩니다. 예배를 할 때 우리는 우리 마음을 하나님께 드리게 되고, 우리 영혼은 하나님을 우러러보며 하나님을 찬미하고 송축하게 됩니다(시편 25:1, 86:4, 143:8 참조). 예배는 소리를 내어 할 수도 있고 마음속으로만 할 수도 있습니다. 또한 혼자 할 수도 있고 두세 명으로부터 수천수만 명에 이르는 사람들이 함께 할 수도 있습니다. 예배에는 머리를 숙이거나 엎드려 절하는 것, 무릎을 꿇는 것, 손을 들어 올리는 것과 같은 외적인 표현이 수반

될 수도 있습니다. 그러나 예배의 핵심은 우리의 마음을 하나님께로 모으는 것입니다.

신령으로 예배함

구약성경을 보면 하나님께서 자신의 특별한 처소로 예루살렘 성전을 택하신 것을 볼 수 있습니다. 그곳에서 하나님께서는 자신의 영광을 나타내셨습니다. 그곳에서 하나님의 백성들은 하나님께서 가르치신 예법을 따라 하나님을 예배하였습니다.

그런데 예수님께서는 예배에 대하여 근본적인 변화를 선언하셨습니다. 먼 길을 걸으신 후 행로에 곤하여 야곱의 우물가에 앉아 쉬시던 예수님께서는 한 사마리아 여인과 대화를 나누셨습니다. 그 여인이 예배 장소에 대한 문제를 제기하자 주님께서는 혁명적인 말씀을 들려주셨습니다. 외적인 장소는 더 이상 중요하지 않다는 것이었습니다. 그런 다음 주님께서는 참된 예배의 비결을 알려 주셨습니다.

> **아버지께 참으로 예배하는 자들은 신령과 진정으로 예배할 때가 오나니 곧 이때라. 아버지께서는 이렇게 자기에게 예배하는 자들을 찾으시느니라. 하나님은 영이시니 예배하는 자가 신령과 진정으로 예배할지니라. (요한복음 4:23-24)**

예수님께서는 예배가 단지 외적인 표현이나 형식이 아니라 우리의 영의 내적인 반응이어야 함을 말씀하신 것입니다. 예배는 우리의 영, 즉 속사람으로부터 나와야 하는 것입니다. 그것은 특정한 장소, 아름다운 환경, 몸에 익은 의식들, 감동적인 음악, 특정한 몸짓 등 외적인 것들에 달려 있지 않습니다.

이런 외적인 것들에 잘못이 있다는 말은 아닙니다. 이것들이 예배의 본질은 아니라는 말입니다. 따라서 이것들이 예배를 좌우하는 요소가 되어서는 안 됩니다. 바스락 소리에도 아기가 깰 것 같은 고요한 곳에서는 물론, 시끄러운 소리를 내며 달리는 차들과 시끌벅적한 사람들로 붐비는 도시의 거리에서나, 전화벨 소리와 사람들 소리로 소란스러운 사무실, 혹은 감옥과 같이 격리된 장소, 어디에서든 예배를 드릴 수 있습니다. 어떤 특정한 외적 형식이 필요한 것이 아닙니다. 우리는 외적 형식에 관계없이 '신령' 곧 '영'으로 하나님 아버지께 예배드릴 수 있는 것입니다.

하나님의 가장 좋은 선물

요한복음 4:23 앞의 말씀들로부터 우리는 '신령'으로 예배한다는 말의 의미를 알아볼 수 있습니다. 신령으로 예배한다는 말은 영으로 예배한다는 말입니다. 우리의 영이 하나님 곧 하나님의 생명에서 떠나 죽어 있다면 우리는 예배를 드릴 수가 없습니다. 오직 성령으로 거듭남으로써만이 우리의 영은 살아 계신 하나님께 살아 있는 존재가 됩니다. 이 일은, 우리가 예수님을 우리의 구주와 주님으로 믿고 모셔 들임으로 그분이 값없이 주시는 생수를 마실 때 일어납니다. 그 후로부터 성령의 생수는 우리 속에서 영생하도록 솟아나는 샘물이 되어 우리로 하여금 영원하고 풍성한 삶을 누릴 수 있게 해줍니다.

샘이나 관정(管井)에서 물이 솟는 것은 지하 깊은 곳에 방대한 물 근원이 있기 때문입니다. 분수대에서 물이 힘차게 뿜어져 나오는 것도 수원지에 연결이 되어 있기에 가능합니다. 하나님 아버지께서는 우리에게 성령을 주심으로 우리를 하나님 자신 곧 그분의 영원하고 풍성한 생명과 연결시켜 주셨습니다. 하나님께서는 우리를 그분의 자원에 연결시켜 주십니다. 그분의 자원은 우리의 모든 필요를 능히 채워 주고도 남습니다. 하나님께서는 우리의 모든 대인 관계 및 책임 맡은 일들에서 하나님께 순종할 수 있는 특별한 은혜를 주실 뿐 아니라, 우리가 생각할 수 있는 모든 세세한 필요까지도 채워 주십니다. 이를테면, 능력, 의, 사랑, 소망, 지혜, 감사의 마음 등등. 풍성하고 넘치게 공급해 주시는 하나님을 의지할 때 우리 안에서는 성령의 샘물이 솟아납니다. 이 샘물은 우리의 더러운 것을 씻어 주며, 우리를 소성케 하고 새롭게 해주며, 다른 사람들에게로 넘쳐흘러 그들로 생명을 얻게 해줍니다(요한복음 7:37-38 참조). 이 샘물은 하나님을 깊이 의뢰할수록 더 많이 넘쳐나게 됩니다.

예수님께서는 성령으로 충만케 되는 것을 우리 안에서 생수가 솟아나는 것으로 설명하셨습니다(요한복음 7:37-39). 성령으로 충만케 되는 것은 무슨 복잡하고 어려운 일이 아닙니다. 그것은 단순합니다. 성령께 우리 자신을 내어 드리는 것입니다. 삶의 모든 영역에서 성령의 지배를 받는 것입니다. 놀라우신 우리 아버지 하나님과 그 아들 예수 그리스도와 친밀한 관계 가운데 있는 것입니다. 성령 충만은 우리가 단순한 믿음으로 성령께 굴복하며, 성령의 능력으로 말미암아 하나님의 말씀에 순종하기를 선택할 때 일어납니다. 우리가 성령께 굴복할 때 성령께서는 아버지와 아들을 우리에게 나타내 주십니다. 성령으로 충만하게 될 때 우리는 진정으로 살아 있는 예배를 하나님께 드리게 되고 또 주님을 닮아 가게 됩니다.

예수님께서는 "살리는 것은 영이니 육은 무익하니라. 내가 너희에게 이른 말이 영이요 생명이라"(요한복음 6:63)고 말씀하셨습니다. 주님의 말씀과 성령과 생명은 서로 뗄 수 없는 관계에 있습니다. 생명을 주시는 분은 바로 성령이십니다. 우리의 영적 삶의 처음 시작부터 끝까지, 우리는 주님의 성령으로부터 나오는 생명으로 살아갑니다. 여기에 주님의 말씀이 함께합니다. 성령께서는 우리 영혼의 부요함을 위하여, 우리의 영적 성장을 위하여, 우리의 섬김을 위하여, 우리의 예배를 위하여 생명과 능력을 우리에게 공급해 주십니다.

예수님께서는 육은 무익하다고 말씀하셨습니다. 생명을 주는 성령과는 대조적입니다. 우리가 성령 대신 우리 자신(우리의 인간적 시야, 인간적 방법, 인간적 능력)으로 충만케 된다면, 우리는 하나님께 '죽은 행실'(히브리서 6:1, 9:14 참조)과 죽은 예배를 드리게 됩니다. 우리의 육적인 노력은 아무 유익이 없습니다. 심지어는 겉보기에 아주 영적인 활동도 그것이 육에서 나온 것이라면 영적 부요함을 누릴 수 없습니다. 이를테면 예배마저도 육신적인 것이 될 수 있습니다. 우리는 세월이 지나면서 모든 일에 자연스럽게 성령을 의뢰하는 수준으로 성장해 가야 합니다. 그래야 하나님께서 기뻐하시는 거룩한 산제사 곧 영적인 예배를 드릴 수 있습니다. 생명과 능력을 주는 것은 육이 아니라 언제나 성령이십니다. 우리가 성령을 의지할 때 우리에게 생명과 능력을 주십니다. 성령께서 우리 영 안에 거하시기에 우리는 신령[영]으로 하나님을 예배할 수 있습니다.

우리가 영적 생명을 얻지 않았거나 혹은 하나님과 교제를 하고 있지 않다면 하나님께서 원하시는 예배를 드릴 수 없습니다. 지극히 아름답고 감동적인 말을 하고, 지혜가 번득이는 놀라운 생각을 하며, 이런저런 다양한 방법으로 의식을 행하고, 심지어 스스로 큰 감동을 받을 수 있어도, 하나님께서 기뻐 받으시는 예배를 드릴 수는 없습니다. 오직 우리의 영이 성령으로 말미암아 하나님과 교제를 하고 있을 때만 우리는 신령[영]으로 예배를 드릴 수 있습니다.

진정으로 예배함

우리는 또한 '진정'으로 예배해야 합니다. 진정으로 예배한다는 것은 진리로 예배한다는 것입니다. 예수님 당시의 사마리아인들처럼 예배하는 대상도 모른 채 예배해서는 안 됩니다. 그러면 진정[진리]으로 예배한다는 것은 무슨 뜻입니까?

구약성경에서 '진정[진리]'이라는 단어가 히브리 원어로는 기둥 및 말뚝과 밀접하게 연관되어 있습니다. 이것은, 진리는 견고하고 의지할 만한 지지대가 된다는 것을 암시합니다. 신약성경에서 예수님께서는 기도하실 때 "아버지의 말씀은 진리니이다"(요한복음 17:17)라고 하셨습니다. 하나님의 말씀은 절대적인 진리입니다. 하나님 자신이 전적으로 참되시고 신실하시며 변하지 않는 분이시기 때문입니다. 하나님의 말씀은 전적으로 믿을 만합니다. 하나님의 말씀은 하나님께서 어떤 분이시며 삶이 무엇인지를 정확하게 나타내 보여 줍니다. 하나님께서 말씀하시는 것과 삶의 실상 사이에는 조금의 불일치도 없습니다. 하나님께서 약속하시는 것과 하나님께서 행하시는 것 사이에는 한 치의 어긋남도 없습니다.

하나님께서는 기록된 말씀인 성경과, 살아 계신 말씀인 그 아들 예수 그리스도를 통하여 진리를 가장 분명하게 나타내셨습니다. 예수님께서는 제자들에게 "내가 곧 길이요 진리요 생명이니"(요한복음 14:6)라고 말씀하셨습니다. 우리가 개인적으로 그리스도를 영접할 때, 하나님의 진리는 우리의 속사람의 일부가 됩니다. 그리고 주님과의 교제 가운데 성령의 가르침에 순종하여 주님의 말씀에 따라 살아갈 때 우리는 진리를 점점 더 잘 알아가게 됩니다. 또한 진리는 우리를 자유케 해줍니다(요한복음 8:31-32 참조). 주님과의 교제를 가로막는 죄로부터 자유케 해줍니다. 우리의 예배를 방해하는, 하나님에 대한 잘못된 개념에서 벗어나게 해줍니다. 말씀은 참되시고 살아 계신 하나님을 나타내 보여 주기 때문에 진리 자체이신 하나님을 진정으로 예배할 수 있도록 우리를 예비시켜 줍니다. 말씀은 우리로 하여금 하나님께 대해 모호하거나 왜곡된 이미지를 가지고 예배하지 않도록 도와줍니다.

우리가 매일 하나님의 말씀을 섭취하고 묵상하며 실천할 때 그 말씀은 우리의 생각과 삶의 일부가 됩니다. 이로써 우리는 내적인 삶에서, 예배에서, 나아가 우리가 하는 모든 일에서 진짜 실체를 경험하며 안정을 누릴 수 있게 됩니다.

새 언약

진정[진리]으로 하나님을 예배하기 위해서는 예수님께서 세우신 새 언약에 대한 이해가 있어야 합니다. 옛 언약에서는 하나님께 나아갈 때 반드시 희생 제물이 있어야 했습니다. 어떤 제사는 충성과 감사를 표하는 것이기도 했지만, 제사라 하면 죄를 속(贖)하는 것과 하나님의 자비와 은총을 얻는 것에 큰 강조점이 있었습니다. 희생 제사는 끊임없이 반복되었는데, 장차 그리스도께서 지시게 될 십자가의 그림자였습니다. 그 십자가 위에서 그리스도께서는 모든 죄와 허물을 단번에 대속하심으로써 죄 문제를 영원히 완전하게 해결하셨습니다. 이 모든 옛 언약의 의식들은 그리스도 안에서 완성되었습니다. "저가 한 제물로 거룩하게 된 자들을 영원히 온전케 하셨느니라"(히브리서 10:14).

이제 새 언약 아래 있는 우리는 죄를 속하고 하나님의 자비와 은총을 얻기 위해 더 이상 어떤 희생 제사도 필요치 않습니다. 이것은 우리 주님의 죽음과 부활로 말미암아 단번에 영원히 완전하게 성취되었습니다. 그리스도로 말미암아 우리는 오직 믿음으로 깨끗케 함과 의롭다 함을 얻습니다. 우리의 거룩하신 하나님께서는 이제 우리를 보시되, 정죄의 눈이 아니라 사랑의 눈으로 보시며, 우리에게 풍성한 은총을 베푸십니다. 우리는 이 은총을 결코 받을 자격이 없으며, 또한 우리의 노력으로는 그 무엇으로도 그것을 얻을 수 없습니다. 하나님께서 우리를 영원히 받아 주시는 것은 오직 그리스도께서 우리를 위하여 해주신 일 때문입니다. 이 진리를 믿고 마음속에 소중히 간직할 때 우리는 진정[진리]으로 예배를 드릴 수 있게 됩니다.

물론 이제는 더 이상의 희생 제물을 드릴 필요가 없지만, 예배를 드릴 때마다 우리를 위해 십자가를 지셨던 그리스도의 희생을 생각하면, 우리의 예배에 큰 유익이 됩니다. 주님께서 우리의 죄를 담당하시기 위해서 어떤 값을 치르셨는가를 묵상할 때 우리는 우리 자신이 아니라 주님께만 영광을 돌리며 주님과 주님의 십자가만을 자랑해야 한다는 사실을 상기하게 됩니다(갈라디아서 6:14 참조). 주님의 십자가를 생각할 때 우리 속에는 깊은 감사와 찬송의 마음이 일어납니다. 주님께서 지신 십자가만이 우리로 하나님의 존전에 나아갈 수 있는 유일한 참되고 산 길임을 잊지 않게 해줍니다.
　많은 찬송가들 또한 그리스도와 십자가만을 자랑하도록 도와줍니다. 그중에서 우리 부부가 즐겨 부르는 찬송가는 '십자가 그늘 밑에'입니다.

십자가 그늘 밑에 나 쉬기 원하네.
저 햇빛 심히 쬐이고 또 짐이 무거워.
이 광야 같은 세상에 늘 방황할 때에
주 십자가의 그늘에 내 쉴 곳 찾았네.

내 눈을 밝히 떠서 저 십자가 볼 때
나 위해 고생당하신 주 예수 보인다.
그 형상 볼 때 내 맘에 큰 찔림 받아서
그 사랑 감당 못하여 눈물만 흘리네.

십자가 그늘에서 나 길이 살겠네.
나 사모하는 광채는 주 얼굴뿐이라.
이 세상 나를 버려도 나 관계없도다.
내 한량없는 영광은 십자가뿐이라.

우리의 예배를 풍성하게 해주는 또 하나의 중요한 진리는 그리스도의 부활과 승천입니다. 부활이 없었다면 십자가 사건은 이 지구 상에서 가장 큰 비극이 되고 말았을 것입니다. 그러나 우리는, 부활하사 승천하신, 살아 계신 구세주께 예배를 드립니다. 하나님께서는 우리가 깨닫기 원하십니다. 믿는 우리 안에서 역사하는 하나님의 능력이 얼마나 큰지를 말입니다.

그의 힘의 강력으로 역사하심을 따라 믿는 우리에게 베푸신 능력의 지극히 크심이 어떤 것을 너희로 알게 하시기를 구하노라. 그 능력이 그리스도 안에서 역사하사 죽은 자들 가운데서 다시 살리시고 하늘에서 자기의 오른편에 앉히사 모든 정사와 권세와 능력과 주관하는 자와 이 세상뿐 아니라 오는 세상에 일컫는 모든 이름 위에 뛰어나게 하시고, 또 만물을 그 발아래 복종하게 하시고, 그를 만물 위에 교회의 머리로 주셨느니라. (에베소서 1:19-22)

이 말씀뿐 아니라 우리 주님의 존귀하신 삶과 능력을 보여 주는 성경 말씀들을 찾아 묵상해 보십시오. 그 말씀들을 묵상할 때 분명 그 위대한 말씀들이 우리의 마음을 사로잡게 될 것입니다.

이는 우리의 예배에 깊은 영향을 주게 됩니다. 주님을 바라보면 볼수록 우리의 영혼은 경이감과 경외감으로 충만하게 됩니다. 우리는 주님의 승리에 기뻐 뛰게 될 것입니다. 우리 안에 있는 주님의 부활의 능력에 큰 감사를 드리지 않을 수 없게 됩니다. 우리는 예수 그리스도, 곧 하나님의 어린양이시요 만유의 주시며 만왕의 왕이시요 하늘 보좌에 앉아 계신 우리 주님을 마음과 뜻과 힘을 다하여 예배하게 됩니다.

보좌에 앉으신 이와 어린양에게 찬송과 존귀와 영광과 능력을 세세토록 돌릴지어다. (요한계시록 5:13)

하나님의 거룩하심

하나님께서 어떤 분이신가에 대한 이해를 넓히는 것도 진정[진리]으로 예배드리는 데 도움이 됩니다. 진리의 하나님께서는 거룩하신 하나님이십니다(여호수아 24:19, 이사야 5:16). 도덕적으로 온전히 순결하사 아무 흠도 점도 없으시며, 공의로 불타오르시고, 어떤 죄나 악도 차마 보지 못하시며, 썩음과 더러움이 조금도 없으신 분이십니다(베드로전서 1:19, 요한계시록 1:14, 하박국 1:13, 히브리서 7:26, 디모데전서 1:17 참조).

그러므로 진정[진리]으로 예배한다는 말은 우리의 거룩하신 하나님을 경외하는 가운데 두렵고 떨리는 마음으로 예배한다는 의미입니다. 또한 겸손한 마음으로 그분 앞에 나아가는 것을 뜻합니다. 이는 하나님께서 우리에게 보여 주시는 모든 죄에서 기꺼이 돌이키려는 태도를 갖는 것이며, 매일의 삶 가운데서 거룩하신 주님의 아름다우심을 나타내기를 갈망하는 것입니다.

엄위하신 우리 하나님께서 거룩하시고 도덕적으로 완전하시며, 그 의(義)나 사랑에 아무 흠도 부족함도 없으신 분이시라는 사실이 얼마나 감사합니까! 그분의 성품에 악한 구석이 있다면 어떻게 그분을 온전히 신뢰하거나 기탄없이 경배할 수 있겠습니까? 우리는 경탄과 경외의 마음으로 성부와 성자와 성령, 곧 전적으로 거룩하신 삼위일체 하나님께 기쁨으로 예배드릴 수 있습니다. 예배 시간에 가장 널리 불리는 찬송가 중에 하나님의 거룩하심의 경이와 신비를 이렇게 노래하는 찬송가가 있습니다.

거룩 거룩 거룩 전능하신 주여,
이른 아침 우리 주를 찬송합니다.
거룩 거룩 거룩 자비하신 주여,
성 삼위일체 우리 주로다.

거룩 거룩 거룩 전능하신 주여,
천지만물 모두 주를 찬송합니다.
거룩 거룩 거룩 전능하신 주여,
성 삼위일체 우리 주로다.

하나님의 말씀에 나타난, 하나님에 대한 여러 진리들은 우리로 하여금 잘못된 방법으로 하나님께 나아가지 않도록 해주며, 하나님에 대한 잘못된 개념을 갖지 않도록 막아 줍니다. 하나님에 대한 잘못된 개념은 잘못된 예배를 낳고, 하나님께서는 그런 예배를 기뻐 받으시지 아니하십니다. 말씀을 통해 하나님에 대해 올바른 지식을 갖게 됨으로써 우리는 하나님께서 기뻐 받으시는 예배를 드릴 수 있게 됩니다. 이것이 진정[진리]으로 드리는 예배입니다.

참마음으로 나아감

진정[진리]으로 예배하기 위해서는 또한 참마음으로 하나님께 나아가야 합니다. 히브리서 10:22은 "우리가 마음에 뿌림을 받아 양심의 악을 깨닫고 몸을 맑은 물로 씻었으니 참마음과 온전한 믿음으로 하나님께 나아가자"라고 말씀하고 있습니다. 참마음은 그리스도의 피 뿌림을 받아 악한 양심이 깨끗케 된 마음입니다. 가식이나 위선이 없는 마음입니다. 순전하고 정결하며 진실한 마음입니다. 참마음을 가진 사람은 거짓이 없습니다. 자신이 도달한 그 이상으로 거룩하다고 말하지도 않고, 자기의 죄를 숨기고 깨끗한 체하지도 않습니다. 왜냐하면 그런 사람은 "자기의 죄를 숨기는 자는 형통치 못하나 죄를 자복하고 버리는 자는 불쌍히 여김을 받으리라"(잠언 28:13)고 말씀하신 하나님을 경외하기 때문입니다.

참마음은 자기의 약점과 잘못을 숨기지 않습니다. 때로는 넘어지기도 하고 씨름도 하지만 그런 자신의 모습에 대하여 하나님 앞에 솔직합니다. 계속적으로 하나님의 도우심이 필요하다는 것과 더욱 거룩해져야 한다는 사실을 인정하고 겸손함으로 하나님 앞에 나아가기를 힘씁니다.

참마음은 자기가 예배드릴 만큼 깨끗해졌다고 느껴질 때까지 예배를 연기하지 않습니다. 예배를 연기하는 것은 어리석은 짓입니다. 하나님을 바라보고 하나님께 경배할 때 더욱더 거룩해질 수 있기 때문입니다. 그것이 하나님의 처방입니다. 참마음은 외적으로 어떤 갈등과 패배가 있을지라도 내적으로 주님의 뜻에 늘 긴밀하게 연합되어 있습니다. 죄에 대한 갈등과 불순종했을 때 나타나는 근심 자체가 주님과의 이 기본적인 연합에 대한 반증인 것입니다. 참마음은 예수님만을 하나님 아버지께 나아가는 유일한 참된 길로 인정합니다. 참마음은 은혜, 곧 아무 공로 없이 얻은 은총을 힘입어 하나님 앞에 나아가서 예수님의 공로만 의지하여 하나님을 예배합니다.

    큰 죄에 빠진 날 위해
    주 보혈 흘려 주시고
    또 나를 오라 하시니
    주께로 거저 갑니다.

예배를 함으로써 우리는 주님께서 우리 안에서 행하신 일을 새롭게 기억하게 되고, 주님께 대한 헌신도 날로 더 깊어집니다. 그래서 이렇게 고백하게 됩니다.

    한없는 주님 사랑으로
    모든 담 무너졌으니
    내 모습 이대로
    주님께 나아갑니다.

이제 나는 주님의 것,
오직 주님의 것,
내 모습 이대로
주님께 나아갑니다.

솔직히 이렇게 아뢸 수 없다고 느낀다면 다음과 같이 기도하십시오. "아버지 하나님, 이 시간 긍휼에 풍성하신 주님의 사랑을 힘입어 구하옵나니, 한없는 주님의 사랑으로 제 마음속에 있는 모든 담들을 무너뜨려 주셔서, 제가 새롭게 그리고 영원히 주님의 것, 오직 주님의 것이 되게 하여 주시옵소서." 그러면 참되고 감사한 마음으로 하나님을 경배하고 하나님께 존귀와 영광을 돌릴 수 있게 될 것입니다.

예배는 모험이다

신령[영]과 진정[진리]으로 드리는 예배에는 헌신의 즐거움만 있는 것은 아닙니다. 기쁨만 아니라 위험이 수반됩니다. 리처드 포스터는 진정[진리]으로 예배하는 것에 대해 이렇게 말했습니다.

윌러드 스페리의 말처럼, 사실상 예배는 모험입니다. 따라서 마음을 단단히 먹어야 합니다. 끊임없는 훈련이 필요합니다. 예배는 겁쟁이나 안락을 추구하는 사람들을 위한 것이 아닙니다. 모험에는 위험이 따릅니다. 예배는 성령께서 이끄시는 그 '위험한' 삶에 자신을 활짝 여는 것입니다.

참된 예배는 살아계신 하나님 앞에 우리 자신을 있는 그대로 드러내 놓는 것입니다. 거기에는 하나님의 부드러운 사랑이 있습니다. 그러나 그것만 있는 것이 아닙니다. 태워 버리는 불도 있습니다. 하나님의 임재는 강한 능력이 있어 우리의 삶 속에 있는 모든 죄를 태워 버립니다. 그분의 진리의 불꽃은 우리의 그릇된 생각과 헛된 망상을 여지없이 폭로합니다. 참된 예배는 우리 마음속에서 마땅히 하나님께서 계셔야 할 자리를 차지하고 있는 우상들의 베일을 벗겨 그 무가치함을 여실히 드러냅니다. 어느 시인은 이렇게 썼습니다.

이 땅 우상들의
거짓된 아름다움을 벗긴 것은 무엇인가?
정의감이나 의무감이 아니라네.
지극히 값진 것을 보는 것이라네.

저 우상들을 부서뜨린다고 되는 것 아니네.
거기엔 쓰디 쓴 공허와 쓰라린 고통뿐.
주님의 아름다움이 환히 비치며
주님의 마음이 밝히 드러나는 것이라네.

예배는 위험합니다. 하지만 안전합니다. 예배는 불타 없어져 버릴 것을 비할 데 없이 귀하고 값진 것으로 바꾸어 줍니다.

묵상 및 토의를 위하여

1. 다음 말의 의미를 요약해 보십시오.
   (1) 신령[영]으로 예배함
   (2) 진정[진리]으로 예배함

2. 이 장에서 당신이 더 묵상해 보고 싶은 진리가 있습니까? 또는 당신의 삶 가운데 주님께서 변화를 원하시는 영역이 있습니까? 이에 대해 어떤 계획을 세우겠습니까?

제 4 장

찬양의 기초를 하나님의 말씀에 둠

찬양과 믿음은 오늘날 그리스도인들 사이에서 인기가 있는 주제입니다. 이 두 가지는 우리가 안고 있는 크고 작은 모든 문제들, 이를테면 정신적, 감정적, 육체적, 도덕적, 경제적, 교육적, 사회적인 문제들에 대한 해결책으로 거론되고 있습니다. 종종 누군가 기적적인 일을 경험하고 나면 사람들은 이렇게 말합니다. "무엇을 믿느냐 하는 것은 정말이지 중요하지 않다. 그냥 단순히 믿고 단순히 찬양하라. 그러면 기적이 일어날 것이다."

A. W. 토저는 그런 식의 믿음에 대하여 다음과 같이 말했습니다.

> 소위 그러한 믿음의 이면에는, '믿음이란 우주에 흐르고 있는 강력한 힘이다. 플러그만 꽂으면 누구에게나 흘러들어온다'라는 막연한 생각이 있습니다.… 믿음이 들어오면, 비관적인 생각, 두려움, 패배, 실패는 물러가고, 전쟁, 사랑, 스포츠, 사업, 정치 등 모든 영역에서, 낙관적인 생각, 자신감, 승리, 성공이 찾아온다는 것입니다.

이 모든 것에서 간과되고 있는 것은, 믿음은 사실에 근거할 때만이 선하다는 점입니다. 거짓에 의거하여 형성된 믿음은 영원한 비극으로 이끌 수도 있고 또 실제로 그렇게 될 때가 종종 있습니다. 왜냐하면 믿는다는 것으로 족한 것이 아니라, 반드시 올바른 대상에 대한 올바른 사실을 믿어야만 하기 때문입니다.

올바른 믿음은 우리를 순종으로 이끕니다. 우리에 대한 하나님의 판단을 무시하고 자신의 주관적 확신을 따르는 몽상적이고 감상적인 믿음은 청산가리와 같이 치명적입니다.…

무엇이든지 믿으면 된다는 맹목적인 믿음은 잘못된 믿음입니다.

그리고 그런 믿음에 근거한 찬양은 잘못된 찬양입니다. 그것은 영적으로 파산한 마음을 숨기려고 겉으로 화장을 하는 것과 같습니다. 아무 믿음이나 다 하나님을 기쁘시게 하는 것도, 아무 찬양이나 다 하나님을 기쁘시게 하는 것도 아닙니다.

하나님의 말씀에 근거한 찬양

하나님께서는 우리의 믿음과 찬양이 그분의 말씀에 근거하기를 원하십니다. 하나님께서는 단순히, 영감을 얻기 위해 취할 수도 있고 버릴 수도 있는 영감의 원천으로 성경을 주신 것이 아닙니다. 친히 우리의 삶에 동참하기를 원하시는 하나님께서는 기록된 성경 말씀을 통하여 자신을 나타내 보여 주셔서, 우리가 성경을 통하여 하나님의 속성, 하나님의 마음, 하나님의 가치관, 하나님의 계획, 하나님의 길과 방법을 알 수 있도록 하셨습니다. 하나님께서는 그분의 말씀을 통하여 우리에게 말씀해 주기를 간절히 원하십니다. 하나님의 음성을 듣기 위해서는 우리가 개인적으로 해야 할 것이 있습니다. 그분의 말씀에 조용히 귀 기울이고, 깊이 묵상하고, 기도하는 시간을 갖는 것입니다. 잠언 2:1-5 말씀을 읽어 봅시다.

내 아들아, 네가 만일 나의 말을 받으며, 나의 계명을 네게 간직하며, 네 귀를 지혜에 기울이며, 네 마음을 명철에 두며, 지식을 불러 구하며, 명철을 얻으려고 소리를 높이며, 은을 구하는 것같이 그것을 구하며, 감추인 보배를 찾는 것같이 그것을 찾으면, 여호와 경외하기를 깨달으며 하나님을 알게 되리니.

다른 그리스도인들과 함께 열정적으로 하나님을 찬양하면서도 개인의 삶에서는 하나님의 말씀을 무시하고 있지는 않습니까? 개인적으로 하나님의 말씀을 섭취하고 있지 않는다면 하나님을 높이는 우리의 말들은 별 의미가 없습니다. 만약 아내가 남편에게 "전 진심으로 당신을 사랑하고 당신과 함께 있기를 좋아해요. 하지만 당신 말씀을 듣고 싶진 않아요. 그러니 제게 아무 말씀도 하지 마세요. 당신이 입을 다물고 계시는 한 우린 행복하게 잘 지낼 수 있을 거예요"라고 한다면 그 남편의 기분이 어떻겠습니까? 누구를 사랑하고 존경한다면 그의 말을 귀히 여겨 경청하며 또 자신의 생각을 말하는, 쌍방향의 대화 시간을 갖는 것이 마땅합니다.

어떤 그리스도인들은 하나님의 말씀의 영감과 권위에 대해 머리로 인정은 하면서도, 정작 말씀으로부터 올바로 사는 법과 올바로 찬양하는 법을 배우지는 못하고 있습니다. 히브리서 4:12은 "하나님의 말씀은 살았고 운동력이 있다"라고 말합니다. 하나님의 말씀은 살아 있고 힘이 있어, 우리의 찬양을 더욱 살아 움직이게 합니다. 말씀에 근거한 찬양은 우리의 삶을 변화시키며, 하나님을 더욱 기쁘시게 해드리는 능력이 있습니다.

시편 66:2은 "그 이름의 영광을 찬양하고 영화롭게 찬송할지어다"라고 명령합니다. 이 명령에 순종하기 위하여 반드시 말을 유창하게 잘할 필요는 없습니다. 그러나 말씀 가운데 나타나는 하나님의 영광을 찬양하는 법은 배워야 합니다. 기도하는 마음으로 말씀을 읽고, 공부하고, 암송하고, 묵상함으로써 하나님을 더 잘 알게 되고, 하나님을 더 잘 알수록 하나님을 더 잘 찬양할 수 있게 됩니다.

하나님의 말씀으로 충만한 찬양

가브리엘 천사가 마리아에게 나타나 지극히 높으신 하나님의 아들을 수태하게 될 것을 예고하자, 마리아는 팔레스타인의 먼지 날리는 시골길을 걸어서, 아니면 나귀를 타고, 친척 엘리사벳을 찾아갔습니다. 마리아가 엘리사벳의 집에 도착하자 엘리사벳은 마리아가 메시야를 낳게 되리라는 복된 소식을 확증해 주었습니다.

마리아는 자기를 향한 하나님의 놀라운 사랑과 특별한 돌보심에 크게 감격했습니다. 그래서 찬양의 노래를 하나님께 드렸습니다(누가복음 1:46-55). 성경에 기록된 찬양 중에 가장 뛰어난 찬양 중의 하나입니다.

내 영혼이 주를 찬양하며
내 마음이 하나님 내 구주를 기뻐하였음은
그 계집종의 비천함을 돌아보셨음이라.
보라. 이제 후로는 만세에 나를 복이 있다 일컬으리로다.
능하신 이가 큰일을 내게 행하셨으니
그 이름이 거룩하시며
긍휼하심이 두려워하는 자에게 대대로 이르는도다.
그의 팔로 힘을 보이사
마음의 생각이 교만한 자들을 흩으셨고,
권세 있는 자를 그 위에서 내리치셨으며,
비천한 자를 높이셨고,
주리는 자를 좋은 것으로 배불리셨으며,
부자를 공수로 보내셨도다.
그 종 이스라엘을 도우사 긍휼히 여기시고 기억하시되,
우리 조상에게 말씀하신 것과 같이
아브라함과 및 그 자손에게 영원히 하시리로다.

마리아는 구약의 여러 곳에 있는, 하나님의 영감으로 기록된 많은 찬양의 말씀들을 인용하기도 하고 풀어 사용하기도 하는 등 하나님의 말씀을 풍부하게 사용하였습니다. 마리아의 찬양은 하나님의 말씀으로 가득 차 있었습니다.

우리 역시 이런 찬양을 하는 법을 배울 수 있습니다. 그러기 위해서는 하나님의 말씀을 풍성히 섭취하여 그 말씀이 우리 안에서 놀라운 일을 행하게 해야 합니다. 우리가 하나님의 말씀에 푹 젖어 있으면, 찬양의 내용이 풍성해지는 것은 물론, 찬양을 할 때 구체적인 찬양의 말씀들이 마음속에 떠올라 찬양의 마음을 더욱 북돋아 주기도 합니다. 시편은 하나님께 드릴 수 있는 찬양들로 가득 차 있습니다. 시편 말씀들을 주의 깊게 공부하고 깊이 묵상함으로써 우리의 찬양에 얼마든지 활용할 수 있습니다.

예를 들어 시편 36:7-9을 살펴봅시다.

하나님이여, 주의 인자하심이 어찌 그리 보배로우신지요!
인생이 주의 날개 그늘 아래 피하나이다.
저희가 주의 집의 살진 것으로 풍족할 것이라.
주께서 주의 복락의 강수로 마시우시리이다.
대저 생명의 원천이 주께 있사오니
주의 광명 중에 우리가 광명을 보리이다.

우리는 이 찬양시를 그대로 사용하여 하나님을 찬양할 수 있습니다. 여러분 자신에게 하나님께서는 어떤 분이십니까? 하나님을 알고 있는, 여러분의 사랑하는 사람들에게 하나님께서는 어떤 분이십니까? 나아가 세계 각처에 흩어져 있는 하나님의 백성들에게 하나님께서는 어떤 분이십니까? 이처럼 하나님께서 어떤 분이신지를 생각하면서 이 시를 그대로 사용하여 하나님을 찬양하여 보십시오.

때에 따라서는 이 시를 자신의 말로 약간만 고쳐 사용해도 좋습니다.

주님, 주님의 인자하심이 어찌 그리 보배로우신지요!
내가 주님의 날개 그늘 아래 피하나이다.
내가 주님의 집의 살진 것으로 풍족하리이다.
주님께서 주님의 기쁨의 강물을 마시게 하시리이다.
대저 생명의 원천이 주님께 있사오니
주님의 빛 가운데서 내가 빛을 보리이다.

때로는 다른 번역 성경을 사용하여 찬양에 새로움을 더할 수도 있습니다. 이를테면 다음과 같이 될 것입니다.

하나님, 주의 한결같은 사랑이 어찌 그리 값집니까?
사람들이 주의 날개 그늘 아래로 피하여 숨습니다.
주의 집에 있는 기름진 것으로 그들을 배불리 먹이시고,
주의 시내에서 단물을 마시게 하시니,
주께는 생명 샘이 있습니다.
우리는 주의 빛을 받아 환히 열린 미래를 봅니다.
(표준새번역)

하나님이시여, 주의 사랑은 정말 소중합니다.
모든 인류가 주의 날개 그늘 아래 보호를 받고 있습니다.
모든 사람이 주께서 공급하시는 풍성한 음식으로 배불리 먹고

주의 기쁨의 강물을 마시고 있습니다.
주는 생명의 원천이시므로
우리가 주의 빛 가운데서 빛을 봅니다.
(현대인의 성경)

한결같이 따스한 주님의 사랑 어찌 그리도 고귀한지요?
주님의 따스한 그 품 안에 고이고이 품어 주시니
그 사랑 어찌 말로 다 이를 수 있을까요?
우리는 주께서 차려 놓으신 그 진수성찬을 배불리 마음껏 먹고
주께서 베푸시는 어진 은총의 시냇가 그 맛좋은 물을
아깝다 생각 없이 한없이 마시리이다.
사람 살리는 생명의 샘물이신 주님이여,
주님의 환한 그 빛 속에서 우리가 환한 그 빛으로 살아가리이다.
(현대어 성경)

시편 135:3,5-6은 하나님께 직접 찬양을 드리는 것이 아니라 하나님의 백성들에게 하나님을 이렇게 찬양하라고 권면하는 시입니다. 이것을 조금만 고치면 하나님을 직접 찬양하는 데 사용할 수 있습니다.

하나님을 찬양하나이다.
하나님께서는 선하시며 그 이름이 아름다우시니
그 이름을 찬양하나이다.
하나님께서는 광대하시며 모든 신보다 높으시나이다.

하나님께서는 무릇 기뻐하시는 일을
천지와 바다와 모든 깊은 데서 다 행하셨나이다.

시편 86:5,10,12,13과 같이 시편에는 고치지 않고도 얼마든지 찬양에 사용할 수 있는 말씀들이 많이 있습니다.

주는 선하사 사유하기를 즐기시며
주께 부르짖는 자에게 인자함이 후하심이니이다.
대저 주는 광대하사 기사를 행하시오니
주만 하나님이시니이다.
주 나의 하나님이여, 내가 전심으로 주를 찬송하고
영영토록 주의 이름에 영화를 돌리오리니,
이는 내게 향하신 주의 인자가 크사
내 영혼을 깊은 음부에서 건지셨음이니이다.

신약의 축복 기도를 사용하여서도 아름다운 찬양을 할 수 있습니다. 이를테면 에베소서 3:20-21을 그대로 사용하거나 풀어 사용하거나 다음의 예와 같이 자기 말로 고쳐서 사용해도 좋습니다.

영광의 아버지 하나님,
아버지께서는 제 안에서 역사하시는 아버지의 능력을 따라
제가 구하거나 생각할 수 있는 것보다
한없이 더 많은 것을 행하실 수 있나이다.

아버지께 교회 안에서와 그리스도 예수 안에서
영광이 대대로 영원무궁하기를 원하나이다. 아멘.

아멘은 '진실로 그렇습니다' 또는 '진실로 그렇게 되기를 바랍니다'라는 의미입니다.
우리는 또한 디모데전서 1:17에서 바울이 기쁨이 충만하여 드렸던 찬양을 사용할 수도 있습니다.

만세의 왕 곧 썩지 아니하고 보이지 아니하고 홀로 하나이신 하나님께 존귀와 영광이 세세토록 있어지이다. 아멘.

마음을 집중시킴

하나님의 말씀과 찬양은 합력하여 역사함으로 우리의 믿음의 성장을 더욱 촉진하며 우리의 찬양의 역량을 더욱 키워 줍니다. 성령께서는 말씀과 찬양을 통해 우리의 눈을 주님께 고정시켜 주십니다. 말씀과 찬양을 통하여 성령께서는, 불이 밀랍을 녹이듯, 하나님을 거역하는 우리의 완고해진 마음을 녹여 주심으로 우리가 하나님의 통치에 다시 굴복할 수 있게 해주십니다. 참된 찬양을 통하여 우리는 자신의 욕망이나 생각을 굴복시키고 하나님을 더 높이게 됩니다. 참된 찬양은 우리로 하나님의 뜻대로 기도하도록 도와주며, 주님께서 우리의 기도에 응답하시리라는 확신을 더욱 강화시켜 줍니다. 그리하여 우리는 기도나 소원이나 생각과 희망으로도 감히 꿈꿀 수 없는 것을 위대한 능력으로 우리 가운데서 역사하시는 하나님께 영광을 돌리게 됩니다(에베소서 3:

20, 현대어 성경).

전 남편이 세상을 떠난 후 나는 두 아이를 데리고 글렌에리에서 살았습니다. 그곳은 네비게이토 선교회 본부로서 콜로라도스프링스 시에 위치하고 있습니다. 우리는 늘 믿음의 식구들에 둘러싸여 활기찬 교제 가운데서 지낼 수 있었습니다. 그 후 1966년 일반 주택에서 이웃들과 어울려 사는 것이 여러모로 유익하다는 생각에서 글렌에리에서 자동차로 8분 거리에 있는 일반 가정집으로 이사를 했습니다.

이사 후 첫날 아침 잠이 깼을 때 나는 사랑하는 이들로부터 멀리 떨어져 있다는 생각에 외롭고 우울해져서 전혀 경건의 시간을 가질 마음이 나지 않았습니다. 성경을 열면서 나는 주님께 그 때의 기분을 아뢰고 나서, 내 기분이야 어떻든 주님께서 내게 말씀해 주시기를 기도했습니다. 그날 읽은 말씀은 시편 102편이었습니다. 시편 기자는 "나는 광야의 당아새 같고 황폐한 곳의 부엉이같이 되었사오며… 지붕 위에 외로운 참새 같으니이다"(6-7절)라고 노래했습니다. 이 가련한 새들을 머릿속에 그려 보았습니다. 시편 기자는 나보다도 더 진한 외로움을 느꼈다는 사실에 생각이 미치자 오히려 위로가 되었습니다. 경건한 시편 기자가 하나님께 시선을 고정시킨 본을 따라 나도 하나님께 시선을 고정시켰습니다. 우리 하나님께서는 빈궁한 자의 기도를 결코 멸시치 않으시며, 갇힌 자의 탄식을 들으시고 해방시켜 주시는 분이십니다.

거처하는 집, 이웃, 나의 감정 등 모든 것이 바뀌고 변해도 하나님께서는 결코 변치 않으시는 분입니다. 심지어는 하늘까지도 없어지겠지만, 주 하나님께서는 변함없이 한결같으시며 영원하십니다. "천지는 없어지려니와 주는 영존하시겠고, 그것들은 다 옷같이 낡으리니 의복같이 바꾸시면 바뀌려니와, 주는 여상하시고 주의 연대는 무궁하리이다"(시편 102:26-27).

나는 이처럼 변함이 없으신 하나님께 내 마음을 향하게 하고, 내 감정이 어떻게 요동하든 내 믿음이 어떻게 흔들리든 상관없이, 지금도 또 앞으로도 한결같으실 하나님을 찬양했습니다. 하나님을 만나서 말씀을 듣고 찬양했을 때 하나님께서는 내 마음속에서 외로움을 걷어 가시고 변함없는 사랑을 채워 주셨습니다. 또한 하나님께서는 이러한 외로움에 빠져들고 싶은 마음이 들 때마다 진리의 말씀을 주셔서 하나님을 찬양하게 하셨습니다.

베두인 족의 이야기는 우리에게 큰 경계가 됩니다. 밤중에 낙타가 추워서 장막 안에 코를 들이밀 때 그냥 내버려두면 조금씩 조금씩 들어와서 마침내는 장막 전체를 다 차지해 버린다는 것입니다. 침체된 감정도 처음 들어올 때 그냥 내버려두면 결국엔 마음속을 온통 차지해 버립니다. 그러나 하나님의 말씀을 통하여 그 감정들을 하나님께 맡기고 하나님을 찬양할 때 하나님께서는 마음속에 들어오는 '낙타'를 때로는 즉시, 때로는 조금씩 조금씩 몰아내 주십니다. 우리 감정에 침체라는 낙타가 코를 들이밀기 시작해 적어도 머리까지 들이밀었을 때는 알아차려야 즉시 물리칠 수 있는 것입니다.

하나님의 말씀을 찬양의 불을 활활 타오르게 하는 연료로 사용할 때 하나님께서 우리 영혼의 어두운 기분을 제거하시고 영을 소생시키신다는 것을 우리는 자주 경험합니다. 찬양은 우리의 관심과 시선을 하나님께로 돌리게 합니다. 찬양은 우리의 마음이 죄악, 실망, 문제들에 사로잡히지 않고 벗어나게 해줍니다. 하나님을 신뢰하기로 결심하는 단순한 선택으로 시작하여, 하나님의 말씀에 근거한 찬양을 할 때, 찬양은 우리를 성숙한 믿음과 확신으로 인도합니다. 찬양은 우리로 하여금 삶의 활력과 자신감을 회복하고 믿음의 날개를 활짝 펴 날아오를 수 있게 해줍니다.

묵상 및 토의를 위하여

1. 우리의 믿음과 찬양의 근거를 하나님의 말씀에 두는 것이 중요한 이유는 무엇입니까?
2. 이 장에 소개된 찬양 중에서 당신은 어느 것을 가장 좋아합니까?
3. 이 장에 나온 성경 구절들을 복습하고 그 말씀들을 사용하여 찬양을 하십시오.

제5장

찬양과 간구를 함께 함

　어느 날 저녁 식사가 끝난 후 담소를 하던 중 시인 롱펠로우는 사람들의 모든 기도가 다 응답될 경우 이 세상에 오게 될 혼란에 대해 곰곰이 생각해 보았습니다. 사람들이 기도한 대로 모든 것이 다 이루어진다면 결과적으로 하나님이 아니라 사람들이 이 세상을 다스리는 셈이 되는데, 과연 사람이 하나님보다 더 잘 다스릴 수 있을까 하는 생각이 들었습니다. 그래서 그는 단지 감사 기도만 하고 다른 모든 것은 조용히 하나님께 맡김으로써 그런 위험을 피해야겠다고 결심했습니다.

　롱펠로우가 자기 위주의 기도를 못마땅하게 생각한 것은 물론 일리가 있습니다. 그러나 감사 기도만 하고 간구는 절대로 하지 않겠다는 것은 하나님의 뜻과는 어긋납니다. 감사와 찬양 기도가 간구를 대신할 수는 없습니다. 감사와 찬양 기도가 더 뛰어난 기도 형식이라고는 할 수 없는 것입니다.

　하나님께 간구하는 기도를 하는 것은 이 세상을 다스리시고 자신의 목표를 성취해 나가시기 위한 하나님의 절대주권적인 계획 가운데 들어 있습니다. 하나님께서는 우리에게 구하라고 명하십니다. "너는 내게 부르짖으라. 내가 네게 응답하겠고"(예레미야 33:3). "나를 부르라. 내가 너를 건지리니"(시편 50:15).

구하고 부르짖으면 응답하겠다는 원리는 예수님께도 해당되었습니다. 아버지 하나님께서는 예수님에게 "내게 구하라. 내가 열방을 유업으로 주리니 네 소유가 땅 끝까지 이르리로다"(시편 2:8)라고 말씀하셨습니다. 또한 예수님께서도 제자들에게 "지금까지는 너희가 내 이름으로 아무것도 구하지 아니하였으나, 구하라 그리하면 받으리니 너희 기쁨이 충만하리라"(요한복음 16:24)고 말씀하셨습니다. 바울 역시 빌립보 성도들에게 보낸 편지 중에 "오직 모든 일에 기도와 간구로 너희 구할 것을 감사함으로 하나님께 아뢰라"(빌립보서 4:6)고 썼습니다. 이처럼 구하는 것은 하나님의 계획 가운데 들어 있습니다.

그러나 구할 때 이기적이거나 유치한 태도로 구하는 것은 피해야 합니다. 마치 버스를 타고 가다가 위험을 느낀 승객이 겁을 먹고 운전기사에게서 핸들을 낚아채는 식의, 자기 마음대로 하게 해달라는 기도를 해서는 안 됩니다. 그렇다고 하나님 앞에 이기적이거나 어리석은 간구를 하지 않기 위해서 다만 감사 기도만 하겠다는 생각은 하나님의 뜻에 어긋납니다. 잘못된 기도를 하지 않도록 막아 주는 안전장치는, 성경 말씀을 통하여 하나님의 선하시고 기뻐하시고 온전하신 뜻이 무엇인지 분별하여 그 뜻에 굴복하는 것입니다. 기도할 때 우리는 기본적으로 "나의 원대로 마옵시고 아버지의 원대로 하옵소서"(마태복음 26:39, 마가복음 14:36, 누가복음 22:42 참조)라는 자세로 해야 합니다. 스탠리 존스는 이것을 가리켜 "기도는 하나님의 뜻을 내 뜻에 굴복시키려 하는 것이 아니라, 내 뜻을 하나님의 뜻에 맞추는 것이다"라고 말했습니다.

놀라운 특권

기도는 그리스도 안에서 우리가 받은 고귀한 부르심의 일부입니다. 하나님께서 왕과 대제사장으로 높이신 우리 주 예수님께서는 그 영광을 우리와 함께 나누셨습니다. 이제 우리는 택하신 족속이요, 왕 같은 제사장들이요, 거룩한 나라요, 하나님의 소유된 백성이 되어, 구약의 제사장들이 누리던 것과는 비교도 되지 않는 큰 특권을 누리게 된 것입니다(베드로전서 2:9 참조). 우리는 만왕의 왕이신 하나님의 가족입니다. 하나님의 자녀입니다. 또한 살아 계신 하나님의 제사장들입니다. '왕 같은 제사장들'입니다. 구약 시대의 제사장들은 수놓은 두꺼운 휘장 앞에 놓인 금 향단에 향을 살랐습니다. 이 휘장이 지성소 안에 임재해 계신 영광스러운 하나님과 그들 사이를 가로막았습니다. 이와는 대조적으로 우리는 그리스도를 처음 믿은 순간 기도를 통하여 곧바로 거룩하시고 엄위하신 하나님의 존전에 아무 거리낌 없이 담대히 나아갈 수 있게 되었습니다.

우리가 영적으로 얼마나 성장했는가에 관계없이 우리의 기도는 특별한 향기로 하나님 앞에 상달됩니다. 하나님께 무슨 말씀을 아뢸 때에 특별한 의식을 갖추어서 정해진 방법으로 할 필요는 없습니다. 우아한 말이 필요하지 않습니다. 간단한 말로 우리 자신의 필요와 다른 사람들의 필요, 예를 들면 그들의 구원과 영적 성장 등을 위하여 기도하면 됩니다. 심지어는 불가능해 보이는 것들까지도 구할 수 있습니다. 하나님께 언제 어떠한 방법으로 응답해 달라고 기도하는 대신 하나님의 완전하신 시간표에 따라 그분의 방법으로 응답해 주실 것에 대해 감사하기만 하면 됩니다. 무엇을 구해야 할지 확신이 없을 때는 단순히 "주님, 주님 보시기에 이 상황에 최선이 되는 것을 행하여 주십시오"라고 기도할 수도 있습니다.

　기도는 놀라운 특권입니다. 기도를 통하여, 우리는 다른 방법으로 얻을 수 없는 유익들을 얻습니다. 왜냐하면 하나님께서 우리를 위해 모든 것을 다 자동적으로 베풀어 주시는 것은 아니기 때문입니다. 물론 하나님께서는 우리가 구하지 않아도 많은 축복들을 내려 주십니다. 비를 내려 달라고 기도하지 않은 사람들에게도 비를 내려 주시고, 기도하지 않는 그리스도인들에게도 필요한 것들을 공급해 주시고, 인도해 주시며, 보호해 주시고, 힘을 주십니다. 그러나 우리가 처한 모든 상황에서 기도하지 않을지라도 으레 필요한 것을 공급해 주시고 보호해 주시며 힘을 주실 것이라고 생각해서는 안 됩니다. 우리는 구하지 않아서 받지 못하게 될 수도 있습니다(야고보서 4:2 참조). 마치 주님께서 우리의 짐을 져주시며 우리를 위해 행하실 마음과 능력이 없으시기라도 하듯, 우리가 헛되이 "수고의 떡"(시편 127:2)을 먹으면서 서로 다투고, 속이고, 근심 걱정한다면, 우리는 많은 것을 잃게 됩니다.

　기도를 통하여 우리는 하나님을 높이고 영화롭게 하며 하나님을 더욱 깊이 경험합니다. 우리는 기도를 통하여 하나님의 마음에 기쁨을 드립니다. 정직한 자의 기도를 하나님께서는 기뻐하시기 때문입니다(잠언 15:8 참조). 하늘과 땅의 창조자요 소유자요 주관자이신, 지극히 높으신 하나님께서 자기와의 개인적인 인격적 교제라는 놀라운 특권 가운데로 우리를 부르셨는데, 기도는 이 부르심의 일부입니다. 하나님께서는 우리의 얼굴을 보고 우리의 음성을 듣기를 간절히 원하십니다. "나로 네 얼굴을 보게 하라. 네 소리를 듣게 하라. 네 소리는 부드럽고 네 얼굴은 아름답구나"(아가 2:14). 기도는 너무도 우리의 얼굴을 보고 싶고 우리의 음성을 듣고 싶어 단둘만의 교제를 위해 우리를 부르시는 하나님의 그 부르심에 대한 우리의 응답이기도 합니다.

기도의 두 측면 - '구함'과 '높임'

넓은 의미로 볼 때 기도란 하나님과의 의사소통이라 할 수 있습니다. 하나님과의 대화입니다. 기도에는 우리의 죄와 허물에 대해 하나님의 용서를 구하는 것, 우리의 필요를 하나님 앞에 아뢰며 쏟아 놓는 것, 우리 자신과 다른 사람들을 위해 간구하는 것이 포함됩니다. 기도의 이 측면은 하나님께 뭔가를 해달라고 '구하는' 것인데, 이처럼 하나님께 '구하는 기도'는 우리에게도 중요하지만 하나님께도 중요합니다. 하나님께서는 우리가 그분을 우리의 삶 가운데 끌어들이기를 원하십니다. 우리의 모든 경험과 필요와 기쁨과 슬픔을 그분과 함께 나누기를 원하십니다. 위기에 처했을 때는 물론 평상시에도 항상 그렇게 하기를 바라십니다. 이것이 하나님의 마음입니다. 하나님께서는 우리를 향한 깊은 사랑의 마음에서 항상 우리를 돌보시는 분이십니다. 우리가 하나님께 무엇을 구하면 하나님께서는 반드시 들어주십니다(요한일서

5:14-15). 물론 어떻게 들어주실지는 하나님께 속한 것입니다. 하나님께서는 우리에게 주기를 기뻐하십니다.

기도에는 또한 찬양, 감사, 예배[경배]가 포함됩니다. 이 기도들은 하나님께 뭔가를 해달라고 구하는 것이 아니라, 순수하게 하나님 자신을 '높이는' 기도입니다. 이 기도는 우리 자신을 하나님께 드리는 기도입니다. '구하는 기도'를 통해 하나님께서 자신을 우리에게 주신다면, '높이는 기도'를 통해 우리는 우리 자신을 하나님께 드리게 됩니다. 하나님께 우리 자신을 드릴 때 그 표현 방법은 각 사람마다 다를 것입니다.

성경에 기록된 기도들을 보면, 하나님을 높이는 것과 하나님께 구하는 것, 이 두 측면이 다 포함되어 있습니다. 둘 중 어느 하나가 빠지면 그 기도는 생명력과 유용성을 많이 잃어버리게 됩니다.

시편은 한편의 걸작 모자이크입니다. 모자이크를 보면 갖가지 색지가 조화를 이루어 하나의 멋진 작품을 이루듯, 시편은 기도의 모든 구성 요소들이 한데 어우러져 조화를 이루고 있습니다. 하나님 앞에 아름다운 기도 생활을 하는 데는 특별한 창의력이 필요치는 않지만, 찬양이나 감사나 간구나 경배나 자백이나 어느 하나만 있어서는 안 되며, 이 모든 요소가 다 필요합니다. 시편에서 볼 수 있듯이, 기도마다 기도의 모든 요소가 다 포함되어 있어야 할 필요는 없고, 또 언제나 동일한 순서나 동일한 비율을 따라 간구와 자백 기도를 하고 찬양과 감사의 기도를 해야 하는 것도 아닙니다.

그러나 우리의 전반적인 기도 생활에 있어서는 기도의 여러 요소들이 다 포함되어 있어야 합니다. 우리는 시편에서 이것을 배울 수 있습니다. 시편 말씀들을 가지고 기도하며 그 말씀들을 통해 깨달음을 넓혀 나감으로써, 우리는 기도에서 하나님을 높이는 측면과 하나님께 구하는 측면을 어떻게 조화시킬 수 있는지를 체득하게 됩니다.

바울도 하나님을 높이는 기도와 하나님께 구하는 기도를 함께 하는 기도의 예를 보여 주고 있습니다. 에베소서 첫머리에서 바울은 모든 신령한 복으로 우리에게 복 주신 하나님께 그 복들을 하나하나 열거하며 감사하고 있습니다. 그 다음에는 그 편지를 읽는 자들이 그리스도 안에 있는 풍성함을 더욱 밝히 깨닫고 삼위일체 하나님을 더 깊이 알도록 간구했습니다(에베소서 1:18-19, 3:14-19 참조). 그는 그의 기도를, "우리 가운데서 역사하시는 능력대로 우리의 온갖 구하는 것이나 생각하는 것에 더 넘치도록 능히 하실 이에게"(에베소서 3:20) 찬양과 경배를 드림으로 끝맺습니다.

주님께서는 우리의 구할 것을 감사함으로 하나님께 아뢰라고 명하십니다.

아무것도 염려하지 말고 오직 모든 일에 기도와 간구로 너희 구할 것을 감사함으로 하나님께 아뢰라. 그리하면 모든 지각에 뛰어난 하나님의 평강이 그리스도 예수 안에서 너희 마음과 생각을 지키시리라. (빌립보서 4:6-7)

1984년 3월 중순 어느 날 아침, 셜리와 남편 조지가 여섯 살난 딸 앨리샤와 함께 오마하의 친척에게 작별 인사를 하고 아이오와 주 뉴턴에 있는 그들 집으로 돌아가던 길이었습니다. 눈이 와서 길이 미끄러웠습니다. 고속도로로 들어가려고 진입로를 도는데 쌓여 있던 눈 때문에 갑자기 차체가 옆으로 미끄러지면서 다리 난간을 뚫고 추락했습니다. 차체가 완전히 거꾸로 뒤집혀 셜리는 목뼈가 부러지는 큰 부상을 입었습니다. 조지가 셜리를 차에서 끌어낼 때 셜리는 목 아래로는 전혀 감각을 느낄 수 없었습니다.

셜리의 여동생이 편지로 셜리가 얼마나 심하게 다쳤는가를 자세히 알리면서 우리에게 긴급한 기도 요청을 해왔습니다. 기적이 일어나지 않는 한 평생을 사지가 마비된 채 살아야 할 판이었습니다. 편지를 받은 날 밤 잠자리에 들 때 나는 마음이 매우 무거웠습니다. 나는 그들의 필요라고 생각되는 것들을 위해 기도하면서 그들에게 유익이 되고 주님께 영광이 되는 기적들을 베풀어 주시도록 간절히 기도했습니다.

그렇게 기도를 했지만 마음은 여전히 무거웠습니다. 근심 걱정과 슬픔으로 잠이 오지 않았습니다. 그래서 나는 간구를 드릴 때마다 다음과 같은 말로 끝을 맺었습니다. "여호와께 감사하라. 그는 선하시며 그 인자하심이 영원함이로다"(시편 136:1). 나는 이 구절을 주님께 반복해서 아뢰다가, 성경에서 감사가 충만한 마음으로 하나님을 예배할 때 왜 이 문구가 가장 많이 사용되고 있는가를 새롭게 깨닫게 되었습니다. 간구나 감사 어느 한 가지만으로는 염려를 다 떨쳐버릴 수 없었습니다. 그러나 간구와 함께 감사를 했을 때 나는 믿음으로 기도할 수 있었습니다. 그렇게 기도했을 때 하나님께서는 평안으로 나를 감싸 주셨고 내게서 염려를 몰아내어 주셨습니다. 감사함으로 드리는 기도는 또한 설리와 그 사랑하는 가족들을 지금까지 붙들어 주었습니다. 하나님께서는 크신 능력으로 그들의 힘을 북돋아 주셨습니다.

판단하지 말 것

찬양과 감사를 함께 하는 간구 기도는 남의 허물을 들추는 것을 피하는 데도 도움이 됩니다. 다른 사람들을 위해 기도할 때조차도 우리는 비판하는 태도를 가지기가 쉽습니다.

선교사로서 인도에서 주님을 섬긴, 기도의 사람 하이드는 한 인도인 목사에 대해 기도의 짐을 느꼈습니다. 그 목사의 차가운 태도와 이로 말미암아 교회에 영적 활력이 없다는 것을 생각하면서, 하이드는 "오, 아버지 하나님, 아버지께서는 그가 얼마나 사랑이 없는지를…" 하며 기도를 시작했다가, 미처 그 말이 채 끝나기도 전에 "무릇 너희를 범하는 자는 그의 눈동자를 범하는 것이라"(스가랴 2:8)는 말씀이 떠올랐습니다. 하나님의 백성을 범하는 자는 하나님의 눈동자를 범하는 것이다! 하이드는 그 즉시 사탄처럼 형제를 참소한 자신을 용서해 달라고 하나님께 부르짖었습니다.

하이드는 생각을 돌려 하나님의 종 된 그 동역자의 부정적인 면들이 아니라 참되고 사랑할 만한 자질들을 생각하기로 결심했습니다. 그 부정적인 면들은 일시적일 뿐이라는 생각이 들었기 때문입니다. 그는 하나님께, 그 동역자를 인하여 하나님께 찬양 드릴 수 있는 것들을 보여 주시길 기도했습니다. 많은 것들이 생각났습니다. 그래서 그 동역자를 인하여 하나님께 감사하고 하나님을 찬양하는 데 시간을 들였습니다. 그 후 얼마 되지 않아 하이드는 자신이 찬양하고 감사하기 시작한 바로 그 시간에 그 동역자가 영적으로 소성했다는 사실을 알게 되었습니다. 그 동역자의 설교와 삶 양면에 다 같이 새로운 능력이 나타나기 시작했습니다.

죄가 하나님의 자녀들의 삶을 영구히 지배할 수는 없습니다. 다만 일시적으로 사로잡을 수 있을 뿐입니다. 죄가 그들의 진정한 속성은 아니기 때문입니다. 그리스도 안에서 그들은 깨끗케 함을 받고 완전하게 되었으며, 하나님께서는 그들 안에서 시작하신 선한 일을 끝까지 이루실 것입니다(히브리서 10:14, 빌립보서 1:6 참조). 우리는 그들의 영적 필요를 하나님 앞에 가지고 나아가 채워 주시기를 간구할 수 있습니다. 그러나 기도라는 형식을 빌려 남을 판단하는 죄를 범하지 않도록 조심해야 합니다.

우리가 아시아에 선교사로 파송되어 첫 임기를 보낼 때였습니다. 언젠가부터 나[룻]에게는 지도자로 섬기고 있는 한 동역자를 비판하는 태도가 있다는 것을 깨닫게 되었습니다. 나 자신도 알아차리기 힘든 교묘한 우월감에서 나는 그리스도인의 생활에 관한 그의 가르침이 너무 단편적이고 한쪽으로 쏠려 있다고 생각하게 되었습니다. 그는 늘 그리스도인의 순종에 대해서는 아주 강조했지만, 우리 안에 거하시는 그리스도로 말미암아 순종할 수 있다는 사실은 강조하지 않았습니다.

그러자 하나님께서는 성경 말씀을 통하여 내가 교만하게 하나님의 일꾼을 판단하고 있다는 것을 단호하게 지적해 주셨습니다.

나의 교만하고 비판적인 태도를 보여 주셨습니다. 그것은 심각한 문제였습니다. 판단하실 수 있는 분은 오직 하나님 한 분이신데, 내 자신이 바로 하나님의 위치에 서려 했던 것입니다(야고보서 4:11-12 참조). 이렇게 함으로써 나는 야고보서 3:14-15 말씀처럼 세상과 육신과 마귀와 짝하려 했다는 것을 깨닫게 되었습니다. 내가 가진 그 잘난 지식들로 말미암아 도리어 그리스도 안에 거하는 일에 실패했던 것입니다. 나의 교만으로 나는 하나님께서 나를 대적하시도록 화를 자초하고 있었습니다. 나는 그분의 은혜의 흐름을 막고 있었습니다. "하나님은 교만한 자를 물리치시고 겸손한 자에게 은혜를 주시는 분"(야고보서 4:6)이시기 때문입니다. "하나님이 교만한 자를 대적하시되 겸손한 자들에게는 은혜를 주시느니라"(베드로전서 5:5).

주님께 나의 죄를 자백하고 용서를 받은 후, 나는 그를 향한 하나님의 축복의 손길에 대해 생각해 보았습니다. 하나님께서 그를 사용하고 계셨습니다. 그가 로마서 6장과 8장, 요한복음 15장의 진리들에 대해 설교하는 것을 들어 보지 못했다고 해서, 그가 그 진리들을 따라 살고 있지 않다고 단언할 수 있는가? 나는 주님께서 쓰시는 이 일꾼에 대해 잘못 생각했을 수도 있다는 사실을 인정하고 이렇게 기도했습니다. "주님, 제가 잘못 생각했을지도 모르겠습니다. 하지만 만약 제 생각이 옳다면 주님께서 그를 도와주십시오. 주님, 그가 믿음으로 사는 삶의 단순성에 대해 균형 잡힌 이해를 하게 하여 주시고, 주님께 순종할 수 있는 능력은 우리 안에 계시는 주님으로부터 나온다는 것을 깨닫게 하여 주십시오. 그가 이 내용을 다른 사람들에게도 나누게 해주십시오. 그가 지속적으로 주님 안에 거하는 삶을 살게 하여 주시고, 저 또한 그러한 삶을 살게 하여 주십시오."

몇 달 후 그가 하는 설교를 듣게 되었는데, 그때에는 내가 기도했던 그 내용들을 분명하게 전하는 것을 확인할 수 있었습니다. 내가 생각했던 게 옳았는데 기도에 대한 응답으로 그가 변했을 수도 있고, 처음부터 그에 대한 나의 생각이 잘못된 것이었을 수도 있습니다. 어쨌든 나의 판단하는 태도를 보다 일찍 깨닫고 고쳤더라면 기도 응답을 더 일찍 받았을지도 모릅니다. 아마도 하나님께서는 그보다도 먼저 내 자신이 변화되기를 원하셨던 것 같습니다.

다른 사람들의 약점이나 결점, 부족한 점들을 보고 그들의 성장과 변화를 위해 기도할 때 우리는 먼저 그들을 비판적인 태도로 판단하지 않게 우리 마음을 지켜 주시기를 기도해야 합니다. 우리는 먼저 그들에게 있는 장점들을 인하여 하나님께 감사하고, 내가 잘못 생각하고 있을지도 모른다는 겸손한 태도로 기도하되 우리 자신의 영적인 필요까지도 아울러 구하는 자세로 기도해야 합니다.

그렇게 함으로써 우리는 마음속에 다른 사람들을 향한 사랑의 태도를 기를 수 있습니다. 예를 들어, 다른 사람들의 약점과 잘못을 들먹이길 좋아하는 사람을 위해 기도한다고 합시다. 그를 위해서는 이렇게 기도할 수 있습니다. "하나님 아버지, 그의 열정적이고 부지런한 삶, 아버지를 사랑하는 마음과 충성스러운 섬김을 인하여 감사를 드립니다. 아버지께서 그를 복 주신 것을 감사드립니다. 주님, 제 생각이 틀릴 수도 있는데, 그에게는 혀를 잘 다스려야 할 필요가 있다고 생각됩니다. 그가 혀를 잘못 사용하여 다른 사람을 험담하거나 비방하는 말을 하지 않게 도와주십시오. 저 또한 혀를 함부로 사용하지 않도록 지켜 주십시오." 이처럼 어떤 부정적인 내용을 위해 기도할 때에는 혼자 개인적으로 해야 하며, 그 사람을 판단하는 기도가 되지 않도록 유의해야 합니다.

다른 사람들의 필요에 대하여 간구할 때에도 주님께서 주신 것에 대한 감사 기도를 함께 하면 주님 안에서 항상 기뻐하는 데 도움이 됩니다(데살로니가전서 5:16-18 참조). 이러한 기도는, 참되며, 경건하며, 옳으며, 정결하며, 사랑할 만하며, 칭찬할 만하며, 덕스러우며, 기림을 받을 만한 것들에 우리의 생각을 고정시킬 수 있도록 도와줍니다(빌립보서 4:8 참조).

긍정적인 믿음의 기도

바울 서신에서 사도 바울이 그리스도인들을 위해 기도한 것을 보면, 그들에게 많은 문제가 있었고 고쳐야 할 것들이 많았음에도 불구하고 그런 부정적인 면에 기도의 초점을 맞추지 않았습니다. 바울이 그들을 향해 마음속에 품고 있던 감사와 긍정적인 목표들이 기도의 주된 내용을 차지하고 있었습니다. 그 기도들은 그 중심이 그들의 영적 진보에 있었지 문제에 있지 않았습니다. 우리도 바울의 본을 따르는 것이 좋다고 생각합니다.

다른 사람들의 잘못만 주로 지적하는 습관을 지닌 형제를 위해서는 이런 식으로 기도할 수 있습니다. "하나님 아버지, 이 형제를 귀하고 보배롭게 여기심을 감사드립니다. 그를 사용하시고 그의 속에서 역사하시는 것을 감사드립니다. 그가 말할 때 말에 대한 지혜를 주십시오. 그가 다른 사람에게 덕을 끼치는 말을 하고, 남을 세워 주는 말을 하며, 듣는 자들에게 은혜를 끼치는 말을 할 수 있게 하여 주십시오. 우리의 죄를 따라 우리를 대하지 아니하시고 그 형제와 저를 자비하심으로 대해 주신 것을 감사드립니다. 성령께서 우리의 마음 가운데서 역사하셔서 우리 혀를 다스려 주시고 우리로 더욱 예수님을 닮게 하여 주십시오."

우리 자신의 삶 가운데 있는 죄를 깨닫고 자백함으로 용서받은 적이 있다면 우리 자신의 결점과 약점에 대해서도 이와 비슷하게 기도할 수 있습니다. 긍정적인 기도는 믿음을 굳게 해주고, 믿음은 기도 응답에 대한 확신을 줍니다.

우리는 또한 기도가 응답될 것에 대하여 미리 하나님께 감사함으로써 우리의 믿음을 활성화할 수도 있습니다. 그런 감사는 단지 기계적으로 "감사합니다"라고 말하는 정도가 아닙니다. 문제를 새로운 시야로 보는 것을 의미합니다.

지금까지는 우리의 간구를 부족한 인간적 능력과 가능성에 비추어 저울질해 왔을지도 모르겠습니다. 자, 이제는 머릿속으로 천칭을 그려 보십시오. 한편에는 부정적인 사실들 즉 외관상 도저히 극복할 수 없는 것처럼 보이는 어려움들을 올려놓으십시오. 그리고 다른 한편에는 하나님을 올려놓는다고 생각해 보기 바랍니다. 저울이 어느 쪽으로 기울까요? 말할 필요가 없겠지요? 하나님과 비교하면 우리가 맞이하는 모든 어려움과 장애물은 깃털보다 가볍습니다. 하나님이 누구십니까? 어떤 분이십니까? 하나님을 생각해 보십시오. 하나님께서는 우리가 당하는 모든 역경보다 크신 분이십니다. 하나님의 능력과 사랑은 얼마나 큽니까? 하나님의 약속들은 얼마나 믿을 만합니까? 또한 하나님께서 과거에 우리 기도에 어떻게 응답하셨는가를 생각해 보십시오. 하나님을 찬양하지 않을 수 있을까요? 이처럼 하나님을 생각하노라면 이내 우리 마음과 입에서는 찬양이 흘러나오기 시작합니다. 또한 마음이 하나님으로 사로잡혀 있을 때, 하나님으로 충만해 있을 때, 자연스럽게 감사의 기도가 나오게 됩니다. 우리는 말 그대로 범사에, 즉 모든 일에 감사하게 됩니다. 도저히 감당할 수 없을 것 같은 어려움들에 대해서도 감사하게 됩니다. 앞으로 받게 될 기도 응답을 인해서도 감사하게 됩니다. 또한 주님께서 장차 우리를 통해 영광 받으실 것을 인하여 하나님께 감사를 드릴 수 있게 됩니다. 마음을 하나님으로 가득 채우는 것이야말로 반 마음으로 억지로 "감사합니다"라고 말하는 수준에서 나아가 진정으로 마음속 깊은 데서 우러나오는 감사를 드릴 수 있는 가장 확실한 방법입니다.

   감사의 기도를 한다고 해서 환경이 좋게 변화된다는 보장은 없습니다. 그러나 우리가 불만에 찬 태도를 버리고 그런 기도를 하기로 결심할 때 우리 안에는 놀라운 역사가 일어납니다. 오래 전 말레이시아에서 있었던 일입니다. 우리 부부, 십대인 아들과 딸, 이렇게 네 식구가 휴가를 보내고 자동차로 귀가하던 길이었습니다. 자정이 가까운 시각 외딴 말레이시아 고속도로 위를 남쪽으로 달리고 있던 우리 차에 이상이 느껴졌습니다. 엔진 쪽에서 아주 역겨운 냄새가 나더니 연료 계기판 눈금이 최하로 뚝 떨어지고 차가 힘을 잃기 시작했습니다. 경고등에 무슨 불이 들어왔었는지는 생각나지 않는데, 끝내 자동차는 엔진이 꺼지면서 멈춰 서버렸습니다. 검은 아스팔트밖에 눈에 들어오지 않는 외딴 곳, 강도들이 가끔 출몰하는 그런 곳에서 발이 묶여 꼼짝할 수 없게 된 것입니다. 아버지이자 운전자로서의 내 체면이 말이 아니었습니다!

이제 어떻게 해야 할 것인가? 우리는 지혜 주시기를 함께 기도하고 우리 자신과 자동차를 주님의 손에 맡겼습니다. 그러자 주님께서는 나에게 이 일을 허락하신 분이 주님이시며, 주님께서 합력하여 선을 이루실 것이며, 모든 것을 주관하시는 주님께서 이 일도 주관하사 끝까지 잘 마무리해 주실 것에 대해 감사할 수 있는 마음을 주셨습니다. 내가 마음을 돌려 하나님께 감사하기로 했을 때 하나님께서는 나에게 평강과 확신을 주셨습니다. 하나님께서는 또한 그날 밤을 지낼 수 있는 곳도 마련해 주셨습니다.

다음날 나는 아들 브라이언과 함께 자동차 정비소를 물색해 수리를 부탁했습니다. 정비소에서 와서 차를 견인해 갔습니다. 차는 엔진이 전면 분해 조립되어 말끔하게 고쳐졌습니다.

예기치 않게 시간과 돈을 쓰게 되었지만 이 사건을 통하여 우리는 여러 가지의 즉시즉시 베푸시는 작은 축복들을 경험했습니다. 그중에서도 가장 큰 축복은 감사 기도를 통하여 맛보았던 내적 평안이었습니다. 하나님께서는 긴장과 좌절로 인해 감정적으로나 영적으로 메마르기 쉬운 환경 가운데서도 우리가 메마르지 않도록 지켜 주셨습니다.

바울이 빌립보 감옥에 갇혀서도 주님을 찬양한 것은 감옥에 갇힌 것이 좋아서가 아니라 삶을 다른 시야에서 볼 수 있었기 때문입니다(사도행전 16장 참조). 성령께서 주시는 능력으로 바울은 눈에 보이는 것들에 사로잡히지 않을 수 있었던 것입니다.

바울은 눈에 보이는 것이 아니라 눈에 보이지 않는 것들에 계속 관심을 돌렸습니다. "우리의 돌아보는 것은 보이는 것이 아니요 보이지 않는 것이니, 보이는 것은 잠깐이요 보이지 않는 것은 영원함이니라"(고린도후서 4:18). 감옥 안에서도 그의 마음은, 채찍질당해 느끼는 고통, 차꼬에 발이 묶인 자신의 비참한 모습, 자신이 당한 억울한 일들에 사로잡혀 있지 않았습니다. 그가 보고 있었던 것은, 하늘과 땅의 모든 것을 다스리시는, 보좌에 앉아 계신 주님, 자신이 그리스도와 함께 참여한 부활의 권능, 아무것도 그에게서 끊을 수 없는 하나님의 사랑, 그리스도를 위하여 능욕받는 일에 합당한 자로 여기심을 받는 영광이었습니다(히브리서 12:2, 빌립보서 3:10, 로마서 8:38-39, 사도행전 5:41 참조). 그는 자신의 생각을 이 세상의 고민으로 채우지 않고 영적 실체들로 가득 채웠습니다. 그렇기 때문에 그는 기뻐하고 찬양할 수 있었던 것입니다.

F. J. 휘겔은 '기도의 비밀'이란 책에서 이렇게 썼습니다.

어느 선교사가 큰 시련을 겪고 있었습니다. 그는 기도에 기도를 거듭했지만 아무 해결책도 얻지 못했습니다. 어느 날 그는 텅 빈 선교부 사무실에 들어갔다가 벽 전면에 '찬양을 해보았습니까?'라고 크게 써 붙여 놓은 글을 대하게 되었습니다. 그것을 보는 순간 천둥이 치는 것 같았습니다. 영의 눈이 번쩍 뜨였습니다. 그것은 마치 하나님의 음성과 같았습니다. 그는 시련 중에 찬양을 하려고 시도조차 한 적이 없었습니다. 그는 그 자리에서 당장 찬양을 하기로 했습니다. 무릎을 꿇고 앉아서 자기가 당하고 있는 큰 시련을 인하여 진심으로 하나님을 찬양했습니다. 그러고 나서 자리에서 일어섰을 때 그의 마음은 새롭게 변해 있었습니다. 놀랍게도 그 후 얼마 되지 않아서 모든 상황이 변하게 되었습니다. 그가 맞고 있던 큰 문제도 풀렸고, 시련은 지나갔습니다. 그의 기쁨은 이루 말할 수 없이 컸습니다. 찬양이 승리를 가져온 것입니다.

기도 생활의 성장

하나님께 구하는 기도이든 하나님을 높이는 기도이든, 기도의 가치는 그 값을 헤아릴 수 없습니다. 기도는 우리 자신과 다른 사람들에게 응답을 가져다줍니다. 기도는 우리를 그리스도와 동역자가 되게 해줍니다. 기도를 통해 우리는 이 세상에서 하나님의 목적을 이루는 일에 주님과 함께 일하게 됩니다. 하나님께서 우리를 이 세상에 두신 이유가 바로 여기에 있습니다.

기도 응답의 내용을 기록하면, 구하는 기도이든 높이는 기도이든 기도 생활의 성장에 도움이 됩니다. 그 응답 내용을 되돌아봄으로써 하나님의 선하심과 능력을 상기하게 되고 하나님께 감사 기도를 할 수 있게 됩니다. 이것은 또한 계속해서 우리가 구할 것을 감사함으로 하나님께 아뢰게 하는 동기가 됩니다(빌립보서 4:6 참조).

도움이 되는 또 한 가지 방법은 기도 생활의 성장을 위해 꾸준히 기도하는 것입니다. 다음은 그런 기도의 한 예입니다.

하나님 아버지, 저에게 기도를 가르쳐 주시옵소서. 감사, 찬양과 더불어 간구를 함께 할 수 있는 법을 가르쳐 주시옵소서. 아버지 하나님께서 어떤 분이시며, 또 저를 위해, 다른 이들을 위해 무엇을 해주시는 분이신가를 제 마음속에 늘 기억함으로 제 마음을 주님으로 가득 채우게 하여 주시옵소서. 항상 아버지를 높이며 송축하는 법을 배우게 하여 주시옵소서. 또한 날로 더욱 아버지의 뜻대로 구하게 하여 주시옵소서. 이를 위해 아버지의 말씀을 아는 지식에서 계속 성장해 가게 하여 주시옵소서.

이러한 간구는 하나님의 뜻대로 구하는 기도입니다. 그러므로 하나님의 뜻대로 구하는 간구를 하나님께 드릴 때마다 우리는 큰 확신 가운데 '그렇게 되기를 원합니다'라는 의미의 "아멘"을 덧붙일 수 있게 되는 것입니다.

묵상 및 토의를 위하여

1. 하나님께 구하는 기도가 우리와 하나님께 다 같이 중요한 이유는 무엇입니까?
2. 하나님께 우리의 필요를 구할 때 찬양과 감사를 함께 함으로써 어떤 유익을 얻을 수 있습니까?
3. 이 장에 나온 것 중 당신의 기도 생활에 곧바로 실천하기를 원하는 것이 있다면 무엇이며, 또 어떻게 실천하겠습니까?

제 6 장

함께 하는 찬양

독일의 학자였던 클라우스 베스테르만은 2차 세계대전 중 강제 수용소에 수용되었습니다. 그 환난 기간 중 하나님 찬양하기를 배운 어느 회중에 대하여 그가 쓴 글이 있습니다. 그들이 심한 곤경 가운데서 함께 찬양을 할 때면 그들의 슬픔과 갈등은 더 이상 그들 자신과 하나님 사이에서만 일어나는 단순한 개인적 문제로 그치지 않았습니다. 오히려 그들이 당하고 있는 시련은 '회중 전체에게 일어난 일'이 되었습니다. 회중이 함께 하는 찬양을 통해 그들은 다른 신자들로부터 강제 격리된 동안에도 찬양의 마음을 잃지 않고 계속 찬양할 수 있는 힘을 얻었습니다. 베스테르만은 이렇게 썼습니다.

회중으로부터 강제 격리되어 혼자 있게 되면, 우리는 찬송을 부르거나, 소리를 내어 혹은 마음속으로 하나님을 찬양하곤 했습니다. 그때마다 우리는 홀로 떨어져 있지 않고 회중 가운데 함께 있는 자신을 볼 수 있었습니다. 굶주림과 추위 가운데서나, 심문 도중, 또는 사형 선고를 받은 때에도 우리는 하나님을 찬양하는 특권을 누렸습니다. 성도들이 함께 하나님을 찬양함으로 끝까지 굴하지 않고 버텨 낼 수 있음을 알았습니다.

특별한 환경뿐 아니라 평범한 환경 가운데서도 우리에게는 개인적으로 하는 찬양과 더불어 회중이 함께 하는 찬양의 힘이 필요합니다. 함께 찬양할 때 각 사람은 서로에게 영향을 미쳐 더 풍성한 찬양을 할 수 있게 됩니다. 종종 느끼는 것인데, 회중이 함께 드리는 예배로 불을 붙이지 않고서는 우리의 개인적인 예배에 열기와 활기를 유지하기가 어렵습니다. 우리에게는 주님의 생생한 임재가 필요합니다. 주님께서 우리에게 임재하셔서 우리를 감싸 주시고 먹여 주심을 경험하는 것이 필요합니다. 우리는 이것을 개인적인 예배를 통해서, 그리고 다른 사람들과 함께 하는 예배를 통해서 경험합니다. 둘이 다 필요합니다. 이 둘은 상호 보완적입니다.

존 맥아더는 예배에 대한 저서에서 이렇게 이야기했습니다.

신자들이 지속적인 예배의 삶을 유지하기 위해서는 다른 그리스도인들과 함께 모여 예배를 드리면서 서로 교제하고 서로 격려를 주고받는 것이 필요합니다. 개인적으로 드리는 예배와 회중이 함께 드리는 예배는 서로를 북돋아 주는, 뗄 수 없는 관계에 있습니다. 따라서 지속적인 예배의 삶을 살기 위해, 한편으로 내게는 성도들의 교제가 필요하고, 또 한편으로 성도들의 공동체는 나를 필요로 합니다.

성경적 배경

구약 시대에 회중이 함께 드리는 찬양은 이스라엘 백성과 하나님과의 관계에서 매우 중요한 것이었습니다. 이스라엘 백성은 종종 비파, 수금, 나팔, 퉁소, 소고, 제금 등 각종 악기에 맞추어서 하나님을 찬송했습니다. 때로는 기뻐 춤을 추거나 손뼉을 치거나 뛰놀며 찬양하기도 했습니다. 또 어떤 때는 큰 소리로 외쳐 찬양하기도 했습니다.

오늘날 많은 아시아 국가에서 그렇듯이 당시의 문화는 개개인보다는 집단 전체에 역점을 두었습니다. 물론 하나님께서는 언제나 한 사람 한 사람의 마음과 믿음을 귀하게 여기십니다. 시편의 많은 시들도 하나님께 대한 개개인의 찬송과 감사의 기록입니다. 그러나 엄밀하게 말해, 그 시대의 찬양은 한 사람이 개인적으로 조용히 드리는 찬양이라기보다는 회중이 함께 소리 내어 드리는 찬양이었습니다.

예수님께서는 예배에 있어서나 기도에 있어서나 중요한 것은 하나님과의 개인적인 관계라는 것을 가르치시고 또 본을 보여 주셨습니다. 서신서들도 하나님의 은혜와 후하심을 인하여 개인적으로 늘 하나님께 감사하라고 격려하고 있습니다. 그러나 다른 신자들과 함께 하는 예배도 골로새서 3:16에 기록된 대로 여전히 필수적입니다.

> 그리스도의 말씀이 너희 속에 풍성히 거하여 모든 지혜로 피차 가르치며 권면하고, 시와 찬미와 신령한 노래를 부르며, 마음에 감사함으로 하나님을 찬양하고.

효과적인 회중 예배

우리가 처음 찬양을 배우게 되는 것은 대부분 다른 그리스도인들과의 교제 가운데 있을 때입니다. 다른 사람들과 함께 하나님을 즐거워할 줄 아는 것을 통해 혼자서도 하나님을 즐거워하는 삶을 배우게 됩니다. 매주 예배를 잘 드리는 무리와 함께하는 새 신자는 찬양을 배우기에 크게 유리한 환경 가운데 있는 것입니다. 찬양은 가르침을 통해서보다는 직접 경험을 통해 보다 쉽게 배울 수 있습니다.

우리 각자는 성도들이 함께 모여 드리는 예배의 수준을 높일 수도 있고, 반대로 떨어뜨릴 수도 있습니다. 마음을 하나님과 예배에 집중하질 못하고, 마음을 방치하여 주변 사람들에 대한 이런저런 생각, 또는 삶 속에서 부딪히고 있는 염려와 걱정거리에 사로잡히게 되면, 마음이 분산되거나 반 마음이 되어 예배를 망칠 수도 있습니다. 어떻게 하면 이러한 현상에 올바로 대처해 수준 높은 질적인 예배를 드릴 수 있겠습니까?

도움이 될 수 있는 몇 가지 간단한 아이디어가 있습니다. 교회에 가는 길에 그날의 예배를 위해 기도하십시오. 또한 당신이 그 예배 가운데서 해야 할 역할에 대해 기도하십시오. 예배가 시작되기 전에 미리 자리에 앉아 조용히 마음을 준비하십시오. 주님께 집중할 수 있게 해달라고 기도하십시오. 찬양과 예배를 통해 마음이 새로워지며, 하나님의 말씀을 통하여 삶이 변화받을 수 있게 되도록 기도하십시오. 다른 사람들을 위해서도 같은 기도를 하십시오.

예배 중에는 감사와 찬양과 배우려는 태도로 정신을 차리고 하나님께 주의를 집중하십시오. 찬송가를 부를 때 곡조의 아름다움만을 즐기지 말고 가사 내용에 특별히 마음을 집중시키십시오.

찬송가의 배경을 알고 내용을 음미하면서 부르면 더 은혜가 됩니다. 가사 내용도 이해가 더 잘되고, 더 마음에 와 닿고 감동이 됩니다. 신앙생활 초기에도 그랬고, 또 아시아에 선교사로 파송되어 첫 번째와 두 번째 임기를 보내던 시절에도 그랬지만, 나는 종종 찬송가 작사자들의 생애와 그들이 처했던 상황에 대해 공부를 해보았습니다. 찬송가의 저작 동기가 되었던 그들의 기쁨과 슬픔을 이해하고 불렀을 때 찬송가는 나의 삶 가운데 새로운 의미와 감동으로 다가오는 것을 느낄 수 있었습니다.

하나님께서 여러 사람들을 보내 주셔서 아름다운 찬송시들을 짓게 해주신 데 대해 나는 크게 감사하고 있습니다. 찰스 웨슬리는 6,000여 편의 찬송시를, F. 크로스비는 8,000편이 넘는 찬송시를 작시했습니다. 아내는 언젠가 거실에 좋아하는 찬송가 두 권을 두고 커피를 마시며 휴식을 취할 때나 저녁 식사 후 잠시 쉴 때 찬송을 부르곤 했습니다. 여러분도 좋아하는 찬송가들이 지어진 내력을 알면 예배할 때 차원 높은 신선함을 맛볼 수 있을 것입니다.

교회의 예배에서, 찬송을 부르거나 찬양의 기도를 하거나 찬양과 관계된 성경 구절들을 봉독할 때만 하나님께서 찬양을 받으시는 것은 아닙니다. 시편의 많은 부분에서 볼 수 있듯이, 찬양은 '하나님께' 직접 드리는 것이기도 하면서, '하나님에 대하여' 하나님의 백성들에게 알리고 선포하는 것이기도 합니다(시편 34, 46편 참조). 전자를 직접적인 찬양이라고 한다면 후자는 간접적인 찬양이라고 할 수 있는데, 이 모두를 통하여 하나님께서는 찬양을 받으십니다. 하나님의 성품과 그분의 역사를 기리는 설교를 할 때나 그리스도인들이 하나님에 대해 깨달은 것들과 그들을 향한 하나님의 선하심과 인자하심을 서로 나눌 때에도 하나님께서는 찬양을 받으시게 되는 것입니다. 이것을 찬양으로 받으시는 것에 의심의 여지가 없는 것은, 마치 건축가가 자신이 설계하고 지은 건물에 대해 누가 그 훌륭한 기술과 아름다움을 말하는 것을 듣게 될 때 그것을 자신에 대한 찬사로 느끼는 것과 같습니다. 이런 식으로 하나님께서 높임을 받으시는 것을 들을 때마다 우리는 마음속으로 직접 하나님께 찬양을 드릴 수 있게 되는 것입니다.

시편 기자들은 찬양할 때나 간구할 때에 '하나님에 대하여' 말하다가도 금세 '하나님께' 직접 말씀드리곤 하는 것을 볼 수 있습니다(시편 40, 57, 73편 참조). 그들은 그 두 가지를 엄밀하게 구분하지는 않았던 것 같습니다. 그들에게는, 하나님께서는 그들의 모든 삶 가운데 개인적으로 또 직접적으로 간여하고 계신 분이었습니다. 그리하여 함께 예배드릴 때 그들은 하나님을 그들의 모임에 실제 참석하시는 분으로 대했습니다. 우리가 함께 모여 서로 대화를 나누듯이 말입니다.

바이어스 목사님은 내[릇]가 학생 시절에 특별히 좋아하던 설교자였습니다. 내 기억으로 그분은 남부 출신의 쾌활한 노신사로, 세 갈래 곱슬머리가 넓은 이마 높이 자리하고 있고 얼굴에 하나님의 광채가 서린 듯한 용모를 가진 분이었습니다. 그분의 설교는 시편 기자들처럼 단순하고 꾸밈없고 자연스러우면서도,

힘이 있고 은혜로웠습니다.

그분이 채플 시간에 주님을 높이고 찬양할 때에는, 마치 소금이 우리 목을 타게 하듯이, 우리로 하여금 하나님께 대한 목마름을 느끼게 했습니다. 그분은 설교 도중에 곧잘 소리 높여 찬송을 불렀습니다. "놀라우신 주님, 놀라우신 주님, 천군 천사들이 경배드리네." 우리는 그 찬송을 따라 부르면서, "높은 곳에 계신 위엄의 우편에" 앉아 계신(히브리서 1:3) 놀라우신 주님께 우리의 마음을 드리곤 했습니다.

우리는 바이어스 목사님이 즐겨 인용하시던 다른 찬송가 가사의 의미도 더 깊이 깨달아 갔습니다.

주님 얼굴 나 뵈었으니
말씀이 필요 없나이다.
주님 음성 나 들었으니
내 영혼 만족하나이다.

성도들이 함께 모여 드리는 예배의 분위기가 개방적이고 자유롭든, 엄숙하고 딱딱하든, 예배 시간에 일어나는 모든 것을 통해 개인적으로 하나님께 찬양과 감사를 드릴 수가 있습니다. 예배 중에 우리는 개인적으로 감사와 기쁨과 동의의 표현으로, 마음속으로 하든 소리를 내어서 하든 다른 무슨 방법으로 하든, 그 분위기에 가장 적합한 방법으로, '할렐루야'나 '아멘' 등과 같은 말을 할 수 있는 것입니다.

예배의 다양성

사람에 따라서, 문화에 따라서, 또한 교회에 따라서 예배를 드리는 방법은 각기 다를 수 있습니다. 예배는 반드시 소리를 내어서 드려야 한다고 생각하고 큰 소리로 예배드리기를 좋아하는 사람들도 있습니다. 어떤 사람들은 조용한 가운데서 예배드리기를 더 좋아합니다. 그런가 하면 춤과 율동 등 몸짓으로도 예배하고 찬양해야 한다고 생각하는 사람들도 있습니다. 이런 차이들로 말미암아 하나님께서 혼란스러워하지는 않으실 것입니다. 사람마다, 문화마다, 교회마다 각기 나름대로 독특한 방식으로 하나님께 예배를 드립니다. 각 사람과 회중마다 주님으로 말미암는 내적 기쁨을 고양시키고 그 기쁨을 밖으로 표현하는 데 가장 적절한 방법을 찾으면 됩니다.

만약 여러분의 교회의 예배에 여러분이 중요하게 여기는 어떤 것, 이를테면 신선함과 자발성, 또는 경건함과 엄숙함 같은 면이 부족하다고 느껴질 때는 어떻게 해야 합니까? 이런 경우에는, 찬양은 집단의 기능이 아니라, 항상 하나님께 대한 개개인들의 반응이라는 것을 기억하면 도움이 됩니다. 예배의 분위기가 흥분된 분위기일 수도 있고 엄숙한 분위기일 수도 있는데, 우리의 내적 반응이 예배의 분위기에 지나치게 의존해서는 바람직하지 않습니다.

예배의 형식이나 다른 사람들이 나타내는 반응 때문에 우리의 찬양이 위축되어서는 안 됩니다. 예배의 분위기가 냉랭하고 구태의연하며 지나치게 형식적으로 보이더라도 그 가운데서도 우리는 하나님을 높일 수 있게 해달라고 간구할 수 있습니다. 반대로 지나치게 자유롭고 무질서해 보이는 예배 분위기에도 우리는 차분한 가운데 경외감을 느낄 수 있게 해주시기를 기도할 수 있습니다. 또한 우리의 마음을 넓혀 주셔서 회중이 함께 하는 다양한 찬양을 용납하고 즐길 수 있게 해주시도록 기도할 수 있습니다.

　다른 사람들과 함께 예배를 드릴 때 그 장소에 함께하고 있는 무리보다 더 큰 무리의 일원으로서 예배를 드리고 있다는 사실을 명심하면 우리의 찬양은 더욱 힘차고 고양될 수 있습니다. 우리는 현재와 과거, 모든 세대의 모든 성도들, 다시 말해서 그리스도의 몸 된 교회 전체의 찬양에 참여하고 있는 것입니다(히브리서 12:22-24 참조).

　많은 성구들이 또한 하나님께서 영광스러운 보좌에 앉아 계시는 하늘나라의 모습을 잠깐잠깐 비춰 줍니다. 천사들과 구원받은 성도들이 함께 경배하고 찬양하며 즐거워하는 광경을 볼 수 있습니다(이사야 6장, 요한계시록 4-5장 참조). 끊임없이 울려 퍼지는 배경 음악도 들을 수 있습니다. "거룩하다, 거룩하다, 거룩하다, 주 하나님 곧 전능하신 이여"(요한계시록 4:8). 또한 거기에서는 보좌에 앉아 계신 이에게 영광과 존귀와 감사를 돌리는 소리도 들려옵니다.

　믿음의 영웅들이 이 영광스러운 회중 가운데 있는 것을 봅니다. 아브라함과 사라, 모세, 드보라, 다윗, 요한, 사도들, 어거스틴과 그 어머니 모니카, 웨슬리, 윌리엄 캐리, 허드슨 테일러, 아도니람 저드슨, 도슨 트로트맨,… 그리고 우리보다 앞서 영광스런 주님 품으로 돌아간 사랑하는 믿음의 식구들이 다 그 가운데 있습니다. 이들은 모두 "온전케 된 의인의 영들"(히브리서 12:

23)인 것입니다.

우리는 어디에서나 마음만 먹으면 이 하늘의 예배자들이 드리는 즐거운 찬양에 동참할 수 있습니다. 이 말은, 그들에게 기도를 한다거나 그들과 대화를 하려고 한다는 의미가 아니라, 그들과 함께 하나님을 즐거워한다는 말입니다.

우리는 또한 하늘나라에 그 이름이 기록된 이 땅의 성도들과 함께 예배할 수 있습니다. 한곳에 모여 함께 예배하는 사람들뿐만 아니라 같은 지역, 같은 나라, 나아가서는 먼 나라에 있는 다른 성도들의 예배에도 동참하고 있는 것입니다. 그들과 더불어 우리는 "만세의 왕 곧 썩지 아니하고, 보이지 아니하고, 홀로 하나이신 하나님께"(디모데전서 1:17) 경배합니다.

지극히 광대한 성가대의 찬양에 동참하고 있다는 사실을 깨닫게 되면 끊임없이 하나님의 보좌 앞에 상달되는 온 우주적인 사랑과 감사의 찬양으로 말미암아 우리의 심령은 새로워지게 됩니다. 우리는 전 우주적인 오케스트라 음악을 배경으로 하나님을 찬양할 수 있습니다. 우리는 하나님께서 땅의 주초를 놓으실 때에 새벽 별들이 함께 노래한 그 기쁨의 노래(욥기 38:7)를 함께 부를 수 있습니다.

참 아름다워라, 주님의 세계는.
저 아침 해와 저녁놀, 밤하늘 빛난 별,
망망한 바다와 늘 푸른 봉우리,
다 주 하나님 영광을 잘 드러내도다.

하나님께 영광 돌릴 때 우리는 하나님의 영광스러운 절대주권에 대한 모든 피조물들의 반응에 동참하고 있는 것입니다. 그리고 그 반응은 곧 하나님께서 모든 불의한 것들을 멸하시고 그분의 영원한 나라로 우리를 영접하실 때, 그리고 이 우주에 있는 모든 것들이 그리스도 안에서 완전하고 충만케 될 때 온전케 될 것입니다.

깊이 없이 반 마음으로 드리는 찬양을 그치고 전심으로 찬양을 드릴 때 전체 회중이 드리는 예배에 축복이 더하게 됩니다. 무엇보다도 우리는 하나님을 기쁘시게 해드릴 수 있습니다. 하나님께서는 온 땅과 온 성도들을 두루 살펴 그 가운데서 진정으로 예배하는 자들을 찾으십니다.

토머스 켈리는 회중이 함께 드리는 예배의 고유한 몇 가지 결과를 다음과 같이 말했습니다. 이는 다른 성도들과 함께 예배드리면서 우리 개개인이 기도하고 기대해야 될 것들입니다.

함께 예배를 드릴 때, 소성케 하시는 하나님의 임재가 회중 전체에 충만하게 됩니다. 하나님의 임재는 우리 개개인의 삶 가운데 있는 은밀하고 감춰져 있는, 자기만의 성을 깨뜨리고, 우리의 심령으로 개인의 벽을 뛰어넘어 주님의 생명과 능력을 경험케 합니다. 하나님께서는 능력으로 임재하셔서, 깊은 침체에 빠져 있던 우리를 그 팔로 감싸 안으시고, 우리의 영혼을 먹이시며, 기쁨의 말씀을 들려주시고, 말할 수 없는 위로로 위로해 주시며, 우리를 소성시켜 주십니다.

다윗은 이렇게 말했습니다. "사람이 내게 말하기를 여호와의 집에 올라가자 할 때에 내가 기뻐하였도다"(시편 122:1). 다윗은 함께 드리는 예배의 축복을 경험하였기에 이런 말을 했을 것입니다.

묵상 및 토의를 위하여

1. 우리는 각자 어떻게 하면 함께 드리는 예배에 활력을 더할 수 있겠습니까?
2. 이 장을 통하여 배운 것 중 각기 다른 형식의 예배를 선호하는 사람들 간에 한마음을 이루는 데 도움이 되는 것을 적어 보십시오.
3. 다른 성도들과 함께 예배드릴 때 개인의 예배를 더욱 효과적으로 만들기 위해 어떤 방안이 있겠습니까?

제 7 장

일생 동안 찬양함

　오늘날의 대인 관계에서 헌신을 기대하는 것은 무리입니다. 헌신에는 희생이 따르기 때문입니다. 대부분의 인간관계가 헌신이 결여되어 있습니다. 희생을 싫어하고, 매이기를 싫어하여, 아무에게도, 아무것에도 매이지 않는 '자유'를 선호합니다. 자기 마음대로 살고 싶어 합니다. 개인의 이익과 권리를 우선시하는 사고방식이 팽배해 있습니다. 심지어는 결혼조차도 부부가 서로에게 헌신하고 일생 동안 사랑하겠다고 서약하는 무조건적 사랑과 헌신의 관계보다는, 피차 손해를 보지 않으려고 50대 50의 동등한 권리를 주장하는 계약 관계로 바뀌고 있습니다. 부부간의 혼인 서약을 가볍게 여기고 너무나 쉽게 깨뜨려 버립니다.

　이러한 현대인들의 잘못된 사고방식이 하나님과의 관계에까지 연장된다면, 두 가지 심각한 결과를 초래합니다. 하나는, 우리 자신에게서 하나님의 충만한 축복을 강도질하는 것입니다. 또 하나는, 하나님께 마땅히 드려야 할 무조건적인 사랑과 신실한 찬양을 하나님께로부터 강도질하는 것입니다. 우리는 하나님께서 우리의 삶 가운데 허락하신 충만한 축복을 누릴 수 없게 됩니다.

하나님의 축복을 제 발로 차버리는 것입니다. 뿐만 아니라, 하나님께서는 우리의 무조건적인 사랑과 신실한 찬양을 갈망하시는데, 이 사랑과 찬양을 하나님께 드리지 못하게 됩니다.

참된 예배와 찬양은 지극히 하나님 중심적인 행위입니다. 따라서 하나님의 뜻이 아닌 자기 뜻대로 살고자 하는 헌신되지 않은 마음, 자기중심적인 마음으로부터는 예배와 찬양이 나오지 않습니다. 오직 주님 되신 예수님께 굴복하고 있을 때라야 하나님을 예배하고 찬양할 수 있는 것입니다

헌신에는 보상이 따른다

내 자신을 주님께 굴복하는 것은 얼마나 큰 기쁨인지 모릅니다! 주님께 굴복하는 사람은, 화가에게 붓과 물감 같고, 작가에게 펜과 잉크 같습니다. 그런 사람은 바이올리니스트의 손에 들려 있는 바이올린이요, 피아니스트 앞에 놓여 있는 피아노인 것입니다. 우리는 주님께 굴복함으로써 자신을 이 우주에서 가장 창조적인 분께 맡기게 됩니다. 그러면 그분은 우리의 삶을 창조적인 삶, 사랑이 충만한 삶, 의미 있는 삶으로 만드십니다. 우리는 그분을 위하여 창조되었고, 그분 안에서 충만케 되며 완성되어 갑니다. 찰스 스펄전은 이렇게 썼습니다.

수금에게는 뜯는 손길이요,
피리에게는 부는 숨결이며,
코에게는 풍겨 오는 향기요,
샘에게는 솟아나는 물이며,

벌에게는 향기로운 꽃이니,
내게는 예수 그리스도께서 그와 같으시도다.

아이에게 어머니요,
길 없는 광야에서 안내자며,
거친 머릿결에 기름이요,
노예에게 속전이며,
바다에게는 물이니,
내게는 예수 그리스도께서 그와 같으시도다.

　　하나님께서는 우리에게 헌신만 요구하시는 것이 아닙니다. 그 보상으로 우리가 가장 원하는 것을 우리에게 주십니다. 곧, 헛된 것을 추구하던 우리의 공허한 삶을 진정한 의미와 만족이 있는 삶으로 바꾸어 주십니다. 헌신하는 사람들에게 하나님께서는 하나님 자신과의 친밀한 교제와 풍성한 상급을 약속하셨습니다. 또한, 금생과 내생에서 하나님의 영원한 목적을 이루어 가는 특권을 약속하셨습니다. 결단코 하나님께서는 우리에게 편하고 쉬운 삶을 보장하지 않으셨습니다. 그러나 분명히 약속하신 것은, 우리가 자기 길을 고집함으로 자초하는 삶의 쓴 잔을 마시지 않게 해주시겠다는 것입니다. 하나님의 길이 우리에게 더 힘들어 보일지 모르지만 결과적으로는 더 쉬운 길입니다. 헌신하지 않을 때 치르게 되는 값은 헌신할 때 치르는 값보다 훨씬 더 큽니다. 자기 뜻대로 사는 삶의 결국은 패망이기 때문입니다.
　　만약 지구가 태양계의 질서에 반발해 정상 궤도를 이탈하여 다른 혹성들더러 태양 주위를 돌지 말고 지구 주위를 돌라고 한다면 어떤 일이 일어날지 상상해 보십시오. 이루 헤아릴 수 없는 혼란과 문제가 야기될 것입니다. 하지만 현실은 이런 일이 일어날 수가 없게 되어 있으므로 걱정할 필요가 없습니다.

모든 것이 그리스도를 중심으로 하여 돌아가는 것, 이것이 생의 기본 법칙입니다. 그리스도께 복종할 때 우리는 생의 기본 법칙에 대한 무모한 도전에 종지부를 찍고 모든 것을 그리스도께 굴복하게 됩니다. 이것이 바로 우리가 마땅히 지켜야 할 자기 자리입니다. 우리는 이 자리에 충실해야 합니다. 스탠리 존스는 자서전에서 이렇게 썼습니다.

'인생이 잘 풀리고 있어. 정말 신 나고 재미있어. 어떻게 해서 이렇게 된 거지?' 나는 알래스카의 어느 호텔에서 글을 쓰다가 혼자 중얼거렸습니다. 거울에 비친 내 모습을 보면서 자문해 보았습니다. "스탠리 존스, 자넨 매우 행복한 사람이야, 안 그래?" 나는 대답했습니다. "그렇고말고." 이번에는 중요한 질문을 했습니다. "어떻게 이런 길을 걷게 되었지?" 나는 대답했습니다. "모르겠는 걸." 그것은 정말 나에게 놀라움이고, 날이 갈수록 커지는 놀라움입니다. 나는 어느 날 밭을 지나가다가 땅속에 묻힌 보물 상자의 모서리에 발이 걸려 넘어졌습니다. "보물이다!" 하고 외쳤습니다. 나는 즉시 달려가 나의 전부, 내가 가진 모든 것—내 자신까지도—을 다 팔아 그 밭을 샀습니다(마태복음 13:44 참조). 참으로 지혜로운 선택이었습니다. 그때 이후 지금까지 나는 계속해서 기쁨을 누리고 있습니다.

하나님께 헌신함

하나님께서 우리에게서 가장 받고 싶어 하시는 선물은 무엇입니까? 우리 자신입니다. 하나님께서는 우리가 우리의 전부, 우리의 전 존재를 그분께 드리기를 원하십니다. 로마서 12:1에서 하나님께서는 우리의 몸을 산제사로 드리라고 하셨고, 잠언 23:26에서는 "내 아들아, 네 마음을 내게 주며, 네 눈으로 내 길을 즐거워할지어다"라고 말씀하셨습니다. 헌신에는 분명한 의지적 결단이 요구됩니다. 우리의 몸과 마음을 하나님께 드리는 결단을 해야 합니다. 우리의 영과 혼과 육을 드려야 합니다. 우리의 충성을, 우리의 소원과 야망을 드려야 합니다. 우리의 과거, 우리의 현재, 우리의 미래를 드려야 합니다. 이처럼 자신의 모든 것을 하나님께 드려야 합니다. 주님께 대한 우리의 헌신은 결혼식에서 전통적으로 신부가 신랑에게 하는, 평생 사랑하고 존경하며 순종하겠다는 서약보다 훨씬 더 광범위하고 구속력이 있습니다.

여러분은 평생 예수 그리스도만을 여러분의 유일한 주님과 주인으로 모시고 살기로 분명한 의지적 결단을 하였습니까? 이 결단은 예수님과의 영원한 약속인데, 아직 이 약속을 하지 않았다면 바로 지금 이 자리에서 이 약속을 하기 바랍니다. 지속적으로 찬양하는 삶을 살 수 있기 위해서는, 먼저 이 약속을 분명히 해야 합니다. 이미 이 약속을 했다면, 또한 이 영원한 약속을 자주 기억하고 확인해야 합니다. 매일 매순간 확인하는 것이 필요합니다. 헌신은 예배의 핵심입니다. 헌신이 없는 예배는 가식적인 의식일 뿐입니다. 헌신이 없는 충성의 서약은 형식적일 뿐입니다. 헌신이 없으면 주님과의 관계는 말뿐인 빈껍데기에 불과합니다.

우리 부부는 함부로 서원을 하지 않지만, 하나님께 일생 동안 헌신하겠다는 서원을 했고 시시로 이 약속을 깊이 생각하면서 새롭게 다짐하곤 합니다. 이를테면 완전한 순종을 하겠다든가 완전한 사랑을 하겠다는 식의 불가능한 약속을 하나님께 하지는 않습니다. 그 대신 이렇게 기도합니다. "주님, 저의 삶을 주님께 드려 온 것을 주님께서 아십니다. 이 시간 주님께 대한 저의 헌신을 새롭게 하고 싶습니다. 세 가지를 약속드립니다. 다른 무엇보다도 먼저 주님을 구하고, 주님을 사랑하고, 주님을 영화롭게 하겠나이다. 언제나 능력으로 제 속에서 역사하시는 주님을 의지하고 순종하는 삶을 살아가겠나이다. 죄에 빠졌을 때는 주님의 용서하심을 믿고 주님께 나가 죄 사함을 받고 주님과의 교제를 회복함으로 다시 일어나 계속 주님과 동행하는 삶을 살아가겠나이다."

헌신과 찬양

하나님께서 그 마음의 태도를 크게 칭찬하셨던 다윗 왕은 종종 찬양과 감사를, 하나님께 한 서원의 이행과 결부시켜 말했습니다. "감사로 하나님께 제사를 드리며 지극히 높으신 자에게 네 서원을 갚으며…. 하나님이여, 내가 주께 서원함이 있사온즉 내가 감사제를 주께 드리리니…. 그리하시면 내가 주의 이름을 영원히 찬양하며 매일 나의 서원을 이행하리이다"(시편 50:14, 56:12, 61:8). 이 구절들은 다윗이 삶과 찬양을 통해 하나님을 영화롭게 해드리기로 서원하고, 그 서원을 지킨 사람임을 보여 주고 있습니다.

시편 108:1에서 다윗은 "하나님이여, 내 마음을 정하였사오니 내가 노래하며 내 심령으로 찬양하리로다"라고 했고, 다른 시편 기자는 "나의 생전에 여호와를 찬양하며 나의 평생에 내 하나님을 찬송하리로다"(시편 146:2)라고 했습니다. 이들은 어떤 손실이나 천재지변 가운데서도, 환경이 좋든 나쁘든, 하나님을 찬양하는 이 거룩한 삶을 살아가겠다고 결심했습니다. 아무것도 그들의 찬양을 막을 수 없었습니다. 그들은 찬양 없는 삶은 상상할 수조차 없었습니다. 그리하여 그들은 그들의 창조주요 왕이신 하나님을 일생 동안 찬양하기로 결심하고 찬양에 자신을 헌신했습니다.

찬양이 우리의 몸과 마음 구석구석에 배어들기를 원한다면, 찬양이란 좋은 것이라고 느끼는 즐거운 감정 그 이상이 필요합니다. 찬양은 종교적인 염원이나 간헐적인 행위가 되어서는 안 됩니다. 아프리카에 있는 어떤 강은 바다를 향해 흐르긴 하지만 바다에까지 이르지는 못한다고 합니다. 물이 도중에 사막의 모래 속으로 사라져 버리기 때문입니다. 우리의 영적인 욕구들은 이차적인 관심과 지엽적인 활동들이라는 모래 속으로 쉽게 새버릴 수도 있습니다. 찬양의 삶을 발전시키기 위해서는 단호한 헌신이 필요하며, 우리 안에서 역사하시는 성령께 의식적으로 의지해야 합니다. 조지프 캐롤은 다음과 같이 말했습니다.

누구나 확고한 의지가 없이는 지속적으로 참된 예배를 드릴 수가 없습니다.… "나는 이 사실을 알고 있다. 나는 신령과 진정으로 예배하는 자가 되기를 정말로 원한다"고 말한다 해서 되는 것이 아닙니다. 우리는 자신의 바람이나 원함대로가 아니라 의지대로 되기 때문입니다. 그러므로 당신은 참으로 그리스도를 예배하는 자가 되어야겠다는 당신의 의지를 확고히 해야 합니다.

하나님께서는 당신의 영혼이 예배와 찬양이라는 고귀한 기능을 잘 감당할 수 있도록 도와주실 것입니다. 먼저, 일생 동안 하나님을 예배하고 찬양하는 삶을 살겠다는 당신의 의지적 헌신 또는 서원이 필요합니다. 그 다음에는, 그 의지적 헌신 또는 서원을 구체적인 행동으로 옮기는 것이 필요합니다. 그러므로 자신이 어떻게 지속적인 찬양의 삶을 실천할 것인가를 확실하게 정하도록 하십시오. 이를테면 몇 주 동안 매일 경건의 시간 중에 3분간을 찬양하는 시간으로 정하고 그 시간을 늘려 갈 수도 있습니다. 혹은 일주일간은 기도 시간을 전부 찬양 기도만 하는 데 들여 보는 것도 좋습니다. 혹은 배우자나 그리스도인 친구와 1개월 기한으로 약속을 하고 매일 아침 잠자리에서 일어났을 때나 아침 식사를 하기 직전의 몇 분간은 예배, 찬양, 감사를 하는 것도 한 방법입니다. 그 실천 여부를 서로 점검해 주면 큰 도움이 될 것입니다. 이와 같이 찬양 기도 시간을 정해 놓으면 하루를 살면서 일정한 시간마다 마음을 준비하여 주님을 찬양하는 데 도움이 됩니다.

새로운 마음으로 예배와 찬양이라는 평생의 항해를 시작하기로 결심하였습니까? 일생 동안 해야 할 이 항해를 시작하는 데 도움이 되는 기도를 소개합니다. 이 기도는 우리에게 큰 도움이 되었습니다.

주님, 주님을 찬양하나이다. 주님께서는 성경에서 말씀하신 그대로 거룩하시고 능하신 사랑의 하나님이시며, 주님을 의뢰하는 자들에게는 놀라운 일을 행하시는 분이시나이다. 주님의 얼굴을 정기적으로 찾고, 주님의 뜻을 행하며, 주님께 순종하기를 원하오니, 제 안에서 역사하사 주님의 뜻을 이루시며, 찬양과 예배를 비롯한 모든 일에 주님께 순종할 수 있는 의지와 능력을 주시옵소서. 매일매일 주님의 어떠하심을 깨닫고 그것이 동기가 되어 날마다 새롭게 주님을 찬양하는 삶을 살아가게 하여 주시옵소서. 매일매일 주님을 더 많이, 더 깊이 알아 가게 하여 주시옵소서. 주님을 의뢰하고 주님을 높이는 마음이 흘러넘쳐 큰 기쁨의 찬양이 될 수 있게 하여 주시옵소서. "하나님이여, 내 마음이 확정되었고 내 마음이 확정되었사오니, 내가 노래하고 내가 찬송하리이다"(시편 57:7).

묵상 및 토의를 위하여

1. 그리스도를 주님으로 삼고 그 앞에 굴복하는 것이 합당한 이유를 몇 가지 적어 보십시오.
2. 당신은 자신의 삶을 아낌없이 그리스도께 드렸습니까? 그렇지 않다면 그렇게 하는 데 방해가 되는 것들을 들어 보십시오. 주님께서는 그것들에 대하여 당신이 어떻게 하기를 원하십니까?
3. 더욱 견고한 찬양의 삶을 살 수 있는 확실한 방법을 몇 가지 적고, 그중 당신이 곧바로 사용할 수 있는 것을 한 가지 택하여 실천하십시오.

제 II 부

의문점

    찬양은 모든 질병을 치료해 주는 만병통치약입니까? 찬양이 순탄한 인생을 보장해 줍니까? 하나님께서는 마치 우리가 찬양이라는 동전을 집어넣고 단추를 누르기만 하면 원하는 것을 자동으로 내놓는 하늘나라 자동판매기와 같은 분이십니까? 하나님께서는 우리에게 일어나는 모든 일에 대해 우리가 감사하기를 원하십니까? 좋은 일뿐만 아니라 좋지 않은 일에 대해서도 감사해야 합니까?

    다음 장들에서는 예배를 방해하거나 예배의 즐거움을 앗아 갈 수도 있는 이러한 의문점들에 대한 답을 찾아보기로 하겠습니다.

제8장

예배[경배], 찬양, 감사

한 식구들도 서로에 대해 무심하거나 당연시하거나 그 관계가 서먹해질 때 문제가 생깁니다. 엄마는 밥하고 빨래하고 식구들 뒷바라지하느라고 수고를 하지만 자녀들은 그 수고에 대해 알아주지 않을 뿐더러 엄마의 존재조차 의식하지 않습니다. 아내가 좀 더 친밀한 교제를 갈망하고 있는데도(이 때문에 이미 불만을 터뜨렸을지도 모르겠습니다) 남편은 자기 일에만 몰두해 있습니다. 사춘기의 누나는 자기만 졸졸 따라다니는 어린 남동생을 귀찮은 존재로만 여겨 관심은커녕 따뜻한 눈길조차 한 번 안 주고, 아쉬운 일로 부탁하거나 시킬 일이 있을 때 말고는 언제나 쌀쌀맞게 대합니다.

관계라는 것은 따뜻한 사랑과 관심과 감사의 마음으로 서로를 높여 주며 귀하고 고마운 존재로 대할 때 깊어지는 법입니다. 상대방을 무시하거나, 자신의 목적을 이루기 위한 수단으로 이용하려 들며, 그의 필요에 대해서는 거의 또는 전혀 관심을 보이지 않을 때, 서로간의 관계는 퇴보하게 됩니다. "남편은 나에 대해 너무 무심해요. 나는 없는 거나 같아요"라며, 심히 낙심이 되어 마음의 아픔을 토로하던 어느 여인의 절망적 심정에 많은 사람들이 공감을 합니다.

하나님께서는 자신의 형상을 따라 인격을 가진 관계 중심적 존재로 우리를 창조하셨습니다. 친구들 및 사랑하는 사람들과 친밀한 교제를 갈망하는 마음이 우리 속에 있는 것은, 비록 우리의 자기중심적 사고방식 때문에 종종 의미가 왜곡되긴 하지만, 원래 하나님께서 마음속에 품으신 유사한 갈망을 반영하고 있습니다. 하나님께서도 우리와 마찬가지로 여러 가지 감정과 욕구를 지니신 인격체시며, 그 주된 욕구는 우리와 사랑의 교제를 나누는 것입니다. 그러나 하나님께서는 우리와는 달리 우리가 그분의 사랑을 당연한 것으로 여기고 우리 자신의 목적만을 위해서 그분을 찾더라도 그것 때문에 위협을 느끼지는 않으십니다. 그 때문에 하나님께서는 위축되거나 화를 내시지 않습니다. 그러나 하나님께서는 살아 있는 친밀한 교제를 갈망하시며, 이 친밀한 교제를 통하여 우리의 공허함을 채워 주시고 그분 자신의 갈망도 만족시키기 원하시기 때문에 우리가 이기적인 마음으로만 그분을 찾는 것을 슬퍼하십니다.

마치 어린 딸이 아빠 얼굴에 뽀뽀해 주는 것이 아빠에게 기쁨을 주며, 아내가 보내는 찬사가 남편의 마음을 유쾌하게 해주는 것과 마찬가지로, 하나님께 대한 우리의 사랑의 표현은 하나님 아버지께 즐거움을 드립니다. 우리가 하나님을 찬양하고 예배드릴 때 하나님께서는 순전한 기쁨을 누리십니다.

이 장에서는 예배, 찬양, 감사는 무엇이며, 이 세 가지는 서로 어떤 연관성이 있는가를 살펴보기로 하겠습니다. 보다 중요한 것은,

성경에 등장하는 인물들은 어떻게 예배를 하고 찬양과 감사를 드렸는가를 살펴보는 것입니다. 관계되는 하나님의 말씀을 묵상하면 이 세 가지 용어의 보다 깊은 의미를 알 수 있게 될 것입니다.

왕께 경배[예배]함

히브리어와 헬라어 원어로 예배[경배]의 일반적인 의미는 경외 또는 충성의 마음으로 '절하는 것'입니다. 지금도 왕정 치하에서는 그리하는데, 옛날 사람들이 왕에게 표했던 예와 유사합니다. 시편 95:6-7을 보면 이렇게 기록되어 있습니다.

> 오라. 우리가 굽혀 경배하며
> 우리를 지으신 여호와 앞에 무릎을 꿇자.
> 대저 저는 우리 하나님이시요….

예배[경배]를 뜻하는 영어 'worship'은 고대 영어 'worthship'에서 나온 것인데, 그 기본적인 의미는, 어떤 사람 또는 대상에게 그에 합당한 가치를 돌리는 것입니다. 하나님과 관련해서 말하자면, 예배[경배]란 가장 깊은 경의와 공경의 마음으로 하나님을 우러러보는 것이며, 하나님께 최고의 가치를 돌리는 것이며, 경외심을 나타내는 행동으로 하나님께 영광과 존귀를 드리는 것입니다.

성경에는 예배[경배]의 정확한 정의가 나와 있지는 않습니다. 하지만 우리는 성경에 나오는 여러 가지 예배의 표현들을 통해 예배가 무엇인지를 알 수 있습니다. 성경의 기록을 살펴보면 사람들은 예배[경배]를 여러 가지 방법으로 표현하였습니다. 때로는 하나님 앞에 무릎을 꿇고 절함으로써 전적인 충성과 경외의 마음을 나타냈습니다. 때로는 찬양과 감사를 통하여 하나님께 영광을 돌리기도 했습니다. 어떤 때는 하나님 앞에 특별한 선물을 드렸는데, 최고의 선물은 바로 자신을 온전히 하나님께 성별하여 드리는 것이었습니다. 또한 제사를 드리고 의식을 행하는 성전 예배를 통하여 하나님을 영화롭게 하기도 하였습니다. 이런 여러 표현 방법들은 우리에게 하나님을 예배[경배]하고 싶은 동기와 마음을 불러일으킵니다. 또한 예배[경배]가 얼마나 기쁘고 즐거운 것인지를 말해 줍니다.

그러므로 예배[경배]는 진정한 경외와 헌신의 마음으로 하나님 앞에 절하는 것이라 정의할 수 있을 것입니다. 예배[경배]는 하나님을 기리고 높이는 마음으로 하나님께 우리 자신을 드리는 것입니다. 많은 경우 예배라는 말은 우리가 고마워하고 공경하는 마음에서 하나님께 보이는 적극적인 반응을 통틀어 일컫곤 합니다. 혼자 하든 함께 하든, 소리를 내든 내지 않든 관계없습니다. 예배는 찬양과 감사라는 보석들이 달려 있는 왕관이라 할 수 있습니다.

찬양과 감사

예배라는 왕관을 아름답게 장식하고 있는 이 두 보석은 서로 비슷한 것 같지만 다릅니다. 구약성경에 기록되어 있는 기도들에서 이 사실을 볼 수 있는데, 찬양과 감사는 서로 다른 방법으로 하나님께 존귀와 영광을 돌리면서도 상당 부분 서로 겹쳐 있습니다. 감사는 영육간에 우리를 먹여 주시며 끊임없이 돌보아 주시는 하나님의 자애로운 속성과 행동에 대한 고마움을 나타내는 것입니다. 찬양도 때로는 하나님의 이러한 속성과 행동에 대한 고마움을 나타내는 것이기도 하지만, 또한 온 우주 만물을 다스리시며 붙들고 계시는, 절대 주권을 가지신 창조주 하나님의 강하신 속성과 능하신 행사에 대한 찬미―많은 경우 환희에 넘치는 찬사―의 표시이기도 한 것입니다.

  신약에서 감사와 찬양은 둘 다 일반적으로, 하나님께서 하시는 일에 대하여 하나님을 높이는 마음의 표현입니다. 그러나 우리는 또한 하나님께서 어떤 분이신가에 대한 찬양의 좋은 예들도 찾아볼 수 있습니다. 즉 무엇과도 비교할 수 없는(시편 89:6 참조) 위대하신 분이시요 영원무궁토록 영광을 받으시기에 합당하신 분이시라는 사실에 대한 찬양도 있습니다. 성경에 나타난 감사와 찬양의 표현 방식은 오늘날 우리가 일상생활에서 상대방을 알아주고 높이는 마음을 표하는 방식과 비슷합니다. 우리는 주로 다른 사람들이 우리에게 해준 일, 이를테면 섬김이나 선물에 대해 고마운 마음에서 감사를 표합니다. 그러나 때로 우리는 "참으로 사랑과 사려가 깊으시니 감사합니다"라든가, "이렇게 만나 뵙게 되어 감사합니다"라는 식으로 말합니다. 우리는 그들의 한 일(선행과 업적)과 그들의 어떠함(성품, 능력, 용모, 지위)에 대해 찬사를 보냅니다. 이처럼 감사와 찬양은 사람들의 하는 일과 어떠함 양면에 대해 상대방을 알아주고 높이는 것이지만, 약간 다른 점도 있습니다. 기억하기 쉽게 말해서, 감사는 고마움의 표현이며, 찬양은 찬미의 표현이라고 말할 수 있을 것입니다.

사도 요한은 요한계시록 7장에서 하나님께서 보여 주신 예언적 환상을 기록하면서 하늘나라에서 펼쳐지는 극적인 장면을 묘사했습니다. 거기에는 예배[경배]와 찬양과 감사가 어우러져 있습니다. 그는 하나님과 어린양의 보좌 앞에 각 나라와 족속과 백성과 방언에서 아무라도 능히 셀 수 없는 큰 무리가 흰 옷을 입고 서서 큰 소리로 하나님께 존귀와 영광을 돌리고 있는 것을 보았습니다. 모든 천사가 보좌를 둘러서 있다가 그 앞에 엎드려 하나님께 이렇게 예배[경배]하였습니다(12절).

  아멘!
  찬송과 영광과
  지혜와 감사와 존귀와
  능력과 힘이
  우리 하나님께 세세토록 있을지로다.
  아멘!

  미래에 펼쳐지게 될 이 장면에서, 천사들은 큰 기쁨의 찬양과 감사로 주님께 예배[경배]함으로 훌륭한 본을 보여 줍니다.

하나님의 지극히 위대하심을 찬양함
  찬양의 특징은 하나님의 완전하심과 위대하심, 그리고 그분의 능하신 행사들에 대한 찬미입니다. 이러한 찬미는 수많은 형식을 취하며 다양한 감정의 표현으로 나타납니다.
  구약성경에서 찬양 또는 이와 유사한 단어들로 번역된 히브리어 단어들을 보면 찬양에 내포된 의미를 두루 알 수 있습니다. 예를 들면, 찬송하다, 송축하다, 선포하다, 반포하다, 높이다, 기뻐하다, 즐거워하다, 크게 즐거워하다, 기뻐하며 즐거워하다, 노래하다, 칭송하다, 높이 부르다, 기뻐 외치다, 즐거이 외치다, 자랑하다, 영화롭게 하다, 영광을 돌리다, 존숭하다, 존중하다, 존경하다, 앙모하다 등이 있습니다.

히브리어로 찬양에 해당되는 이 단어들 속에는 소리(말 또는 노래, 음악)와, 때로는 행동이 들어 있는데, 이를테면 무릎을 꿇는다든가 두 손을 들어 올린다든가 악기의 현을 뜯는다든가 하는 것입니다. 많은 사람들은 하나님과 단둘만의 시간을 가질 때도 소리를 내어서, 최소한 속삭이는 소리로라도, 찬양과 감사를 하면 더욱 집중이 잘되고 즐거움이 커지는 것을 경험합니다. 하나님께서는 우리의 마음을 훤히 보시며 우리의 모든 생각을 다 아시기 때문에 침묵 가운데 속으로 찬미와 헌신의 마음을 표현할 수도 있습니다. 그러므로 소리 내어 말하거나 노래하기가 어려운 많은 경우에도 하나님께 반응을 나타낼 수가 있습니다.

신약성경에 나오는 많은 헬라어 단어들도 찬양 혹은 이와 유사한 말로 번역이 되어 있는데, 예를 들면, 찬송하다, 찬미하다, 기뻐하다, 크게 기뻐하다, 즐거워하다, 노래하다, 존경하다, 공경하다, 경외하다, 높이다, 영광을 돌리다, 영화롭게 하다, 증거하다, 자랑하다 등이 있습니다.

신약과 구약에 들어 있는 이 말들은 찬양의 여러 다른 면들을 나타내 보여 주고 있습니다. 이 단어들에 대하여 하나하나 생각하면서 주님을 찬양하는 데 사용하면 우리의 찬양은 더욱 풍성해지고 더욱 기쁨과 만족을 누릴 수 있습니다.

입술로 찬양을 드리는 것 외에도 우리 자신이 "그[하나님]의 영광의 찬송"(에베소서 1:12)이 되어야 하는데, 이것은 우리의 삶을 통한 찬양을 가리킵니다. 우리가 예수 그리스도로 말미암아 의의 열매가 가득하고, 착한 일을 행함으로 우리의 빛을 사람 앞에 비취게 할 때, 그 결과 우리의 삶을 보고 있는 사람들이 하나님께 영광과 찬양을 돌리게 됩니다(빌립보서 1:11, 마태복음 5:16).

성경에는 찬양을 하도록 동기를 주는 예들이 많이 나와 있습니다. 이 찬양의 구절들은 종종 온 세상과 우주 전체에 나타나는 하나님의 위엄과 주권과 권능과 놀라우신 역사에 대한 찬미를 보여 주기도 합니다.

당대의 가장 강대한 제국의 절대 군주였던 느부갓네살 왕은 자신이 크게 비천해지는 사건을 겪고 나서야 하나님만이 모든 권세를 다 가지신 유일한 분이시라는 사실을 깨달았습니다. 그는 자신에게 일어났던 사건을 이야기하면서 하나님의 위대하심을 찬양하는 아름다운 고백을 통하여 하나님께 대한 그의 새로운 경외심을 표현했습니다.

그 기한이 차매 나 느부갓네살이
하늘을 우러러 보았더니
내 총명이 다시 내게로 돌아온지라,
이에 내가 지극히 높으신 자에게 감사하며
영생하시는 자를 찬양하고 존경하였노니,
그 권세는 영원한 권세요,

그 나라는 대대에 이르리로다.
땅의 모든 거민을 없는 것같이 여기시며,
하늘의 군사에게든지 땅의 거민에게든지
그는 자기 뜻대로 행하시나니,
누가 그의 손을 금하든지,
혹시 이르기를 "네가 무엇을 하느냐?" 할 자가 없도다.
그러므로 지금 나 느부갓네살이
하늘의 왕을 찬양하며 칭송하며 존경하노니,
그의 일이 다 진실하고 그의 행하심이 의로우시므로
무릇 교만하게 행하는 자를 그가 능히 낮추심이니라.
(다니엘 4:34-35,37)

시편 150편은 다시 한 번 모든 피조물에게 하나님을 찬양하도록 촉구함으로써 모든 시편의 대단원의 막을 장식하고 있습니다. 하나님께서는 모든 장소에서, 모든 방법을 통하여, 모든 피조물로부터 찬양을 받으시기에 합당하신 분이십니다. "그의 능하신 행동을 인하여 찬양하며, 그의 지극히 광대하심을 좇아 찬양할지어다"(2절). 우리는 하나님께서 행하신 큰일들과 하나님의 영광스러운 속성과 성품을 인하여 하나님을 찬양하여야 합니다.

하나님께 감사하라. 그는 선하심이로다

"여호와께 감사하라. 그는 선하시며 그 인자하심이 영원함이로다"(시편 107:1). 앞서도 이야기한 바 있지만 감사는 기본적으로, 영육간에 우리를 먹이시고 끊임없이 돌보아 주시는 하나님의 자애로운 속성과 행사에 대하여 하나님께 고마움을 표현하는 것입니다. 시편 107:8은 하나님의 어떠하심(속성과 성품)과 하나님의 행사(하시는 일)에 대하여 감사 찬송을 드리는 좋은 예입니다. "여호와의 인자하심과 인생에게 행하신 기이한 일을 인하여 그를 찬송할지로다." 이 구절에서 찬송하라는 말에는 찬송하다, 감사하다, 인정하다, 예배[경배]하다 등 여러 의미가 있습니다. 따라서 이 구절은 "여호와의 인자하심과 인생에게 행하신 기이한 일을 인하여 그에게 감사할지로다"라고 할 수도 있습니다. 우리는 주 하나님의 한결같은 사랑과 하나님께서 행하신 놀라운 일에 대하여 하나님께 늘 감사해야 합니다.

시편 기자들은 종종 하나님의 선하심과 인자하심과 성실하심, 즉 하나님의 본성의 인자하고 자비로운 면, 하나님을 의뢰하는 자들을 복 주시고 보호하시려는 흔들리지 않는 확고한 뜻을 인하여 감사를 드렸습니다. 하나님의 이 자애로운 속성과 성품은 하나님의 마음을 보여 주는 바, 이 마음에서 주님의 자애로운 행동들이 흘러나옵니다. 성경에는 하나님의 어떠하심에 대해 하나님께 감사하도록 자극하고 격려하는 구절들로 가득 차 있습니다. 몇 구절만 들어 보겠습니다.

여호와의 자비와 긍휼이 무궁하시므로
우리가 진멸되지 아니함이니이다.
이것이 아침마다 새로우니
주의 성실이 크도소이다.
(예레미야애가 3:22-23)

젊은 사자는 궁핍하여 주릴지라도
여호와를 찾는 자는
모든 좋은 것에 부족함이 없으리로다.
(시편 34:10)

두려워 말라. 내가 너와 함께함이니라.
놀라지 말라. 나는 네 하나님이 됨이니라.
내가 너를 굳세게 하리라.
참으로 너를 도와주리라.
참으로 나의 의로운 오른손으로 너를 붙들리라.
(이사야 41:10)

우리 주 하나님께서는 전적으로 신뢰할 만한 분입니다. 주님의 사랑은 무궁하며 다함이 없습니다. 또한 결코 자신의 약속을 뒤집거나 파기하거나 어기지 않으십니다. 하나님께서는 하나님을 사랑하고 신뢰하는 자들의 모든 필요를 채워 주시겠다고 약속하시고, 이 약속에 스스로 매이셨습니다. 스스로 약속 이행의 의무를 지신 것입니다. 우리는 이 사실을 위에 인용한 이사야 41:10 말씀에서 찾아볼 수 있습니다. 하나님께서는 이처럼 자신의 약속을 확인하고 확인하고 또 확인해 주십니다. "내가 …하리라"고 세 번이나 말씀하십니다. 내가 너를 굳세게 하리라. 참으로 너를 도와주리라. 참으로… 너를 붙들리라. 틀림없이 우리를 돌보아 주시고 붙들어 주시겠다는 것입니다. 결코 우리를 버려두지 않으시겠다는 말씀입니다. "여호와께 감사하라. 그는 선하시며 그 인자하심이 영원함이로다"(시편 107:1). 이것이 이스라엘 백성이 즐겨 사용한 감사 찬송의 표현이 된 것도 전혀 이상한 일이 아닙니다.

구약의 예배자들은 하나님의 어떠하심을 인하여 감사하는 것 외에도 하나님께서 하시는 일을 인하여서도 늘 감사했습니다. 그들은 하나님의 일상적인 돌보심과 특별한 돌보심 모두에 대해 하나님께 감사를 드렸습니다.

여호와께서 내게 주신 모든 은혜를
무엇으로 보답할꼬?
내가 주께 감사제를 드리고
여호와의 이름을 부르리이다.
(시편 116:12,17)

감사는 구약보다 신약에서 오히려 훨씬 더 두드러지게 나타나 있습니다. 사람들은 하나님의 자비의 행동과 물질적 공급에 대해 감사를 드립니다. 또한 다른 성도들로 인해 많은 감사를 드리고 있음을 봅니다. 바울은 자신이 그리스도께로 인도한 사람들을 인하여 항상 감사했습니다. "내가 너희를 생각할 때마다 나의 하나님께 감사하며, 간구할 때마다 너희 무리를 위하여 기쁨으로 항상 간구함은"(빌립보서 1:3-4). 그러나 무엇보다도 그는 우리가 받은 풍성한 영적 축복과 우리의 삶 가운데서 일하시는 하나님의 은혜로운 역사를 인하여 감사를 했습니다. "항상 우리를 그리스도 안에서 이기게 하시고 우리로 말미암아 각처에서 그리스도를 아는 냄새를 나타내시는 하나님께 감사하노라"(고린도후서 2:14). 또한 그는 골로새 성도들이 하나님 아버지께 즐거이 감사드리는 사람들이 되기를 기도했습니다. "우리로 하여금 빛 가운데서 성도의 기업의 부분을 얻기에 합당하게 하신 아버지께 감사하게 하시기를 원하노라"(골로새서 1:12).

경배, 찬양, 감사를 함께 드림

그림에 여러 색깔이 섞여 있듯이 시편에는 흔히 찬양과 감사가 함께 섞여 있습니다. 시편 57편이 좋은 예입니다. 이 시는 다윗이 사울을 피하여 굴에 숨어 있을 때 지은 것입니다. 그는 하나님께 구원해 주시도록 부르짖었으며, 그 기도를 들어주시리라는 확신을 표현했습니다. 그러고 나서는 이렇게 노래했습니다.

> 내 영광아, 깰지어다.
> 비파야, 수금아, 깰지어다.
> 내가 새벽을 깨우리로다.
> 주여, 내가 만민 중에서 주께 감사하오며,
> 열방 중에서 주를 찬송하리이다.
> 대저 주의 인자는 커서 하늘에 미치고,
> 주의 진리는 궁창에 이르나이다.
> 하나님이여, 주는 하늘 위에 높이 들리시며,
> 주의 영광은 온 세계 위에 높아지기를 원하나이다.
> (8-11절)

시편 111편 또한 우리 주 여호와 하나님의 크고 존귀하고 엄위하신 행사와, 은혜와 자비로 그 백성을 돌보심을 인하여 찬양도 하고 또 감사도 하는 것을 볼 수 있습니다. 몇 구절을 보겠습니다.

할렐루야!
내가… 전심으로 여호와께 감사하리로다.
여호와의 행사가 크시니…
그 행사가 존귀하고 엄위하며…
여호와는 은혜로우시고 자비하시도다.
여호와께서 자기를 경외하는 자에게 양식을 주시며
그 언약을 영원히 기억하시리로다.
저가 자기 백성에게 열방을 기업으로 주사
그 행사의 능을 저희에게 보이셨도다.
여호와께서 그 백성에게 구속을 베푸시며,
그 언약을 영원히 세우셨으니,
그 이름이 거룩하고 지존하시도다.…
여호와를 찬송함이 영원히 있으리로다.
(1-6, 9-10절)

성경의 많은 구절들이 경배를 찬양이나 감사와 연계시키고 있습니다. 시편 99편은 주님의 절대주권과 통치에 우리의 주의를 불러일으키는 것으로부터 시작됩니다. "여호와께서 통치하시니 만민이 떨 것이요, 여호와께서 그룹 사이에 좌정하시니 땅이 요동할 것이로다. 여호와께서 시온에서 광대하시고 모든 민족 위에 높으시도다"(1-2절). 이어서 이 시편 기자는 주님의 크고 두려운 이름을 찬양하며 주님의 거룩하심을 인하여 주님을 높이고 경배하라고 촉구합니다.

> 주의 크고 두려운 이름을 찬송할지어다.
> 그는 거룩하시도다.
> 너희는 여호와 우리 하나님을 높이고
> 그 성산에서 경배할지어다.
> 대저 여호와 우리 하나님은 거룩하시도다.
> (3,9절)

역대하 29:30에도 찬양이 경배와 연관되어 나옵니다. "저희가 즐거움으로 찬송하고 몸을 굽혀 경배하니라." 요한계시록 11:16-17에서도 장로들이 감사와 경배를 함께 드리고 있습니다. "하나님 앞에 자기 보좌에 앉은 이십사 장로들이 엎드려 얼굴을 대고 하나님께 경배하여 가로되, '감사하옵나니, 옛적에도 계셨고 시방도 계신 주 하나님 곧 전능하신 이여, 친히 큰 권능을 잡으시고 왕 노릇 하시도다.'"

정의 이상으로 중요한 것

하나님께서는 우리 안에 한 가지 깊은 필요를 넣어 주셨습니다. 그것은 곧 기대에 어긋나 실망할 위험이 없이 누군가를 거리낌 없이 마음껏 우러러 찬미하며 칭송하고 싶어 하는 마음입니다. 사람들은 영혼의 이 깊은 필요를 채우기 위해 많은 시도를 해왔습니다. 그러나 하나님을 떠난 이 시도들은 모두 헛수고였을 뿐입니다. 아마 대부분의 사람들이 누군가를 무척이나 우러러 존경하고 칭송하였는데, 기대에 어긋나 실망을 한 적이 있을 것입니다.

우리의 마음속에 있는 이 깊은 필요를 채워 주실 수 있는 분은 오직 하나님뿐입니다. 하나님의 흠 없고 완전하신 속성과 성품, 그리고 하나님의 크고 놀라우신 역사를 인하여 우리가 하나님을 경배하고 찬양할 때 하나님께서는 이 필요를 채워 주십니다. 우리의 마음 문을 열고 하나님을 진정으로 흠모하고 기뻐 노래하며 높일 때, 하나님께서는 우리 영혼을 자유케 하시고 마음을 넓혀 주셔서 하나님을 더 깊이 경험할 수 있게 해주십니다. 우리가 주 하나님을 섬기면, 주님께서는 우리를 섬겨 주십니다. 우리가 예배[경배]와 찬양과 감사를 통해 하나님을 섬기면, 이번에는 하나님께서 우리의 깊은 내적 필요들을 채워 주십니다.

역대상 29:11-15은 여러 해 동안 우리 부부의 예배[경배]와 찬양과 감사에 크게 동기를 주어 온 구절입니다. 이 구절에는 하나님을 높이는 기도의 이 세 가지 요소가 다 들어 있습니다. 이스라엘 백성은 하나님께 바칠 성전 건축을 위해 자원하여 후한 예물을 가지고 왔습니다. 다윗 왕은 깊이 감사했습니다. 그의 큰 꿈이 실현되려 하고 있었습니다. 그 꿈은 곧 만왕의 왕이신 하나님께서 거하실, 그 위엄에 걸맞은 성전을 건축하는 것이었습니다. 다윗은 기쁨을 이기지 못하였습니다(9절). 그리하여 온 회중 앞에서 주 여호와 하나님을 송축했습니다. "다윗이 온 회중 앞에서 여호와를 송축하여 가로되, '우리 조상 이스라엘의 하나님 여호와여, 주는 영원히 송축을 받으시옵소서'"(10절). 그의 기도는 이렇게 계속됩니다.

> 여호와여, 광대하심과 권능과 영광과 이김과 위엄이
> 다 주께 속하였사오니,
> 천지에 있는 것이 다 주의 것이로소이다.
> 여호와여, 주권도 주께 속하였사오니,
> 주는 높으사 만유의 머리심이니이다.
> 부와 귀가 주께로 말미암고,
> 또 주는 만유의 주재가 되사 손에 권세와 능력이 있사오니,
> 모든 자를 크게 하심과 강하게 하심이 주의 손에 있나이다.
> (역대상 29:11-12)

다윗은 이같이 기쁨이 넘쳐 크고 높으신 하나님을 송축한 후, 연이어서 "우리 하나님이여, 이제 우리가 주께 감사하오며, 주의 영화로운 이름을 찬양하나이다"(13절)라고 기도했습니다. 그가 이 기도를 끝내자 온 백성이 하나님께 경배했습니다. "회중이 그 열조의 하나님 여호와를 송축하고 머리를 숙여 여호와와 왕에게 절하고"(20절).

이 구절들은 예배[경배]와 찬양과 감사의 생생한 예를 보여 주고 있습니다. 여기에는 하나님을 크게 기뻐하고 송축하며 찬미하고, 하나님께 감사하는 마음이 뚜렷하게 구분되지 않고 서로 뒤섞여 있습니다. 이런 예들은 많은 사람들, 아니 대부분의 사람들에게 주님을 영화롭게 하는 데 실제적으로 많은 도움이 됩니다.

우리가 사용하는 말들의 의미를 명확히 정의하면 예배가 보다 풍성해질 수 있습니다. 그러나 그 정의보다 중요한 것은 실제로 하나님께 우리의 사랑과 우리의 찬미와 우리의 감사를 바치는 것입니다.

예배[경배]와 찬양과 감사는 하나님과 관계를 맺는 데 있어서 매우 중요한 방법입니다. 하나님께 보이는 이 세 가지 즐거운 반응을 통하여 우리는 하나님과의 교제를 더 깊이 할 수 있고, 하나님의 마음에 있는 갈망을 채워 드릴 수 있습니다. 그러므로 하나님을 예배[경배]하고, 하나님을 찬양하며, 하나님께 감사를 드립시다. 소리를 내서 하느냐 마음속으로만 하느냐, 혼자서 하느냐 다른 사람들과 함께 하느냐, 정의가 명확하냐 않느냐는 그리 중요하지 않습니다. 하나님의 어떠하심과 행하신 일을 인하여 하나님을 높이고 깊이 고마워하는 마음을 하나님께 표현하는 것이 중요합니다. 하나님께서는 그것을 받으시기에 합당한 분이십니다.

묵상 및 토의를 위하여

1. 예배[경배]와 찬양과 감사는 하나님께 왜 중요합니까?
2. 이 장에서 당신이 가장 기억하고 싶은 말에 표시를 하십시오.
3. 특히 이 장에 나온 성경 말씀들을 중심으로 장 전체를 다시 한 번 복습하고, 하나님께 예배[경배]와 찬양과 감사를 드리는 시간을 가지십시오.

제9장

조건 없이 찬양함

우리는 왜 하나님을 찬양합니까? 그저 순수한 마음으로 하나님을 높이고 영화롭게 하며 기쁘시게 해드리기 원해서입니까? 아니면 우리가 이 세상에서 바라는 것들을 하나님께 얻어 내는 수단이라고 생각해서입니까? 찬양을 함으로써 하나님께서 우리의 기도를 들어주셔야 할 의무를 지게 만들려고 찬양을 합니까? 하나님을 찬양하기만 하면 구하는 것은 무엇이나 다 들어주실까요?

하나님께서는, 마치 찬양이라는 동전을 집어넣고 버튼을 누르기만 하면 원하는 것을 자동적으로 내놓는 하늘나라 자동판매기와 같은 분이 아닙니다. 찬양은 우리의 소원을 이루어 주시도록 하나님께 압력을 가하는 마법의 주문(呪文)이 될 수도 없습니다. 의도적으로 하나님을 조종하려 드는 사람은 별로 없을 것입니다. 그러나 시련 가운데서 하나님을 찬양할 때 마음 한쪽 구석에서는 '주님, 제가 주님을 찬양하고 있사오니, 이제는 주님께서 제가 원하는 방식으로 이 상황을 해결해 주셔야겠습니다'라고 생각하면서 은밀히 하나님과 흥정하려 들 수 있습니다.

무슨 일이 일어나든 하나님을 신뢰함

진정한 찬양은 하나님께 아무 조건도 내세우지 않습니다. 여기에는 상황이 어떠하며 그 결과가 어떠하든 개의치 않고 하나님을 신뢰하겠다는 마음이 선행됩니다. 이런 찬양은 하나님께 환경을 바꾸어 달라고 요구하지 않고 주어진 환경을 받아들입니다. "아버지 하나님, 저는 모든 것이 암담하고 혼란스럽다 하더라도 끝까지 아버지를 의뢰하겠나이다"라는 태도로부터 이런 찬양이 나올 수 있습니다. 지속적으로 찬양을 하다 보면 이렇게 기도할 수 있는 데까지 이르게 됩니다. "아버지 하나님, 지금도 제 마음 가운데서 역사하사 저의 성품을 아름답게 변화시키고 계시니 감사드리옵나이다. 제 속에서, 그리고 다른 사람들 속에서 아버지께서 이 시련을 통하여 이루기 원하시는 것들을 다 이루시기까지 이 시련을 거두지 말아 주시옵소서. 이 시련을 사용하사 아버지께서 마음속에 품고 계신 저의 장래를 위하여 저를 준비시켜 주시옵소서. 아버지의 뜻이 무엇이든 그 뜻대로 저를 변화시켜 주시옵소서."

시련을 주신 한 가지 주된 목적은 그것을 통하여 우리의 믿음을 강화시키고 우리의 태도를 변화시키는 것입니다. 그러므로 하나님을 신뢰하고 찬양하겠다는 태도를 갖게 되면 시련은 종종 놀랍게 빨리 지나가 버립니다. 설령 그렇게 되지 않는다 할지라도 우리 자신에게 그 시련을 참고 견디는 힘이 생기고 도리어 풍성한 축복을 경험하게 됩니다.

1984년 초 교통사고를 당한 그날 아침 이후로 셜리는 계속해서 조건 없는 찬양을 드리는 새로운 방법들을 배우게 되었습니다. 수술로 인해 몹시 고통스러운 나날과 수개월간에 걸친 회복 기간을 거친 후 팔 일부를 제외하고는 어깨 아래는 모두 쓰지 못하게 되었습니다. 친구들과 친척들이 남편 조지를 도와 휠체어로 생활할 수 있도록 집을 개조했고, 셜리는 퇴원해서 집으로 돌아왔습니다.

셜리는 처음부터 이 시련에 대하여 감사했습니다. 감사하게 느껴져서가 아니라, 절대주권과 모든 지혜를 가지신 하나님께 순종하기로 선택했기 때문입니다. 셜리와 남편은 하나님께 영광이 될 수만 있다면 기꺼이 자신들을 토기장이 되신 하나님의 손에 맡기겠다고 결심하고 하나님 앞에 굴복했습니다. "그러나 여호와여, 주는 우리 아버지시니이다. 우리는 진흙이요 주는 토기장이시니 우리는 다 주의 손으로 지으신 것이라"(이사야 64:8). "내가 토기장이의 집으로 내려가서 본즉 그가 녹로로 일을 하는데, 진흙으로 만든 그릇이 토기장이의 손에서 파상하매 그가 그것으로 자기 의견에 선한 대로 다른 그릇을 만들더라.… '나 여호와가 이르노라. 이스라엘 족속아, 이 토기장이의 하는 것같이 내가 능히 너희에게 행하지 못하겠느냐? 이스라엘 족속아, 진흙이 토기장이의 손에 있음같이 너희가 내 손에 있느니라'"(예레미야 18:3-6).

최근 우리는 셜리로부터 녹음테이프 하나를 받았는데, 하나님의 성실하심과 자기의 무조건적인 믿음을 보여 주는 간증이 담겨 있었습니다. 비록 상식적으로는 더 이상의 회복을 기대하기가 어려워 보이지만, 친구들은 하나님께서 완전히 회복시켜 주실 것을 믿음으로 기도하고 있다고 말해 주곤 합니다. 셜리는 이렇게 말합니다. "저 역시 하나님께서 절 완전히 회복시켜 주실 것으로 믿어요. 정말로 믿어요. 하지만 우리가 믿어야 할 것은, 회복이 아니라 하나님의 신실하심이에요. 이 사실을 잊어선 안 돼요." 회복이 더 되든 안 되든 관계없이 셜리는 하나님의 성실하심을 신뢰하고 있습니다.

다니엘 3장이 조지와 셜리에게 깊은 감명을 주었습니다. 거기에는 느부갓네살 왕의 금 신상에게 절하기를 거절했던 사드락, 메삭, 아벳느고의 이야기가 실려 있습니다. 왕은 이들의 어리석은 행동을 단념시키고자 화를 내며 "능히 너희를 내 손에서 건져 낼 신이 어떤 신이겠느냐?"(15절)고 하자, 그들은 "우리가 섬기는 우리 하나님이 우리를 극렬히 타는 풀무 가운데서 능히 건져 내시겠고, 왕의 손에서도 건져 내시리이다. 그리 아니하실지라도 왕이여, 우리가 왕의 신들을 섬기지도 아니하고 왕의 세우신 금 신상에게 절하지도 아니할 줄을 아옵소서"(17-18절)라고 단호히 대답했습니다. 왕은 분을 이기지 못하고 그 세 사람을 극렬히 타는 풀무 불에 던져 넣었습니다.

극렬히 타는 불 속에서 기적적으로 살아남은 이들의 이야기는 시대를 거쳐 내려오면서 많은 사람들의 믿음을 북돋워 주었습니다. 셜리도 기적을 베풀어 주시기를 기도할 때 다니엘 3장의 이 사람들이 가졌던 것과 같은 확신을 가지고 있었습니다. "우리 하나님께서는 능력이 있으시며 나를 건져 내 주실 것이다. 그러나 그리 아니하실지라도 나는 그분에게서 돌아서지 않겠다. '설사 그분이 나를 죽이실지라도 나는 그분을 신뢰하겠다'(욥기 13:15 참조)." 하나님의 은혜를 인하여 셜리는 하나님의 능력뿐만 아니라 그분의 지혜까지도 신뢰하고 있습니다.

셜리의 삶에는 끊임없이 불만스러워 할 만한 이유들이 가득 차 있고, 때로 시험을 받아 그런 불만에 빠지기도 합니다. 그러나 "내 원대로 마옵시고, 아버지의 원대로 되기를 원하나이다"(누가복음 22:42) 하는 근본적인 헌신 가운데서 변함없이 그리스도를 따르고 있습니다. 셜리는 자기의 뜻을 하나님께 굴복시키고 하나님께 조건 없는 찬양을 드리고 있습니다.

우리의 신뢰를 나타내 보임

찬양을 통하여 우리 각 사람은, 이전에 역사해 오신 것처럼 현재에도 역사하고 계시는 하나님께 대한 신뢰를 나타낼 수 있습니다. 창세기 마지막 몇 장에는 요셉에게 일어났던 모든 사건을 통하여 하나님께서 얼마나 큰 유익을 가져다주셨는가가 잘 나타나 있습니다. 이 사건들 가운데는 형들의 잔인한 배신, 그 영혼의 고뇌, 노예 생활, 억울한 고소와 기나긴 감옥살이, 감옥에서의 일과 요셉을 까맣게 잊어버린 술 관원, 그 결과 감옥에 더 갇혀 있어야만 했던 기약 없는 나날들 등등 부정적인 요소들이 많이 있었습니다.

시편 105편을 보면 시련을 통하여 선을 이루시기 위해 하나님께서 친히 요셉을 애굽으로 보내신 것으로 되어 있습니다(17절 참조). 하나님께서는 그 시련들을 사용하셔서 이 젊은이를 장차 당시 세계에서 가장 큰 나라의 총리가 되도록 준비시키셨습니다. 요셉의 시련들을 통하여, 하나님께서는 장차 올 심한 기근으로부터 수많은 사람들의 생명을 구원할 수 있도록 적시에 적소에 그를 두셨습니다. 요셉이 오랜 세월 동안 받은 고난은 자기 자신의 생명은 물론 자기 가족 전체의 생명을 구하는 결과를 낳았고, 나아가서는 예수님께서 오시게 될 가계를 보존하게 했던 것입니다.

창세기 50장에서 요셉은 사랑으로 역사하시는 하나님의 절대 주권에 대한 확신을 보여 주었습니다. 형들이 보복을 두려워하고 있을 때, 요셉은 형들에게 이렇게 말했습니다. "당신들은 나를 해하려 하였으나, 하나님은 그것을 선으로 바꾸사 오늘과 같이 만민의 생명을 구원하게 하시려 하셨나니, 당신들은 두려워 마소서"(20-21절)라고 위로해 주었습니다. 비록 절망적인 환경 가운데 처해 있을지라도 요셉의 하나님께서 오늘도 살아 역사하고 계심을 믿고 있다는 것을 보여 주는 것이 바로 찬양입니다.

찬양을 통하여 우리는 바울과 실라가 매를 맞고 빌립보 감옥에 갇혔을 때 보여 준 본을 따르게 됩니다. 그들은 깊은 감옥에 갇혀 발에 차꼬가 채워져 있는 가운데서도 한밤중에 기도하고 하나님을 찬미했습니다. 하나님께서는 그 기도와 찬송을 들으시고 지진을 일으켜 그들을 풀어 주는 기적을 베푸셨습니다(사도행전 16장). 찬양을 통하여 우리는 또한, 이후에도 여러 해 동안을 감옥에 갇혀 지내면서도 주님 안에서 항상 기뻐하라(빌립보서 3:1, 4:4)고 했던 바울을 본받을 수 있습니다. 그는 자기가 받는 고난이 하나님의 목적을 성취하고 있으며, 결과적으로 자신의 가장 깊은 열망을 이루고 있다고 확신했습니다(빌립보서 3:10-11 참조).

그리스도의 능력이 임하게 함

우리가 하나님을 찬양한다고 해서, 하나님께서 우리의 어려움이나 문젯거리를 없애 주신다거나 우리의 원하는 바를 들어주신다고 약속하지는 않으셨습니다. 그러나 1세기 때와 마찬가지로 오늘날에도 찬양은 그리스도의 능력이 임하게 합니다. 그 능력은 변화시키는 힘이 있습니다. 찬양을 할 때 그리스도께서는 능력을 베푸사 우리의 성품과 우리의 상황을 변화시켜 주십니다.

남편의 알코올 중독으로 인해 부부간의 갈등이 심해지고 여러 해 동안을 힘들게 지냈던 여인이 있었습니다. 두 사람은 결국 함께 살 수 없게 되었습니다. 그 후 그 여인은 그리스도를 믿고 주님과 동행하게 되었으며 찬양과 감사의 중요성을 배우게 되었습니다. 헤어진 남편과 그의 알코올 중독에 대해, 그리고 그로 인해 그동안 자신이 겪었던 마음의 고초에 대해서까지도 하나님께 감사하고 찬양하기 시작했습니다. 감사와 찬양을 계속해 나감에 따라 자신이 남편을 향하여 자기 의와 우월감을 가지고 있었다는 사실을 깨닫게 되었습니다. 자신이 얼마나 자기 연민에 빠져 기쁨 없이 살았으며 순교자인 것처럼 행동했는가를 알게 되었습니다. 자기의 교만이 남편의 알코올 중독보다 더 나빴다는 사실을 깨닫고 자신의 죄를 자백했습니다. 그리고 주님 안에서 찬양하고 감사하며 기뻐하는 삶을 계속 살아갔습니다.

세월이 지나면서 헤어져 멀리 떨어져 살던 남편도 그리스도를 믿게 되고 술도 끊게 되었습니다. 때가 되자 남편이 다시 돌아오게 되었으며, 그들은 함께 새로운 삶을 시작하게 되었습니다. 이 여인이 주님께 굴복하고 찬양하는 삶을 살게 되었을 때 하나님께서는 그 여인의 눈에 들어 있던 들보를 빼내 주시고 이어서 남편 눈의 티도 빼내 주셨던 것입니다.

파니 크로스비는 생후 6주 때 의사가 눈에 약을 잘못 쓰는 바람에 실명을 하고 말았습니다. 비참하고 쓸모없는 인생을 살 만한 충분한 이유가 되었습니다. 그러나 크로스비는 뛰어난 믿음과 찬양의 여인으로 변화했습니다. 생전에 8,000편이 넘는 찬송시를 썼으며, 그중 많은 찬송가가 오늘날에도 여전히 널리 애창되고 있습니다. 그 찬송가들 중에 '나의 갈 길 다 가도록'이라는 유명한 곡도 들어 있습니다.

나의 갈 길 다 가도록
나의 구주께서 나를 인도하시니
그 외에 무엇을 더 구하리요!
평생토록 주님 나의 인도자 되어 주셨으니
주님의 자비와 긍휼 어찌 의심하리요!
여기서 주님 믿는 믿음으로 사는 자에게
천국의 평화, 하나님의 위로 있다네.
무슨 일이 내게 일어나든,
예수님 모든 것 합력하여 선을 이루심을
난 알고 있기 때문이라오.

이런 은사를 받은 크로스비는 또한 '크신 일을 이루신 하나님께'와 '예수로 나의 구주 삼고'와 같은 힘찬 찬송시도 썼습니다. 실명을 하지 않았더라도 이런 통찰력과 능력을 가지고 시를 썼겠습니까? 단정적으로 말할 수는 없습니다. 그러나 크로스비 자신은 주위 세상의 온갖 흥미롭고 아름다운 것들을 보았다면 수천에 이르는 그런 찬송시를 쓸 수 없었을 것이라고 생각했습니다. 자서전에서 이렇게 말했습니다. "내가 소경으로 일생을 보내게 된 것은 하나님의 복된 섭리 가운데 계획된 것이라고 믿습니다. 하나님의 놀라운 경륜과 뜻을 인하여 하나님께 감사하고 있습니다." 긍정적이고 하나님 중심적이며 감사가 넘치는 태도는 비극을 승리로 바꾸어 놓았습니다. 그리하여 그는 이 세상을 떠났지만 여전히 우리 곁에서 우리에게 말하고 있는 것입니다.

스트레스를 덜어 줌

찬양과 감사가 우리에게 있는 문제나 압력을 없애 주지는 않습니다. 그러나 진정한 감사와 찬양의 기도는 우리의 스트레스를 덜어 주는 중요한 역할을 합니다. 찬양과 감사는 부정적인 태도로 말미암아 우리 스스로 떠안고 있던 스트레스에서 벗어나, 마음을 열고 모든 지각에 뛰어난 하나님의 평강(빌립보서 4:7)을 받아 누리게 해줍니다. 찬양과 감사는 우리에게 위로와 평강을 줄 뿐 아니라, 또한 우리의 심령에 활력과 생기를 불어넣어 줍니다. 성경은 이렇게 말합니다. "능력과 즐거움이 그 처소에 있도다.… 여호와를 기뻐하는 것이 너희의 힘이니라"(역대상 16:27, 느헤미야 8:10).

찬양과 감사는 우리를 하나님의 존전으로 안내합니다. 거기서 우리는 주님의 기쁨에 참여하며, 우리의 모든 영적, 육적, 감정적 필요를 채워 주시는 주님의 능력을 경험하게 됩니다. 순간순간의 찬양들을 통하여 우리는 하루에도 수십 번이 넘게 짤막짤막한 쉼을 누림으로써 때에 맞게 영혼의 피로를 풀고 소성함을 얻을 수 있습니다. 외적으로 어떤 압력이 오든 관계없이 우리는 필요가 생길 때마다 우리를 새롭게 해주는 내적 휴식을 즐기는 법을 배울 수 있습니다.

찬양은 우리가 처한 상황과 환경을 하나님의 눈으로 바라보게 해줌으로써, 우리를 위협하고 침체케 만드는 상황과 환경 가운데서도 위축되지 않고 그것을 새로운 시야로 보게 해줍니다. 찬양은 다른 사람들을 변화시키려는 부질없는 짓을 포기하게 해줌으로써, 불필요한 긴장과 스트레스에서 벗어나 쉼과 여유를 누리게 해줍니다. 찬양은 또한 하나님의 지혜를 깨닫게 해줌으로써, 언제 우리가 지혜 가운데 사랑의 행동을 취해야 하며, 언제 하나님께서 행하시도록 잠잠히 하나님을 신뢰하고 맡겨야 하는가를 알 수 있게 해줍니다. 이처럼 우리 자신이 변화하면 다른 사람들도 지금까지와는 다른 태도로 우리를 대하게 되고, 이로 인해 창의적이고 바람직한 영향력을 그들에게 끼칠 수 있게 됩니다. 하나님께서는 우리가 찬양만 하면 시련을 줄여 주겠다고 약속하시지는 않지만, 찬양은 종종 내적으로 영혼의 휴식과 원기 회복뿐만 아니라 외적으로도 수많은 유익들을 가져다줍니다.

우리가 드리는, 조건 없는 찬양은 하나님께 대한 우리의 신뢰와 기쁨을 더 깊게 해줍니다. 그런 찬양은 다른 사람들에 대한 우리의 영적인 영향력도 높여 줍니다. 이와 같은 많은 유익들은 찬양의 대가가 아닙니다. 우리가 주님을 찬양했으니까 당연히 받아야 할 대가나 보상이 아닙니다. 우리는 다만 값없이 베풀어 주시는 은혜에 감사하기 때문에 하나님을 찬양하는 것이요, 그 결과 그런 유익들을 얻게 되는 것이며, 그것은 다시 우리가 주님을 찬양할 이유가 됩니다. 그런 유익들을 얻게 되는 것은, 우리가 원하는 것을 얻기 위하여 하나님을 '조종'한 결과가 아니라 우리의 생각과 기대를 하나님 중심으로 한 결과입니다.

우리는 하나님께 순전한 찬양을 드려야 합니다. 그리고 그 동기는 하나님께 기쁨과 영광을 드리고자 하는 데 있습니다. 우리가 지금 여기에 있는 것은 하나님의 뜻을 행하기 위함이지, 우리의 뜻을 행하시도록 하나님께 짐을 지우기 위함이 아닙니다.

묵상 및 토의를 위하여

1. 이 장에서 언급된 찬양의 유익점을 복습하고, 당신에게 가장 감명이 깊은 것을 기록하십시오.
2. 우리는 어떤 상황 가운데서 찬양을 잘못 사용할 수 있으며, 어떻게 잘못 사용할 수 있습니까?
3. 당신이나 당신에게 가까운 누군가가 어려운 상황에 처해 있다면 그 상황을 염두에 두고, 그것에 대해 기도할 때 조건 없는 찬양을 함께 하십시오.

제10장

항상 감사함

하나님께서는 우리 안에 자기의 '요원'을 심어 두셨습니다. 우리와 세상을 변화시키기 위해서입니다. 이 요원은 초자연적인 존재로서 비밀리에 조용히 활동합니다. 이 비밀 요원은 곧 성령이십니다. 성령께서는 하늘나라 본부에서 파견되어 우리 안에 사시면서 적의 영토인 이곳에서 우리를 통하여 하나님을 영화롭게 하는 임무를 수행하십니다. 성령께서 그 임무를 수행하시기 위해 사용하시는 기본적인 전략 중 하나는 인생을 바라보는 우리의 시야와 관점에 계속 근본적 변화를 일으키시는 것입니다.

성령께서는 하나님의 말씀을 사용하여 사물을 하나님의 시야로 바라보도록 가르쳐 주심으로 우리의 근시안적이고 왜곡된 시야를 바꾸어 주십니다. 하나님의 시야로 바라본다는 것은 단지 보이는 현상 그 너머의 실체를 보는 것입니다. 그것은 또한 우리가 삶에서 겪는 인생의 여러 기쁨과 즐거움, 인생의 여러 씨름과 역경 그 너머에 있는, 현재와 미래를 위한 하나님의 영광스러운 목적을 보는 것입니다.

이러한 시야와 관점의 변화를 통해 성령께서는 우리의 삶 가운데 놀라운 변화를 일으켜 주십니다. 곧 어떤 상황과 환경에서나 항상 감사할 수 있는 능력을 갖추어 주시는 것입니다. 에베소서 5:20에서는 "범사에 우리 주 예수 그리스도의 이름으로 항상 아버지 하나님께 감사하라"고 말씀하고 있습니다. 그런데 그 말씀 두 구절 앞에는 성령의 충만을 받으라고 촉구하는 말씀이 나옵니다(에베소서 5:18). 성령께서 우리 안에서 역사하실 수 있도록 성령을 신뢰하고 성령께 협력할 때, 성령께서는 모든 일에 대한 우리의 태도를 근본적으로 변화시켜 주십니다. 대부분 우리는 좋은 일에 대해서는 자기 공으로 돌리고, 나쁜 일에 대해서는 남의 탓으로 돌리거나 심지어는 하나님까지 원망하는 본성이 있습니다. 그러나 일이 잘못되어 가는 것같이 보일 때에라도 우리가 감사할 때, 성령께서는 우리로 하여금 그 가운데 있는 하나님의 선하신 목적을 신뢰할 수 있게 해주십니다.

항상 감사할 것을 강조하는 또 하나의 구절은 데살로니가전서 5:18입니다. "범사에 감사하라. 이는 그리스도 예수 안에서 너희를 향하신 하나님의 뜻이니라." 히브리서 13:15에도 이와 비슷한 내용이 들어 있습니다. "이러므로 우리가 예수로 말미암아 항상 찬미의 제사를 하나님께 드리자. 이는 그 이름을 증거하는 입술의 열매니라." 이 구절들에서 '범사에'와 '항상'이라는 말을 주목하여 보십시오. 우리 주님께서는 하나님의 자녀인 우리 입에서 항상 감사와 찬양이 흘러나오기를 원하십니다. 주님께서는 모든 때에, 모든 상황과 환경에서, 모든 일에 항상 감사하는 영적 습관과 태도가 우리 안에 형성되기를 원하십니다.

예외 없이 모든 일에?

"범사에 감사하라!" 이 말씀은 말은 쉬워도 실천하기란 결코 쉬운 일이 아닙니다. "범사에 항상 감사하라"는 말씀은 더더욱 어려운 것 같습니다. 어떤 이들에게는 현실과는 동떨어진, 부적절하고 불합리한 명령으로 여겨지기까지 합니다. "돌부리에 걸려 넘어지고도, 파산을 당하고도, 사랑하는 사람을 잃고도 감사하라고요? 불의, 테러, 전쟁…에 대해서도 감사하라는 말입니까? 그건 말도 안 돼요"라며 반발할지도 모르겠습니다.

그러나 이 "범사에… 항상… 감사하라"는 말씀은 하나님의 뜻이기에 어떤 이의나 반론이 있을 수 없습니다. 다만 이 말씀의 의미에 대해서는 깊이 생각해 볼 필요가 있습니다. 첫째로, 이 말씀에는 하나님께서 영육간에, 그리고 과거와 현재에 우리에게 주신 모든 은혜와 축복에 대해 감사하라는 의미가 들어 있습니다. 또한 여기에는 하나님께서 미래에 주실 축복에 대한 감사까지도 포함되어 있습니다. 예를 들면, 하나님을 신뢰하는 자들에게 주신 하나님의 약속들의 확실한 성취, 장차 받게 될 기도 응답, 우리뿐만 아니라 온 세상을 위하여 하나님께서 계획하신 놀라운 미래 등 너무도 많습니다. 우리는 그 구절의 문맥과 바울 자신의 기도를 포함한, 성경에 기록된 여러 감사 기도를 살펴볼 때 이 사실을 알 수 있습니다.

케네스 웨스트는 이렇게 설명합니다. "'범사'라는 말을 좋은 일과 나쁜 일을 다 포함하는 가장 넓은 의미로 생각하는 이가 많다. 그러나 이 서신서는 그리스도인의 고난 문제를 특별히 다루고 있지는 않고, 그리스도인이 하나님으로부터 받는 것은 무엇이며 그에 따르는 의무는 무엇인가를 다루고 있다. 그러므로 문맥상 '범사'는 그리스도인에게 임하는 모든 복, 하나님으로부터 그리스도인에게 오는 모든 좋은 것을 가리키는 것으로 이해하면 된다."

둘째로, '범사'의 의미를 우리의 삶과 이 세상에서 일어나는 모든 일을 망라하는 총체적인 것으로 받아들일 수도 있습니다. 여기서 가장 염두에 두고 있는 것은 시련에 대한 우리의 반응입니다. 우리에게 임하는 모든 시련들은, 우리를 괴롭히고 힘을 빼놓고 지치게 하며 심지어 해를 입히는 나쁜 사건들까지도, 사실은 변장을 하고 찾아온 축복인 것입니다. 시련 가운데 괴롭고 슬픈 일이나 나쁜 일들에 대해서조차도 문자 그대로 하나님께 감사를 드릴 때 놀라운 유익과 축복을 얻게 됩니다. 시련 가운데서도 감사하는 것은 단지 확실히 눈에 보이는 복들에 대해서만 감사하는 것보다 하나님과의 연합을 더욱 깊게 해줍니다.

위클리프 성경주석은 '범사'는 이 모든 일을 망라한다는 입장입니다. "항상 감사하라. 시간에 제약이 없다.… 범사에 감사하라. 범위에 제약이 없다. 혹자는 이것을 그 서신서에 언급된 복들만으로 제한하려 하나, 모든 것을 포함하는 넓은 의미로 받아들이는 것이 더 타당할 것이다(로마서 8:28 참조)."

윌리엄 바클레이 역시 이 두 번째 해석을 취합니다. 그는 4세기의 위대한 설교자 크리소스톰을 예로 들었습니다. 크리소스톰은 그리스도인이라면 지옥이 있다는 사실에 대해서까지도 감사할 수 있다고 생각했습니다. 지옥의 무서움이 사람들로 하여금 올바른 길을 택하도록 경고해 주기 때문이었습니다. 바클레이는 초대 교회가 감사하는 교회가 된 이유를 이렇게 설명했습니다.

"초대 교회 신자들은 그들을 구원하기 위해 낮고 낮은 이 땅에 비천한 몸으로 오사 십자가에서 죽기까지 자기를 낮추신 하나님의 사랑의 신비를 대할 때마다 그 경이로움에 늘 감격하며 황홀해했습니다.… 그들만큼 자신들이 하나님의 손 안에 있다는 것을 분명히 의식한 사람들도 없었습니다. 그들은 범사에 하나님께 감사드릴 수 있었습니다. 왜냐하면 모든 것이 하나님께로부터 온 것임을 확신했기 때문입니다."

결론적으로 말하면, 우리는 하나님께서 우리에게 베풀어 주시는 모든 축복들을 인해 모든 환경 가운데서 감사하며, 또한 더 나아가 모든 환경에 대하여 그 자체에 대해서까지도 하나님께 감사할 줄 알아야 합니다. 둘 중 어느 하나만을 고집할 필요는 없습니다. 어떤 해석을 취하든 중요한 것은 범사에 항상 하나님께 감사하는 삶을 사는 것입니다.

우리 부부도 삶에서 부닥치는 괴로움과 시련들에 대하여 종종 하나님께 감사 기도를 드립니다. 또 어떤 때는 시련 그 자체보다는 하나님의 어떠하심과, 우리가 하나님을 믿고 의지할 때 하나님께서 그 시련들을 사용해 어떻게 우리에게 선을 이루어 주실까를 생각하며 하나님께 감사하기도 합니다. 이것은 그리스도 안에서 우리가 가진 모든 자원과 그리스도 안에서 우리가 얻은 존귀한 신분에 대해 진심으로 하나님께 감사를 드리는 데 엄청난 도움을 주고 있습니다. 환경이 아무리 어렵다고 해도 그 자원과 신분은 전혀 영향을 받지 않습니다.

우리가 드리는 감사가 어떤 형태이든, 하나님께서는 그 감사를 사용하셔서 환경의 짐 아래 깔려 신음하는 우리를 건져 내사 그 위에 올려놓으셔서 환경에 지배당하지 않고 오히려 환경을 지배하게 하십니다. 감사는 하나님께 반항하는 대신 협력하며, 불평하기보다는 즐거워할 수 있도록 준비시켜 줍니다.

감사 기도를 할 때 하나님께서는 우리의 말 이면에 있는 마음의 태도를 보십니다. 하나님께서 찾으시는 것은 하나님을 신뢰하는 태도입니다. 즉 하나님께서 내리시는 복들을 즐기고, 하나님께서 주시는 족하고도 넘치는 은혜를 받아 누리며, 시련을 하나님께서 선을 이루시기 위해 사용하실 도구로 받아들이는 태도인 것입니다.

절대주권을 가지신 하나님을 의뢰함

어떤 일이 일어나든 계속해서 하나님께 감사한다는 것은 인간적인 관점에서 보면 터무니없는 말로 들릴 수도 있습니다. 그러나 성경 말씀은 사랑이 무궁하시고 절대주권을 가지신 하나님께 기초를 둔 또 다른 관점을 보여 줍니다. 로마서 8:28 말씀에 이 관점이 잘 나타나 있습니다. "우리가 알거니와 하나님을 사랑하는 자 곧 그 뜻대로 부르심을 입은 자들에게는 모든 것이 합력하여 선을 이루느니라." 로마서 7장과 8장의 문맥 가운데서 볼 때 '모든 것'에는 역경과 고통, 실망, 그리고 실패까지도 다 들어 있습니다. 그리고 그 결과인 '선'에는 하나님의 아들 예수 그리스도를 더욱 닮아 가는 것도 포함되는데(로마서 8:29 참조), 우리에게 일어날 수 있는 가장 귀하고 선한 일이 바로 이것입니다.

우리의 감정이나, 단기적이고 단편적인 시야, 또는 우리의 천박한 이해를 의지한다면, 우리에게 일어나는 모든 일에 대해 다 감사할 수는 없을 것입니다. 범사에 항상 감사할 수 있기 위해서는 하나님의 관점과 시야로 바라보며 하나님의 약속을 믿는 것을 배워야 합니다.

몇 년 전 아내와 나는 인도의 어느 가정에서 다음과 같은 글이 쓰인 족자를 본 적이 있습니다. "하나님께서는 모든 일의 복되신 주관자이시다." 이것은 디모데전서 6:15의 필립스 역에서 따온 것이었습니다. "…하나님은 복되시고 홀로 한 분이신 능하신 자이며 만왕의 왕이시며 만주의 주시요." 그 후 그 말씀은 계속해서 내 생각과 기도의 삶에 큰 영향을 주었고, 나의 믿음을 굳게 해주며, 나의 감사의 삶에 발전을 가져다주었습니다. 나의 삶에 영향을 미치는 모든 일들이 다 하나님의 감독 아래 있으며 하나님께서 다 보고 계신다는 사실을 잊지 않게 늘 상기시켜 주었습니다. 우연히 일어난 것처럼 보이는 일들과 우연인 것 같은 만남도 다 우연이 아니라 하나님의 주관하에 있는 것입니다.

그 말씀은 또한 내게, 하나님께서 무대 뒤에서 역사하시면서, 내 인생길에서 맞게 되는, 나를 둘러싼 모든 환경과 상황을 주관하셔서 나의 삶을 풍성하게 해주려 하신다는 확신을 새롭게 해주었습니다. 참으로 신선하고도 생각할수록 감사가 넘치는 것이었습니다. 이 진리는 또한 나의 태도와 행동에도 영향을 주었습니다. 고의든 아니든 나를 불편하게 하고 나를 대적하며 불합리해 보이는 것들을 요구하는 사람들과의 인간관계에 특히 도움이 되었습니다. 은혜롭고도 감사한 마음을 유지하기가 특히나 쉽지 않은 나에게 이것은 더욱 특별한 기쁨이 되었습니다.

디모데전서 6:15-16 말씀은 지금도 내게 얼마나 격려가 되는

지 모릅니다. "하나님은 복되시고 홀로 한 분이신 능하신 자이며 만왕의 왕이시며 만주의 주시요, 오직 그에게만 죽지 아니함이 있고 가까이 가지 못할 빛에 거하시고 아무 사람도 보지 못하였고 또 볼 수 없는 자시니, 그에게 존귀와 영원한 능력을 돌릴지어다. 아멘!"

어떤 이는 하나님의 절대주권을 어머니의 담요에 비유했습니다. 어머니는 아기를 안전하게 보호하기 위해 담요로 잘 감싸 품에 안습니다. 하나님께서도 그 자녀인 우리를 어머니처럼 감싸 품에 안아 안전하게 보호해 주십니다. 하나님의 절대주권으로 말미암아 우리의 삶이 그분의 인도하심과 보살피심 아래 있다는 확신을 갖게 됩니다. 우리가 처한 환경들은 결국 우리를 위해 하나님께서 가지고 계신 주권적인 목적과 연관되어 있습니다. 그 목적에 따라 어떤 상황을 어떤 때는 즉각 차단하기도 하시고, 어떤 때는 우리로 하여금 맞이하여 극복하게도 하십니다. 우리의 기쁨과 시련은 모든 것을 주관하시는 분에 의해 우리에게 허락되거나 또는 직접 주어진 것입니다. 그분은 우리의 사는 모든 날 동안 어떠한 환경 가운데서나 우리를 복되게 하기로 정하셨습니다. C. H. 웰치는 이렇게 썼습니다.

이 일이 나를 덮치도록 주님께서 계획하신 것은 분명 아니겠지만 허락하신 것은 틀림없습니다. 그러므로 적의 공격이라 할지라도 그것이 나에게 닥칠 때는 거기에는 주님의 허락하심이 있으며, 그렇기에 모든 것은 잘될 것입니다. 주님께서는 그 일이 삶의 모든 경험과 함께 역사하여 선을 이루게 하실 것입니다.

절대주권을 가지신 하나님을 신뢰하고 순종하는 자녀로서, 우리가 하나님께 감사할 수 있는 것은, 우리는 결코 취약하거나 무력하지 않다는 사실입니다. 하나님께서 우리를 지키시고 도우시며 모든 필요한 것을 공급하여 주시기 때문입니다. 하나님의 보호와 공급을 받는 가운데서 우리는 무슨 일을 만나든 그것을 통해 하나님께서 가져다주실 복과 성장을 인하여 확신 있게 감사드릴 수 있습니다.

렌스키는 데살로니가전서 주석에서 이렇게 쓰고 있습니다.

행복한 그리스도인의 삶의 비결은 감사하는 마음에 있다. 우리는 이 감사하는 것을 배울 필요가 있다. 모든 것이 실제로 합력하여 우리에게 선을 이룬다면 어떻게 항상 기뻐하지 않을 수 있겠는가? 언제나 당장 그 선을 보고 느낄 수 있는 게 아니라면 그 결과를 미리 내다보며 기뻐할 수 있지 않겠는가? 장식이 끝나 공개를 기다리는 크리스마스트리. 어린아이들은 아직 보지 못했으면서도 기대에 들떠 마냥 즐거워하지 않는가!

감사는 우리로 하여금 하나님께서 주실 기쁨과 즐거움에 대하여 기대감을 갖도록 도와줍니다. 하나님께서는 이 땅에서 우리가 인생길을 걸어갈 때 셀 수 없이 작은 기쁨과 즐거움을 맛보도록 해주셨습니다. 좌우에 뭇 꽃들이 만발한 향기 가득한 길을 걸어갈 때처럼 말입니다. 이런 작은 기쁨과 즐거움들은 우리가 장차 누리게 될 천국의 기쁨과 즐거움을 기대하게 해주는 맛보기요 예고편입니다. 언젠가 절대주권을 가지신 하나님께서 우리를 위해 예비해 두신, 이 땅에서 누리는 것과는 비교도 할 수 없을 정도로 큰 기쁨과 즐거움을 누리게 될 날이 올 것입니다. 아직은 우리에게 공개되지 않았습니다. 그것은 맨 마지막에 공개됩니다. 우리가 인생길을 마치고 주님 앞에 서는 날 우리 앞에 활짝 열리게 될 것입니다. 우리 모두 설레는 마음으로 환희의 그날을 간절히 사모합시다.

능력을 주시는 성령

범사에 항상 감사하는 비결은 성령으로 충만해지는 것입니다. 계속해서 성령으로 충만하지 않고서는 결단코 계속적으로 감사를 드릴 수 없습니다. 우리는 성령께서 우리 안에 충만하시도록 설득할 필요가 없습니다. 우리가 성령으로 충만케 되는 것은 성령께서 간절히 원하시는 바이기 때문입니다. 우리가 할 일은 다만 성령께서 그렇게 하시도록 해드리는 것입니다. 그것은 마치 숨 쉴 때 공기가 폐로 들어가게 하는 것만큼이나 쉽습니다. 그러나 이를 위한 준비로서 우리는 먼저 자신의 필요를 알고, 성령께서 우리의 삶 전체에 영향을 미치실 수 있도록 성령께 우리 마음을 활짝 열어 놓아야 합니다. 만약 우리 마음이 우리 자신의 생각이나 욕심으로 꽉 차 있다면 성령을 가로막게 되는 것입니다. 그러한 상태에서는 성령께서 우리가 필요로 하는 것을 채워 주실 수 없습니다.

A. W. 토저는 이렇게 썼습니다.

성령으로 충만해지기 위해서는 먼저 충만해지고 싶어 하는 열망이 있어야 합니다.… 당신은 분명 당신 자신이 아니라 성령께 소유되기를 원하고 있습니까?… 성령께서 당신을 소유하고 계시다면 성령께서 당신의 삶의 주인이 되시는 것입니다!…

당신은 성령께서 베풀어 주시는 은총을 바랄 것입니다. 당연히 그럴 거라 믿습니다. 하지만 당신은 성령의 소유가 되기를 원합니까? 자신의 영혼의 열쇠들을 성령께 넘겨 드리기를 원합니까?

단순한 마음으로 성령을 의뢰하고 성령께 굴복함으로써 성령께서 우리 안에 충만하시게 해드릴 때 성령께서는 우리에게 능력을 주셔서 우리 자신의 힘으로는 할 수 없던 일을 할 수 있게 해주십니다. 성령께서는 우리 마음을 넓혀 주시고, 그리스도 안에서 우리 것이 된 자원들을 누릴 수 있게 해주십니다. 성령께서는 우리 눈을 열어, 하나님 아버지께서 우리의 환경을 통해 우리에게 주시기로 작정하신 금생과 내생의 축복과 유익을 볼 수 있게 해주십니다. 그리하여 우리는 성령을 통하여 시편 23:6의 다윗과 같은 확신을 가지고 감사를 하게 되는 것입니다. "나의 평생에 선하심과 인자하심이 정녕 나를 따르리니, 내가 여호와의 집에 영원히 거하리로다."

묵상 및 토의를 위하여

1. 범사에 감사한다는 말의 의미를 간단히 설명해 보십시오.
2. 우리에게 무슨 일이 일어나든 왜 항상 감사할 수 있습니까?
3. 항상 감사하는 것은 왜 중요합니까?

제11장

갈등을 해결함

우리에게 어떤 일이 일어날 때 나타내야 할 첫 반응은 무엇이어야 할까요? 응당 먼저 모든 일에 대해 하나님께 찬양과 감사를 드려야 할까요? 아니면 마음속 깊이 자리한 갈등을 해결하기 위해 먼저 마음에 일어나는 의문과 감정적 혼란부터 풀어야 할까요? 아니면 이 둘을 병행해야 할까요?

이에 대해 모든 그리스도인의 생각이 일치하지는 않습니다. 어떤 이들은 먼저 단순히 찬양하고 감사함으로써 바로 자신의 갈등을 해결하고 감정적 평정을 회복할 수 있다고 생각합니다. 또 어떤 이들은 찬양만으로는 부족할 때가 많다고 주장합니다. 내적 갈등을 해결하지 않고 덮어 둔 채 찬양만 하는 것은 피상적인 해결책에 그칠 수도 있다는 것입니다.

시편 73편 기자는 심각한 의문을 가지고 갈등하고 고민했습니다. 의롭고 올바른 삶을 사는 자신에게는 날마다 고난이 따르건만, 어찌하여 부패하고 불의한 자들은 오히려 그런 고난도 없고 형통한가 하는 의문이었습니다. 의문과 혼란이 그의 영혼을 강타했습니다. 마음이 산란했습니다. "왜? 왜? 왜?" 하고 그는 격렬하게 이 문제와 씨름했습니다. 그러나 자기의 의문을 다른 사람들에게 떠들고 다니거나 그들의 마음속에 불신의 씨앗을 뿌리지 않고 혼자서 조용하게 씨름했습니다.

이 의문을 가지고 혼자 씨름을 했지만 답을 얻지 못한 그는 하나님과 교제 시간을 갖기로 결심했습니다. 하나님의 존전에 나아가서 비로소 넓고 영원한 시야로 이 세상에서 벌어지는 일을 보게 되었습니다. 그때서야 마침내 그의 의문은 풀렸습니다. 그는 자신의 갈등을 하나님 앞에 가지고 나가기 전까지는 영적인 깨달음이 없는 짐승과 같았다고 고백했습니다. 그런 다음 하나님이시야말로 하늘에서나 땅에서나 그 무엇보다 소중한 분이시요 주 하나님밖에는 사모할 분이 없다고 선언하면서 하나님을 찬양하기 시작했습니다. 이 시편 기자는 찬양의 사람이었지만, 갈등은 무시한 채 즉각 찬양만 했던 것은 아니었습니다. 그는 자기의 의문을 솔직하게 드러냈고 그것을 하나님께로 가져갔던 것입니다.

찬양은 만병통치 즉효약이 아님

성경은 우리가 긍정적인 감정만을 경험해야 된다고 가르치지 않습니다. 또한 불쾌한 감정들을 무시하라고 가르치지도 않습니다. 슬픔을 애써 감추려고만 든다면 그것은 해결되지 않은 그대로 남아 있을 수밖에 없습니다. 분개한 감정을 부인하거나 두려움을 마음속에 눌러 버리려고 할 때도 같은 결과가 발생합니다. 그런 감정들은 또다시 나타나서 우리의 생각을 왜곡시키고 선택을 오도하여 우리로 잘못된 생각을 하고 그릇된 선택을 하게 만드는데, 많은 경우 금방 나타납니다. 그러므로 부정적인 감정들을 무시하며 찬양의 말로 덮어 버리려고 하는 것은 현명치 못합니다. 그것은 암을 사탕으로 치료하려 하거나 부러진 다리를 반창고로 붙이려는 것과 다름없습니다.

때때로 우리는 하나님께, 심지어는 자신에게조차, 감정을 드러내지 않고 숨기다가, 갈 데까지 가 한계점에 다다라서야 마음을 열어 감정의 속살을 드러내 보입니다. 제인은 여러 해 동안 주기적으로 재발하는 정신적 외상과 심한 우울증에 시달리고 있었습니다. 반복적으로 감정적 침체의 늪에 빠졌고 말할 수 없는 정신적 고통이 제인의 영혼을 휘감아 절망의 심연에 몰아넣곤 했습니다. 나[룻]는 하나님께서 제인을 그 긴 정신적 겨울에서 건져 내셔서 신뢰와 찬양의 봄으로 인도해 달라고 오랫동안 기도해 왔습니다. 그러나 먼저 제인에게는 더 많은 정지 작업, 즉 마음 밭을 좀 더 깊이 갈아 준비하는 일이 필요하였습니다.

몇 달 전 제인은 또다시 깊은 절망의 심연에 빠졌고, 심한 우울증에 사로잡혀 거의 생을 끝마치고 싶은 지경에까지 이르렀습니다. 그런데 그때 하나님께서는 제인 속에서 역사하셨습니다. 긴 긴 겨울이 지나고 따뜻한 봄이 옴을 알리는 미풍으로 제인의 꽁꽁 언 영혼을 조금씩 녹이기 시작하셨습니다. 약하긴 했지만 봄바람이 불어온 것은 처음이었습니다. 그때 이후 제인은 자기 마음을 뒤덮고 있는 어두운 먹구름 사이로 이따금씩 비치는 햇살을 보고 즐기게 되었습니다.

나는 종종 마음이 앞서 그 치료 기간을 단축하여 보려고만 했던 것 같습니다. 내가 생각한 시간표에 맞추려고 속도를 무리하게 높이려 했던 것입니다. 몇 년 전, 깊이 기도하고 생각한 끝에,

나는 제인에게 찬양을 통한 해결 방법을 시도해 보기를 적극 권했었습니다. 풍성한 진리의 말씀에 바탕을 둔 찬양을 해보면 틀림없이 해결될 것이라 믿었던 것입니다. 제인도 일찍이 그런 시도를 열심히 한 적이 있었지만, 감정적으로까지 즐기지는 못해서 지속하지 못하고 중단했었습니다.

돌이켜 보면 나의 제의는 때가 일렀습니다. 나는 그때 제인에게는 자신을 내맡기고 안겨서 실컷 울 수 있는 품이 필요하다는 사실을 미처 깨닫지 못하고 있었습니다. 제인이 낫기를 갈망하는 마음에 사로잡혀 제인이 찬양을 통하여 병에서 자유롭게 되도록 돕는 일에 너무 열중했던 것입니다. 마치 이제 막 고치를 뚫고 나오려고 몸부림치는 커다란 나비를 지켜본 어떤 사람 같았습니다. 한참 동안 그 고통스런 몸부림을 안타깝게 지켜보고 있던 그는 가위를 가지고 조심스럽게 고치 입구를 잘라 주어 나비가 쉽게 나올 수 있게 해주었습니다. 나비는 힘들이지 않고 쉽게 고치에서 나올 수 있었습니다. 그러나 그 결과 튼튼하고 아름다운 날개는 가질 수 없게 되었습니다. 진정한 변화와 성장을 위해서는 산고의 몸부림이 필요합니다. 이는 선택 사항이 아닌 필수 조건입니다.

제인의 생에 그 세미한 봄바람이 처음으로 불어온 후로도 회복 속도는 여전히 느렸습니다. 지금은 이따금씩 찬양의 길을 따라 조금씩 기어갈 수 있는 정도에까지 이르렀습니다. 아직도 기어 다니는 수준이지만 계속 발전을 보이고 있습니다. 제인은 찬송을 부르기를 좋아합니다. 나는 제인이 언젠가 그 길을 힘차게 달려갈 날을 기대하며 하나님께 감사를 드립니다. 그러나 이를 통해 나는 인내에 대한 새로운 교훈을 배웠습니다. 다른 사람들을 돕고자 하는 나의 열심이 하나님의 시간표를 앞지르려 하지 않기 위해서는 내게 더 많은 기도가 필요합니다.

하나님의 치료 과정

그러나 찬양은 여전히 우리 안에서 하나님의 치료 과정을 촉진시키는 힘을 가지고 있습니다. 어떻게 이런 일이 일어납니까? 시편 기자들로부터 힌트를 얻을 수 있습니다. 그들은 슬픔의 눈물을 흘리면서도 찬양을 하는 법을 알았습니다. 어떤 시편 기자는 자기의 어려움을 기도로 아뢸 때 삶 속에 하나님을 끌어들여 하나님께서 직접 개입하시도록 하였습니다. 그리하여 혼자서 고난을 받거나 자기 자신만의 제한된 자원에 의지하지 않는 편을 택했습니다. 또한 그는 기도할 때 하나님과 하나님의 풍성한 자원에 시야를 고정시킴으로써 자신의 믿음에 새로운 활력과 생기를 불어넣었습니다.

다윗 왕이 아주 훌륭한 모델입니다. 그는 거듭거듭 경배하는 마음으로 자기 자신을 정직하게 하나님께 열어 놓았습니다. 많은 시편에서 그는 자신의 어지러운 생각과 불안한 감정을 하나님께 말로 표현했습니다. 그러면서 자기가 겪고 있는 곤경과 고통, 그리고 하나님의 끊임없는 도우심에 대한 확신과 신뢰, 아울러 하나님께 대한 경외심을 함께 표현했습니다.

시편 25편에서 다윗은 여호와 하나님을 찬양합니다. 주님께서는 선하시고 정직하시며, 온유한 자를 공의로 지도하시고 그 도를 가르치시며, 주님의 언약과 증거를 지키는 자에게 인자와 진리로 대하시는 분이십니다. 그런 다음 그는 자기가 당하는 외로움과 괴로움과 근심과 곤란과 곤고와 환난과 수없이 많은 시련 가운데서 주님께 피하는 그에게 긍휼하심과 인자하심을 베푸사 수치를 당치 말게 하시고, 성실과 정직으로 그를 보호하시며, 모든 환난에서 구속해 주시기를 기도했습니다. 그의 눈은 항상 여호와 하나님을 앙망하였습니다.

　시편 69편에서 다윗은 힘이 다 빠져 울 기력이 없을 때까지 울었습니다. 그는 하나님의 구원을 호소합니다. "하나님이여, 나를 구원하소서. 물들이 내 영혼까지 흘러들어왔나이다. 내가 설 곳이 없는 깊은 수렁에 빠지며 깊은 물에 들어가니 큰물이 내게 넘치나이다"(1-2절). 큰물이 넘쳐 자기 목에까지 찼는데 그것이 자기를 삼키지 말게 해주시기를 하나님께 간절히 탄원했습니다. 그는 하나님을 여러 가지 호칭으로 부릅니다. "만군의 주 여호와여,… 이스라엘의 하나님이여,… 여호와여,… 하나님이여, 많은 인자와 구원의 진리로 내게 응답하소서"(6,13절)라고 기도하며, 반복적으로 하나님께 영광을 돌립니다. 계속해서 그는 '주의 인자하심이 선하심'과 '주의 많은 긍휼'을 말했습니다(16절). 이어서 이렇게 읊고 있습니다. "내가 노래로 하나님의 이름을 찬송하며, 감사함으로 하나님을 광대하시다 하리니,… 여호와는 궁핍한 자를 들으시며,… 천지가 그를 찬송할 것이요, 바다와 그중의 모든 동물도 그리할지로다. 하나님이 시온을 구원하시고 유다 성읍들을 건설하시리니 무리가 거기 거하여 소유를 삼으리로다"(30,33-35절).

　다윗은 사울을 피하여 굴에 숨어 있을 때 시편 142편을 썼습니다. 이 시에서 그는 자기의 '원통함'과 '우환'을 하나님 앞에 토합니다(2절). 좌우편 어디를 둘러봐도 자기의 생명을 지켜 줄 자를 찾지 못하는 자신의 절박한 처지를 하나님 앞에 호소합니다. 막다른 상황에서 하나님께 부르짖으며 모든 자원이 되시는 하나님을 인정합니다. "주는 나의 피난처시요, 생존 세계에서 나의 분깃이시라 하였나이다"(5절). 그런 다음 주님께서 자기 영혼을 옥에서 이끌어 내사 주님의 이름을 감사하고 찬양하게 해주시기를 기도합니다(7절). 그는 하나님께서 응답하여 주실 것을 확신하면서 기도를 끝맺습니다. "주께서 나를 후대하시리니 의인이 나를 두르리이다"(7절).

어떤 경우에나 다윗은 그에게 닥친 시련에 대해 건설적인 태도를 보여 줍니다. 하나님께 대한 자기의 감정을 아무 거리낌 없이 토로하고, 하나님을 향한 자기의 확신을 확인하며, 하나님의 은혜롭고 자비로운 속성과 성품들을 언급합니다. 결국에는 하나님의 도우심이 올 것을 확신하고 새롭게 찬양할 이유들을 찾아냅니다. 찬양과 함께 솔직한 기도를 함으로써 절망과 두려움을 이겨냅니다. 위험과 고난, 부당한 박해와 핍박을 승리로 바꾸어 놓습니다.

이 예들은 우리에게 강력한 치료책을 제시해 줍니다. 곧 생각과 감정을 솔직하게 토로하면서 찬양과 감사를 하는 것입니다. 큰 갈등 가운데서 감정을 억제하려고만 들 것이 아니라 하나님과 단둘이 갖는 특별한 교제 혹은 영적으로 성숙한 사람의 교제를 통하여 마음을 솔직히 털어놓는 것입니다. 그러고 나서 마음이 내키지 않을지라도 하나님을 신뢰하고 높이기로 결심하고 찬양을 드리는 것입니다. 계속 이렇게 해나감으로써 우리는 지속적으로 찬양을 드릴 수 있습니다. 매일매일 부딪히는 사소한 문제들 가운데서 눈코 뜰 새 없이 바쁜 중에도 순간순간 하나님을 찬양할 수 있습니다. 또한 여전히 해결이 필요한 부정적인 감정들에 대해 뭐든지 하나님과 이야기할 수 있는 것입니다.

솔직하게 감정을 표현하면서 찬양을 함으로써 우리는 그 감정의 늪에 빠져 허우적거리지 않을 수 있게 됩니다. 그렇게 할 때 우리 마음속에 맺힌 단단한 응어리와 꽉 얽힌 매듭이 풀리게 됩니다. 하나님께서 과연 이 문제를 어떻게 다루실 것이냐에 대한 의문도 자연스럽게 해결됩니다. 때론 의문이 완전히 풀리지 않은 채 남아 있기도 합니다. 비록 완전한 이해에는 이르지 못한다 하더라도 하나님을 신뢰하는 법을 배우게 됩니다.

몇 년 전 내[룻]는 끔찍한 교통사고로 십대의 아들을 잃은 어느 부인과 친구가 되었습니다. 세월이 흘러도 슬픔은 가시지도 해결되지도 않았습니다. 늘 죽은 아들 생각에 사로잡혀 있었습니다. 흔히 지나치는 작은 일, 사소한 것에서도 문득 아들 생각이 나 연민에 빠지고 양심의 가책을 느끼곤 했습니다. 아들이 쓰던 방에 들어가 보거나, 아들이 살았으면 비슷한 또래가 되겠다 싶은 잘 생긴 젊은이를 보면 슬픔이 되살아났습니다. 운동 경기에 대한 이야기라도 나오면 죽은 아들 생각을 하며 마음 아파했습니다. 대화는 늘 마음속에 둥지를 튼 그 불행한 사건으로 귀착되곤 했습니다.

그 부인의 마음의 상처를 낫도록 이끈 것은 두 가지였습니다. 하나는, 지혜로운 상담자가 그로 하여금 자신이 느끼고 있는 엄청난 적의(敵意)와 억울하고 원통한 마음, 이를테면 그 사고에 대한 원망, 그가 입은 상처, 그리고 장래가 촉망되는 젊은이의 생명을 잃은 데 대한 억울함 등을 사실 그대로 인정하고 표출할 수 있게 도와준 것이었습니다. 두 번째는, 그 스스로 그 사고(事故)를 받아들이고 자기의 사고방식을 바꿀 필요성이 있음을 알게 된 것입니다. 그는 거듭거듭 자기의 생각들을 하나님의 사랑과 지혜에 고정시키기로 결심했습니다. 하나님께서 보시기에 최선이라면 하나님께서는 언제든지 개입하실 수 있다는 사실을 알았습니다. 하나님께서는 무릇 그 기뻐하시는 일을 다 행하시는 분이시기 때문입니다(시편 135:6 참조). 개입하시지 않은 것 또한 하나님께서 지혜와 사랑 가운데 선택하신 것입니다.

그 부인은 하나님을 사랑하는 자들에게는 모든 것이 합력하여 선을 이룬다(로마서 8:28)는 하나님의 약속으로 자기 마음을 새롭게 했습니다. 이 땅에서의 상실에서 눈을 돌려 영원한 하늘나라에서 아들이 얻은 말할 수 없이 큰 축복을 그려 보았습니다. 진실로 그곳은 눈에 보이는 이 세상보다 더 참된 세상이요 무궁한 즐거움이 있는 곳입니다. 아무것도 부족한 것이 없는, 모든 것이 충만한 곳입니다. 그는 아들이 이 땅에서의 수고를 그치고 주님 앞에서 누리고 있을 영원한 안식과 기쁨을 생각했습니다.

이처럼 새로운 사고방식에 힘입어 그는 하나님께 감사하기 시작했습니다. 후에 그는 그 사고로 아들을 하늘나라의 집으로 데려가신 것을 실제로 하나님께 감사하고 있다는 감동적인 편지를 보내왔습니다. 이처럼 생각을 달리 함으로써 슬픔을 이겨 낼 수 있었습니다.

주님께 노래함

　구약 시대의 많은 찬양이 노래를 포함한 음악으로 표현되었습니다. 신약성경도 역시 시와 찬미와 신령한 노래들로 서로 화답하며 우리의 마음으로 주님께 노래하며 찬송하라고 격려하고 있습니다(에베소서 5:19 참조). 예배와 찬양의 보조 수단으로서 음악은 우리의 마음이 불안하고 침체되어 있을 때 특히 중요한 역할을 합니다. 대만에서 선교 사역을 할 때인데 어떤 선교사 부인이 이런 말을 했습니다. "전 찬송 부르기를 참 좋아해요. 하지만 꼭 마음이 즐거워서만은 아니에요. 마음이 우울할 때 소리 높여 주님을 찬송하는 노래를 부르면 크나큰 평강과 기쁨을 되찾게 된답니다."

　찬송가를 듣는 것도 도움이 됩니다. 우리 집에는 찬송가 테이프와 CD가 많이 있어서, 경건의 시간에 듣기도 하고, 운동할 때나 산책을 할 때도 듣습니다. 우리는 남에게 방해를 하지 않으려고 종종 이어폰을 사용합니다.

　한번은 우리는 중동에서 주님을 섬기다 안식년으로 잠시 귀국한 친구를 방문했습니다. 그는 새롭게 찬양에 뜻을 두고 힘씀으로써 누리게 된 큰 축복을 우리에게 나누어 주었습니다. 과거 안식년에 귀국해서 생활할 때 그는 바쁜 활동 때문에 감정적으로 메마른 상태가 되곤 했었습니다. 그리하여 최근 안식년에는 찬양에 집중하기로 결심을 했습니다. 매일 아침 경건의 시간에 찬송가를 듣고, 따라 하기도 하며, 손을 들어 찬양하기도 하면서, "우리 하나님이 통치하신다"(이사야 52:7 참조)는 사실로 인한 기쁨을 마음껏 표출했습니다. 그런 다음 기도 시간에 간구와 찬양을 번갈아가며 함께 했습니다. 이를 통해 기도를 할 때 하나님의 위대하심을 생각하며 기도할 수 있게 되었고, 하나님의 자원이 얼마나 부요한가를 깊이 느낄 수가 있어 기도가 더 풍성해졌습니다. 이 친구는 어떤 필요나 어떤 사람을 위해 기도할 때, 찬양을 통하여 그의 마음속에 생생하게 살아 역사하시는 하나님의 성품과 속성을 의지하여 기도하곤 했습니다.

이 친구는 찬양에 큰 비중을 두는 것이 얼마나 가치 있는 일인가에 대해 신이 나서 말했습니다. "어떤 일이 내게 닥쳐올 때 찬양은 그 일 표면의 나타나 보이는 것들에 압도되지 아니하고 그 이면의 보이지 않는 참된 실체를 보고 즐길 수 있게 해준다네. 찬양은 내 감정의 출구를 열어 주었고, 주님께 대한 새로운 사랑으로 하나님의 말씀을 암송하도록 새롭게 동기를 주었다네." 그의 예배는 흑백 무성영화와 같지 않고 대형 총천연색 입체음향 영화와 같았습니다. 여전히 바쁜 가운데 안식년을 보냈지만, 하나님을 인하여 기쁨이 충만하고 새로운 활력을 충전해 중동 선교지로 돌아갔습니다.

찬양의 제사

히브리서 13:15은 항상 찬양의 제사를 하나님께 드리라고 우리에게 권면하고 있습니다. "이러므로 우리가 예수로 말미암아 항상 찬미의 제사를 하나님께 드리자. 이는 그 이름을 증거하는 입술의 열매니라." 이 구절은 핍박을 받고 있고 위험이 임박한 사람들에게 보낸 편지 가운데 있습니다. 때로는 우리도 이 그리스도인들이 처했던 것과 같은 환경에 처할 수 있습니다. 실망, 낙

담, 침체, 감정적 고갈, 패배감, 버림받은 느낌 등에 빠져 힘든 세월을 보낼 수도 있습니다. 이러한 시기는 귀중한 찬양의 제사를 하나님께 드릴 수 있는 특권이 주어진 절호의 기회입니다. 감정이 하나님께 대한 반응을 좌지우지하도록 방치하게 되면, 그 귀중한 기회를 놓치고 맙니다.

감정에 끌려 다니기보다는 하나님께 자신의 감정을 솔직히 아뢴 후 감사를 드리기로 결심하기 바랍니다. 감사를 선택하십시오. 이렇게 함으로써 참담한 감정의 폭정으로부터 벗어날 마음의 준비를 갖추게 됩니다. 불신을 믿음으로, 그릇된 사고방식을 성경적인 사고방식으로 대체시키십시오. 자기중심적인 행동들을 버리고 하나님을 영화롭게 하는 태도를 취하십시오. 계속 이렇게 해나갈 때 하나님께서는 하나님의 사랑으로 우리를 충만케 하여 주십니다. 그 사랑은 우리의 영혼을 치료하는 능력이 있습니다. 이처럼 감사는 하나님을 영화롭게 하며, 우리에게 '하나님의 구원'을 경험하는 길을 열어 줍니다. 감사하는 자에게 하나님께서는 하나님의 구원을 보여 주시는 것입니다.

감사로 제사를 드리는 자가 나를 영화롭게 하나니,
그 행위를 옳게 하는 자에게 내가 하나님의 구원을 보이리라.
(시편 50:23)

묵상 및 토의를 위하여

1. 찬양과 감사와 더불어 또 무엇이 우리의 감정적인 갈등들을 해결하는 데 도움이 됩니까?
2. 찬양과 감사 기도만으로는 왜 충분하지 못합니까?
3. 과거의 것이든 현재의 것이든, 이 장에 소개된 치료책을 적용할 수 있는 어떤 상황이 있습니까? 그 상황에 이 장에 소개된 치료책을 적용하여 보십시오.

제12장

시련을 사용하여 선을 이룸

하나님께서는 왜 우리가 범사에 항상 감사하기를 원하십니까? 모든 것이 다 선하기 때문입니까? 물론 아닙니다. 하나님께서는 우리에게 인애와 공평과 정직을 행하기를 기뻐하시는데(예레미야 9:24 참조), 그러한 하나님의 뜻과는 전적으로 어긋나는 악한 것들도 있습니다. 그러나 하나님께서는 그 자녀들에게 모든 것이 합력하여 선을 이루게 하겠다고 약속하십니다(로마서 8:28). 하나님께서는 우리에게 일어나는 모든 일을 사용해 우리와 세상을 향한 하나님의 선하신 목적을 이루어 가십니다. 역경을 하나님께 맡기고 전심으로 하나님을 신뢰하고 순종해 나갈 때 그 역경은 축복으로 바뀝니다. 그러므로 무슨 일이 일어나든지 우리는 하나님께 감사할 수 있는 것입니다.

하나님의 정련 과정

하나님께서는 우리 삶 속에 있는 여러 시련을 통해 우리를 정련하시고, 아름답게 하시며, 강하게 만들어 주십니다. 자연 상태에서는 우리의 성품은 정련되지 않은 금과 같습니다. 그래서 고난과 역경이라는 뜨거운 불이 필요합니다. 불은 그 금을 녹여서 우리의 성품 속에 있는 '찌끼', 예를 들면 교만과 불신, 사랑 없는 태도, 자기 의와 고집 등을 표면에 떠오르게 하여 제거할 수 있게 해줍니다.

찬양은 우리의 마음을 하나님의 뜻에 일치시켜 줍니다. 그리하여 하나님께서 우리 안에서 더 자유롭게 일하실 수 있게 해드립니다. 찬양은 또한 하나님의 뜻에 우리 자신을 열어 놓습니다. 그리하여 우리는 우리 속의 불순물을 제거하시려는 하나님의 계획에서 하나님과 함께 일할 수 있게 됩니다.

그러나 우리는 찬양하기보다는 너무도 쉽게 불평을 터뜨리고 하나님께서 하시는 일에 반발하며 저항합니다. 누가 옳고 그르든 먼저 우리 자신을 변화시켜 달라고 기도하는 것이 중요한데, 그보다는 다른 사람을 탓하고 비난하기 좋아합니다. 불평과 반발은 걸러 낸 찌끼들을 우리 성품 속에 다시 스며들게 합니다. 이 때문에 하나님께서 우리를 정금과 같이 되어 나오도록 단련하시기 위한 뜨거운 불길이 계속 필요한지 모릅니다. 이 연단의 불을 통해 하나님께서는 우리 안에서 이루기 원하시는 것을 성취해 가십니다. 오랫동안 기도가 응답되지 않고 응답이 자꾸만 늦어지는 이유가 여기에 있을 수도 있습니다. 이에 반해 찬양과 감사는 우리 삶 속에서 하나님의 정련 과정을 가속화시키는 촉매제의 역할을 합니다.

하나님께서는 우리가 자초하는 크고 작은 시련들을 통해서까지도 우리를 연단시켜 주십니다. 우리 부부는 나이가 들어도 변화되지 않아 점점 더 추해지기 쉬운, 여러 가지 습관과 행동에 대하여 종종 기도합니다. 예를 들면, 습관적인 염려, 이따금씩 비판적이고 화를 내는 태도, 대화를 할 때 서로 상대방의 말을 가로채는 경향 등이 있습니다. 최근에는 여기에다가, 운전대를 잡고 있는 남편에게, '천천히 가라, 이렇게 하고 저렇게 하지 말라'는 등 사고가 날까 두려워 자꾸만 잔소리를 쏟아 놓는 버릇도 추가시켰습니다. 이것이 남편의 기분을 상하게 하는 일은 별로 없었습니다. 사실 남편은 이런 말을 잔소리로 듣기보다는 고마워하는 편입니다. 하지만 나중에 나이가 들어 남이 운전하는 것을 본격적으로 간섭하는 말 많은 노파가 되지 않기 위해서라도 바로 지금 그 버릇을 고치지 않으면 안 될 것 같다는 생각이 들었기 때문입니다.

싱가포르에 있을 때의 일입니다. 어느 날 아침 한적한 곳에 가서 기도 시간을 더 갖기 위해 거리를 따라 식물원 쪽으로 신 나게 차를 달리고 있을 때 나의 잔소리가 다시 발동이 걸리기 시작했습니다. 잠시 후 남편은 부드럽지만 단호한 어조로, 자기를 믿고 마음 편하게 가만히 있으라고 말했습니다. 이 문제로 함께 이야기를 나눌 때 감사한 마음이 하나도 들지 않았습니다. 약간의 자기합리화와 함께 크게 실망된 마음이 뒤엉켜 힘들게 했습니다. 바로 그저께 남편이 운전할 때 잔소리 하는 버릇을 고치겠다고 결심해 놓고 겨우 이틀이 지난 지금 또 잔소리를 하다니! 주님, 전 왜 이 모양입니까? 자신이 싫고 미웠습니다.

이것을 놓고 깨달음을 주시도록 기도했을 때 내 문제의 근본적인 원인이 밝히 드러났습니다. 나는 운전에 대한 책임을 남편과 하나님께 맡기지 않고 내가 떠맡으려 하고 있었던 것입니다. 이 사실을 보다 깊이 깨닫게 해주신 하나님께 감사하였습니다. 이제 문제의 주원인을 다룰 수 있게 되었기 때문입니다. 나는 나의 삶에서 내가 책임질 필요가 없는 영역들에 대해서는 끼어들지 않기로 했습니다. 하나님께서는 책임감에 대한 나의 잘못된 생각을 고쳐 주기 위하여 역사하고 계셨으며, 이 사건도 바로 그 과정의 일부였다는 사실에 감사했습니다. 또한 남편이 부드럽게 책망해 준 것과 그가 훌륭한 운전자라는 사실에 대해서도 감사했습니다. 내 스스로 자초한 어려움을 통해서조차 나의 삶에 변화와 발전을 주시다니, 주님께서는 얼마나 미쁘시고 은혜로우신 분이신지 모릅니다!

하나님께서는 시련을 사용하여 우리의 성품과 인격뿐만 아니라 믿음까지도 온전케 해주십니다. 시련은 우리가 가진 인간적 자원의 끝으로 우리를 데리고 갑니다. 거기서 우리는 비로소 인간적 자원을 의지하던 것을 끊고 하나님의 자원만 의지하게 됩니다. 그럴 때 하나님께서는 우리의 필요를 채워 주시고 우리의 소원을 만족케 하여 주십니다. 시련은 우리에게서, '난 하나님 없이도 살아갈 수 있어. 나 혼자 힘으로도 충분해'라고 생각하는 자만의 옷을 벗겨 버립니다. 그러고 나서 하나님께서는 우리에게, 그분의 능력과 사랑과 지혜를 의지하는 겸손의 새 옷을 입혀 주십니다. 시련은 우리의 믿음을 연단시켜, "내게 능력 주시는 자 안에서 내가 모든 것을 할 수 있느니라"(빌립보서 4:13)는 강한 확신을 키워 줍니다.

우리의 성품 면에서나 환경 면에서나 하나님께서 해결하시기 곤란하거나 불가능한 문제는 아무것도 없습니다. 우리가 당하는 그 어떤 문제와 어려움도 결단코 하나님을 깜짝 놀라시게 하지 못합니다. 살아가다 보면 전혀 생각하지도 못한 일을 갑자기 당해 깜짝 놀라 무방비 상태가 되어 손을 쥐어짜며 어찌할 줄 몰라 쩔쩔매는 일이 있는데, 하나님께서는 그런 일이 결코 없으십니다. 역경과 시련 가운데서도 계속 하나님의 충만한 자원을 바라보고 의지함으로, 우리는 하나님에 대한 견고한 믿음을 키우게 됩니다.

하나님의 시야를 선택함

1960년대 말 우리는 콜로라도스프링스에서 살고 있었습니다. 우리 집 뒤로 불쑥 솟은 작은 봉우리가 있어서 콜로라도의 자랑인, 해발 4,000m가 넘는 파익스피크가 완전히 가려 보이지를 않았습니다. 우리는 가끔 차를 몰아 시의 반대편에 가보곤 했습니다. 거기서는 장엄하게 우뚝 솟은 파익스피크가 한눈에 훤히 들어왔습니다. 정말로 장관이었습니다. 그런데 이번에는 파익스피크의 위용에 가려 우리 집 뒷산이 어딘지를 찾을 수가 없었습니다.

이와 비슷하게 찬양도 우리로 하여금 현재 당하고 있는 곤경에서 한발 물러나 능력이 한없으시고 사랑이 무궁하신 하나님께 우리의 시야를 고정하게 해줍니다. 이로써 우리는 문제들을 하나님의 무한하신 능력에 비추어서 바라볼 수 있게 되며, 그 결과 그동안 크게만 보이던 우리의 문제들은 갑자기 높고 큰 산이 아닌 나지막한 작은 언덕으로 보이게 됩니다. 하나님의 절대주권적인 인자와 지혜로운 뜻에 비추어 문제들을 바라보게 되면, 그것들은 걸림돌이 아니라 디딤돌이 되며, 장애물이 아니라 기회가 됩니다. 하나님의 기적을 만들어 내는 원료요, 더 큰 순종을 위한 시발점이자 전주곡이 되는 것입니다.

우리의 시야가 바뀌게 되면 감정까지도 부정적이던 것이 중립적으로 바뀌고 이어서 긍정적으로 변화하게 됩니다. 비록 그 변화의 속도가 느리다 하더라도, 계속해서 자신의 지성과 의지를 동원하여 하나님께 감사를 드리기 바랍니다. 감사를 드리더라도 자신이 처한 환경에 대해 여전히 화가 나고 이해가 안 되고 의아한 생각이 들 수 있습니다. 그럴지라도 하나님께서는 지혜로운 인도자시요 승리를 주시는 능력의 원천이심을 믿고 이 사실을 인하여 기뻐하고 즐거워하도록 하십시오. 이처럼 아직 감정이 따르지 않더라도 지성과 의지를 동원하여 감사하고 즐거워하면 감정도 바뀌게 됩니다.

우리는 여러 해 동안, 우리와 아주 가깝게 지내는 어떤 사람이 하나님의 따뜻한 사랑을 경험할 수 있도록 기도해 왔습니다. 그런데 얼마 전 이 사람에게 갖가지 시련이 찾아왔습니다. 뜻하지 않게 큰 사고와 경제적인 파탄을 당해 그는 심각한 좌절 가운데 빠졌습니다. 우리의 믿음은 흔들리고, '어쩌면 우리가 기도해 온 것과는 정반대 일만 일어날까?' 하는 생각이 들었습니다. 마음속에 생기는 불만에 대해 곰곰이 따져 보다가, "주님, 어느 때에나 응답을 해주시겠습니까?" 하고 여쭤 보았습니다. 그 순간 머릿속에 '이것이 그 응답의 일부이다'라는 생각이 강하게 스쳐 갔습니다. 하나님께서 우리의 기도에 서둘러 응답해 주시기 위해 그 시련들을 사용하실 수도 있다는 사실에 대해 하나님께 감사했을 때 우리의 염려는 사라졌습니다.

그 후부터 우리는 하나님께서 가장 지혜로우시며 모든 것을 다 주재하신다는 사실에 대해 거듭 감사했습니다. 이것은 우리로 하여금 모든 상황을 하나님의 시야로 볼 수 있게 해주었으며, 이로써 우리 마음은 흔들리지 않고 견고할 수 있었습니다. 또한 하나님께서는 사랑하는 이 사람을 위한 우리의 기도에 계속해서 응답해 주셨습니다.

감사하고 싶지 않을 때도 감사함

이런 말을 할지도 모르겠습니다. "하지만 내게 일어났던 어떤 일들에 대해서는 하나님께 감사할 수 없습니다. 입으로는 할 수 있을지 몰라도 마음으로는 감사가 되지 않습니다." 누구나 다 이런 생각이 들 때가 있을 것입니다. 사망의 음침한 골짜기를 지나는 것 같은 때가 있습니다. 기가 막히고 어찌할 줄 모르고 고통스럽고 쓴 뿌리가 생기는 때가 있습니다. 하나님께서 이때를 위하여 준비해 두신 것이 있습니다.

첫째로 하나님께서는 우리에게 하나님의 말씀을 주셨습니다. 말씀을 통하여 하나님께서는 우리의 마음을 붙잡아 주시고, 우리의 마음에 다시금 용기와 확신을 불어넣어 주십니다. 말씀을 통하여 하나님께서는, 언제나 우리의 최선을 도모해 주시는 하나님의 선하심과 인자하심, 결코 실수가 없으신 하나님의 지혜, 아무 짝에도 쓸모없는 우리 삶의 보잘것없는 파편들을 가지고 아름다운 명품을 만들어 내시는 하나님의 능력을 우리에게 상기시켜 주십니다.

하나님께서는 또한 우리에게 성령을 주셨습니다. 그리하여 범사에 감사하라는 주님의 명령에 순종할 수 있게 해주십니다. 하나님께 순종하고 하나님을 기쁘시게 해드리고 싶다는 이유에서 하나님께 감사하기로 결심하고 감사를 선택하는 것은 믿음으로 하나님의 능력의 스위치를 켜는 것과 같습니다. 이는 하나님께서 우리 안에서 일하실 수 있도록 기회를 드리는 것입니다. 그러면 하나님께서는 우리가 부정적인 감정 가운데서도 기꺼이 진정한 감사를 드릴 수 있게 해주십니다.

어떤 일이 일어난 때로부터 감사하기를 결심하고 선택하는 때까지 걸리는 시간, 또는 선택을 하는 때로부터 기쁨이 고조될 때까지 걸리는 시간은 각 사람의 기질에 따라 다릅니다. 때에 맞는 성경 말씀에 생각을 집중하고 성령을 의뢰할 때 우리는 내적 반발 혹은 적응의 시간을 줄일 수 있습니다. 이것이 성장입니다. 성장이란 갈등이 하나도 없다는 의미가 아닙니다. 성장한다고 해서 갈등이 없어지지는 않습니다. 성장한다는 것은 자신의 내적 갈등과 싸움을 그만큼 더 빨리 해결한다는 뜻입니다.

우리의 가까운 친구인 단은 남아메리카에서 선교사로 일하고 있는데, 어느 날 밤 그의 아내에게 전혀 예기치 못했던 심장마비 증세가 나타났습니다. 의사는 증세가 매우 심각해서 생명을 잃지 않으면 식물인간이 될 것이라고 진단했습니다. 단은 너무도 놀라 앞이 캄캄했습니다. 뭘 어떻게 해야 할지 몰랐습니다. 그때 그는 그동안 아내와 함께 무슨 일에든지 늘 감사하는 습관을 들여 왔었다는 사실이 떠올랐습니다. 그러나 아내의 심장병에 대해서만은 하나님께 감사 기도를 드릴 수가 없었습니다. 그래서 그는 다른 일들로 하나님께 감사 기도를 하기 시작했습니다. 그들로 서로 사랑하게 해주신 것, 결혼하고 나서 그때까지 행복한 결혼 생활을 해온 것, 네 명의 사랑스러운 자녀를 주신 것, 주님을 섬길 수 있는 영광을 주신 것들을 인하여 감사를 드렸습니다.

단이 수많은 축복과 행복한 추억들을 인하여 하나님께 감사하고 찬양을 드렸을 때, 하나님의 임재가 따뜻하게 그를 감쌌습니다. 하나님께서는 그의 마음을 준비시켜 주시고 새로운 확신을 주셨습니다. 그는 드디어 아내의 심각한 병에 대해서까지도 하나님께 감사할 수 있었습니다. 또한 결과가 어떻게 되든, 아내가 식물인간이 되든, 병이 낫게 되든, 아니면 이 세상을 떠나서 영원히 그리스도와 함께 거하게 되든, 하나님께 영광이 될 것으로 믿고 감사했습니다. 놀랍게도 하나님께서는 그 병을 완전히 낫게 해주셔서, 그 후 오랜 세월을 아내와 함께 그 사역에 종사할 수 있게 해주셨습니다. 단의 기쁨은 이루 말할 수 없었습니다.

혹시 이미 지나가 버린 일들을 곱씹고 분석하면서, 비난의 대상을 찾느라 애쓰며, 부당하게 받은 대우를 자꾸만 생각하는, 정신적 미로에서 헤맨 적이 있습니까? 감사는 우리를 이 정신적 미로에서 빠져나오도록 도와줍니다. 감사는 각각의 환경들이 어떻게 우리의 삶을 위한 하나님의 절대주권적인 뜻이 될 수 있는지 따지려 드는 헛된 생각에서 벗어날 수 있게 해줍니다. 감사는 우리의 시련을 사용하여 선을 이루고자 하시는 하나님의 뜻을 받아들이겠다고 도장을 찍는 것입니다. 우리가 이렇게 하는 것은, 구체적으로 '무엇을, 왜, 어떻게'를 잘 알아서가 아니라 하나님의 사랑과 지혜를 신뢰하기 때문입니다.

로마서 11:33-34 말씀을 보겠습니다. "깊도다, 하나님의 지혜와 지식의 부요함이여. 그의 판단은 측량치 못할 것이며 그의 길은 찾지 못할 것이로다. 누가 주의 마음을 알았느뇨? 누가 그의 모사가 되었느뇨?" 필립스 역에는 이렇게 되어 있습니다. "측량할 수 없는 하나님의 지혜와 지식의 부요함에 그저 놀랄 따름입니다. 사람이 어떻게 하나님의 행하심에 대하여 그 이유를 다 이해할 수 있으며, 하나님께서 일하시는 방법을 다 설명할 수 있겠습니까?" 비록 이해되지 않을지라도 감사를 드릴 때, 우리는 하나님께서 우리에게 행하시거나 허락하시는 것들에 대해 하나님께 해명을 요구하려는 시도를 그만두게 됩니다. 우리는 하나님의 능하신 손 아래서 겸손히 자신을 낮추며 하나님의 은혜에 자신을 열어 놓게 됩니다.

시련을 친구로 환영함

감사를 통하여 우리는 다음과 같은 하나님의 명령에 순종합니다. "내 형제들아, 너희가 여러 가지 시험을 만나거든 온전히 기쁘게 여기라"(야고보서 1:2). 필립스 역에는 이렇게 되어 있습니다. "내 형제들이여, 온갖 시련과 유혹이 여러분의 삶에 몰려올 때 그것들을 침입자로 여겨 분개하지 말고, 친구로 환영하십시오!" 야고보는 시련들이 우리의 믿음을 시험하기 위해 온다는 것을 상기시켜 줍니다. 시련은 우리로 온전하고 구비하여 조금도 부족함이 없게 해줍니다(3-4절). 이러한 놀라운 유익들을 바라볼 때 우리는 시련을 친구로 환영할 수 있는 것입니다. 2절을 다시 한 번 읽어 보십시오. "시험을 만나거든"이라고 했습니다. 흠

정역에는 "시험에 빠질 때에"라고 되어 있습니다. 우리는 시험에서 빠져나올 때가 아니라, 시험을 만날 때에, 시험에 빠질 때에 그것을 모두 기쁨으로 여겨야 하는 것입니다.

시련을 기쁨으로 받아들이는 이러한 태도는 사도 바울이 따랐던 삶의 원리이기도 했습니다. 그는 사방으로 우겨쌈을 당하여도, 답답한 일을 당하여도, 핍박을 받아도, 거꾸러뜨림을 당하여도 결코 낙심하지 않았습니다. 이 역경과 고난들을 오히려 예수님의 생명을 다른 사람들에게 나타낼 수 있는 기회로 받아들였습니다(고린도후서 4:8-11 참조).

바울은 그리스도의 영광스러운 목적과 목표에 헌신했습니다. 이를 위해서라면 어떤 감정적 갈등과 정신적 어려움, 신체적 고통이나 억압을 당하게 되는 값을 치르게 되더라도 개의치 않았습니다. "나는 하나님과 복음을 위해 살리라. 내 눈에 눈물이 흐르고, 몸에 상처를 받고, 마음에 번민하고 실망하게 되는 일이 있다 할지라도 말이다. 이 지극히 높고 위대하신 주님과 온전히 연합하여 말할 수 없이 영광스럽고 놀라운 주님의 목표에 나 자신을 드리며, 주님을 찬양하고 송축하리라." 이것이 그의 일관된 태도였습니다.

이와 같은 태도를 유지하기 위해서는 참된 목표를 분명하게 설정하고 마음 깊이 간직할 필요가 있습니다. 우리의 목표는 곧 하나님을 더 잘 알고, 하나님을 더 사랑하고, 하나님을 영화롭게 하고, 하나님의 뜻을 행하며, 그 아들 예수 그리스도의 형상을 닮아가는 것입니다. 그렇게 하면 실망과 좌절에 빠졌을 때도 회복하는 데 시간을 덜 낭비하게 됩니다. 실망하고 좌절하는 대신 자신의 목표를 다시 바라보고 이렇게 말할 수 있게 됩니다. "이 시련이 오는 것은 내가 택한 목표들을 이루기 위해서다. 비록 그것이 나의 피상적 욕구를 좌절시킬지라도 말이다. 그러므로 나는 그것을 환영한다."

모든 것을 사용하여 선을 이룸

바울은 고린도 성도들에게 이렇게 말했습니다. "그런즉 누구든지 사람을 자랑하지 말라. 만물이 다 너희 것임이라. 바울이나 아볼로나 게바나 세계나 생명이나 사망이나 지금 것이나 장래 것이나 다 너희의 것이요, 너희는 그리스도의 것이요, 그리스도는 하나님의 것이니라"(고린도전서 3:21-23). 어떻게 해서 만물이 다 우리 것입니까? 그중 하나는 만물이 하나님의 것이기 때문입니다. 시편 119:91에 보면, 만물이 주님의 종이라 하였습니다. 따라서 만물은 하나님의 자녀인 우리의 종이 될 수 있습니다. 만물은 우리 것으로서 선을 이루고 하나님의 영광을 드러내는 데 사용할 수 있는 것입니다.

스탠리 존스는 신앙생활 초기에 모든 것을 사용하여 선을 이루는 원리를 알게 되었습니다. 그 즉시 그것을 자기의 삶에서 중심적인 추진력으로 삼기 시작했습니다. 삶에서 만나는 온갖 반대와 난관들을 단지 피동적으로 참고 견디기만 하는 것이 아니라, 좋은 일이든 나쁜 일이든 다른 어떤 일이든, 일어나는 모든 일을 능동적이고 적극적으로 이용하는 법을 배웠습니다. 83세 때 다음과 같이 썼습니다.

모든 것을 이용하십시오. 비행기가 이륙하여 떠오를 때 바람을 등지고 떠오르는 것이 아니라 바람을 안고 거슬러 뜨는 것과 마찬가지로, 나는 나를 거스르는 모든 것들을 나를 가라앉게 하는 것이 아니라 나를 떠오르게 해주는 것으로 이용하고자 했습니다.… 나는 나를 파멸시키려 드는 것들을 오히려 내게 유익이 되게 이용할 수 있었습니다.…

예수님께서는 자신에게 일어날 수 있는 최악의 일 즉 십자가를 취하여, 인류에게 일어날 수 있는 최선의 일 즉 인류의 구속 사역으로 바꾸셨습니다. 주님께서는 십자가를 참고 견디기만 하신 것이 아니라 그것을 사용하셨습니다. 십자가는 죄의 표지였는데, 주님께서는 그것을 죄의 치료약으로 바꾸셨습니다. 십자가는 증오의 표지였으나, 주님께서는 그것을 사랑의 표지로 변화시키셨습니다. 십자가는 인간에게는 최악의 형벌 도구였으나, 하나님께는 인간을 구속하시는 최선의 구원 도구가 되었습니다. 예수님께서 그렇게 바꾸어 놓으신 것입니다.

그렇다면 고난에 대한 해결책은 단지 참고 견디는 것이 아니라 그것을 이용하는 것입니다.… 합당한 일이든 부당한 일이든, 즐거운 일이든 괴로운 일이든, 칭찬이든 비판이든, 그대에게 닥친 일은 무엇이나 그것을 취하여 그대의 삶의 목적을 이루는 데 사용하고, 거기서 뭔가를 만들어 내십시오. 그것을 선한 간증으로 변화시키십시오. 그것이 악한 것일지라도 입으로 떠벌이며 불평하지 마십시오. 그것을 이용하십시오. 그것을 그대에게 선한 것으로 바꾸십시오. 마치 연꽃이

더러운 진흙 속에 그 뿌리를 내리고 거기서 영양분을 취하여 그 생명을 유지하고 아름다운 꽃을 피우듯이, 그대도 그대에게 일어나는 모든 것을 취하여 거기서 뭔가를 만들어 내야 합니다.

우리가 섬기는 하나님께서는, 모든 것이 합력하여 우리 자신과 다른 사람들을 위하여 선을 이루게 하시는 하나님이십니다. 우리 하나님께서는 타버린 재에서 아름다움을, 약한 데서 능력을, 실패에서 성장을, 고난에서 승리를 만들어 내실 수 있습니다. 무슨 일이 일어나든 범사에 감사하는 삶이야말로 하나님과 하나님의 목적에 합치된 삶입니다. 범사에 감사할 때 우리는, 타락한 이 세상에서 우리에게 일어나는 최악의 사건들까지도 사용하셔서 선을 이루시는 하나님과 동역할 준비를 갖추게 됩니다.

묵상 및 토의를 위하여

1. 시련의 유익들을 적어 보십시오.
2. 시련 가운데서 감사를 드리는 것이 중요한 이유를 몇 가지 들어 보십시오.
3. 이 장에서 당신의 삶에 가장 도움이 된 것은 무엇입니까?

제 III 부

자 유

　예배의 상급들은 잘하면 받기로 약속된, 활짝 핀 장미꽃 다발이 아닙니다. 그보다는 아직 활짝 피지 않은, 넝쿨 위의 장미꽃 봉오리들에 더 가깝습니다. 그 상급들은 예배의 본질적 일부입니다. 예배를 통해 하나님과 더 친밀해지며, 내적으로 더욱 조화로운 삶을 살게 되고, 믿음이 더 강해지며, 주님의 형상을 더욱 닮게 되고, 다른 사람들에게 주님을 더 잘 섬기고 예배하도록 동기를 부여하게 됩니다. 그런 상급들은 우리에게 기쁨과 만족을 줍니다. 그러나 가장 중요한 것은 그것들이 하나님께 기쁨과 만족을 드린다는 점입니다. 하나님의 영원한 갈망을 이루어 드리기 때문입니다.

　다음 장들은 자유와 해방의 기쁨으로 우리를 인도합니다. 이 자유와 해방은 우리의 최고의 보배이신 하나님을 예배하고, 자신을 활짝 열어 하나님과 더욱 친밀함을 누릴 때 옵니다.

제13장

보물찾기에 참여함

예수님께서는 열 명의 문둥병자를 고쳐 주셨는데 단 한 명만 되돌아와 하나님께 감사하며 영광을 돌리는 것을 보고 실망하신 것 같습니다(누가복음 17:11-19 참조). 시편 106편은 이스라엘 백성이 하나님의 행사와 인자하심을 별로 기억하지 않고 있는 것에 대해 하나님께서 얼마나 슬퍼하고 계시는가를 보여 주고 있습니다. 그들은 찬양하기보다는 오히려 불평했습니다. 홍해가 갈라지는 놀라운 기적을 통하여 구원을 받고 나서 하나님을 찬양해 놓고도, 하나님께서 그들을 위해 해주신 일을 금세 잊어버리고, 하나님께서 그들에게 베풀어 주신 풍성한 공급을 감사치도 아니할 뿐더러 멸시했습니다. 그들의 생각은 온통 그들이 갖지 못한 것에 대한 강렬한 욕심에 사로잡혀 있었습니다(13-14절 참조). 우리는 광야의 이스라엘 백성과 같이 하지 맙시다. 그들과는 반대로 하나님께 감사와 찬양을 드립시다. 그리함으로 하나님께 슬픔 대신 기쁨을 안겨 드립시다. 하나님께서 하시는 일을 인하여 감사하고 찬양합시다. 하나님의 풍성하신 공급을 인하여 감사와 찬양을 돌립시다. 하나님의 어떠하심을 인하여 하나님께 감사와 찬양을 드립시다.

찬양을 넓혀 감

어린아이들도 찬양과 감사라는 위대한 모험을 시작할 수 있습니다. 부모나 교회 선생님의 본을 따라, 또는 찬송가 테이프나 CD를 따라, 그리고 무엇보다도 내재하시는 성령의 인도하심을 따라 찬양과 감사를 시작할 수 있습니다. 어린 시절 교회에서 마음을 다해 찬송가를 부르던 것과 집에서 혼자 앉아 하나님을 예배하던 일이 떠오릅니다. 어머니는 매일 밤 침대 곁에 무릎을 꿇고 앉아 조용히 기도하는 것을 가르쳐 주셨습니다. 그리고 부모님한테선가 교회에선가 나는 기도를 할 때 찬양을 하는 법을 배웠습니다. 하루는 역대상 29:11-13에서 '광대하심'과 '만유의 주재'라는 말을 배웠습니다. 내게는 새롭기도 하고 아주 멋있게 들렸습니다. '나도 찬양 기도를 할 때 이 말을 써봐야지' 하는 생각이 들었습니다. 그 말이 하도 인상적이어서 그날 밤 무릎을 꿇고 기도할 때 "주님께서는 광대하시고 만유의 주재가 되십니다"라고 기도했던 일이 지금도 생생하게 기억납니다. 하나님만이 그것을 들으셨을 텐데, 아마도 기뻐하셨으리라 생각합니다.

예수님께서 종려주일에 나귀를 타고 예루살렘 성에 승리의 입성을 하신 후 성전에 있던 어린아이들이 주님을 찬양했습니다. 주님께서는 그들의 찬양을 기뻐 받으셨습니다(마태복음 21:15-16 참조). 주님께서는 시편 8:2을 인용하셨습니다. "어린아이와 젖먹이의 입으로 말미암아 권능을 세우심이여."

어린아이들이 하나님께서 기뻐 받으시는 찬양을 할 수 있는 것처럼 새 신자들도 그런 찬양을 할 수 있습니다. 또 하나님께서는 우리의 찬양의 삶이 어린아이 상태에 머물러 있지 않고 영적 성장과 더불어 지속적으로 발전되어 나가기를 원하십니다. 몸이 커 감에 따라 옷도 몸에 맞추어 큰 옷으로 바꾸어 입어야 하는 것과 마찬가지입니다. 옷을 바꾸지 않으면 소매가 너무 짧고, 품은 단추도 채우지 못할 정도로 꼭 끼고, 바지 솔기는 터져 입을 수가 없습니다.

윌리엄 거날은 이렇게 말했습니다.

어렸을 때 입던 옷이 어른이 되어서는 맞지 않는 것처럼, 영적으로 어렸을 때 당신의 영혼이 입었던 찬양의 옷은 당신이 성장한 제자가 된 지금에는 맞지 않습니다.

우리의 찬양과 감사도 자라 갑니다. 하나님께서 누구시며 또 어떠한 일을 하시는가를 더 잘 알아 갈수록 그만큼 찬양과 감사도 자랍니다. 이 세상과 인생에 대한 하나님의 전반적인 섭리를 깨닫고 기도 응답을 직접 경험하면서 우리의 찬양과 감사도 점점 커가는 것입니다. 다윗은 하나님과 하나님의 행사에 늘 깨어 있었습니다. 그는 늘 하나님을 모든 축복과 구원의 근원으로 여겼습니다. 그리고 쉬지 않고 이것을 찬양과 감사의 말로 표현하였습니다. 시편 28편에서 이것을 볼 수 있습니다.

주님을 찬송할지어다.
내 간구하는 소리를 들으셨음이로다.
주님은 나의 힘과 나의 방패시니
내 마음이 저를 의지하여 도움을 얻었도다.

그러므로 내 마음이 크게 기뻐하며
내 노래로 저에게 감사하리로다.
(시편 28:6-7, NASB)

찬양과 감사의 폭을 넓히기 위하여 새로운 감사와 찬양의 이유들을 찾는 보물찾기를 계속해 나가기 바랍니다. 로널드 앨런은 보물을 찾는 아이디어를 다음과 같이 제시했습니다.

찬양은 때로 기도 응답에 대한 반응으로 나오기도 하고, 어떤 때는 성경 말씀을 묵상함으로써 놀라우신 주님을 새롭게 발견한 결과로 나오기도 합니다. 찬양은, 이전에 알지 못한 전혀 새로운 방법으로 하나님의 임재를 느낄 때 나오기도 하고, 하나님의 선하심을 전심으로 의뢰할 때 경험하는 놀랍고 극적인 느낌에서 우러나오기도 합니다.

앨런은 또한 시편에서 찾아볼 수 있는, 찬양에 동기를 주는 하나님의 역사를 몇 가지 들고 있습니다. 예를 들면, 구원, 구속, 기도 응답, 섭리, 보호, 인도, 치유, 공급, 용서, 만족 등입니다. 우리 삶의 모든 영역 곧 신체적, 물질적, 영적, 지적, 감정적, 사회적, 직업적인 면에서, 하나님께서 우리를 위해 해주시는 것들을 인하여 하나님을 영화롭게 하기를 힘쓸 때 우리는 끊임없이 새로운 찬양 제목을 찾을 수 있습니다.

또한 태초의 창조 시로부터 시작해서 모든 시대를 통틀어서 하나님께서 행하시는 경이로운 역사를 인하여 하나님을 높일 수 있습니다. 하나님께서 자기 백성을 능하신 손으로 구원해 내신 일, 이 땅에 오신 그리스도의 성육신의 경이, 십자가의 승리, 부활의 영광, 승천과 오순절 성령 강림, 교회의 급속한 확장, 신약성경이 기록된 것 등 이 모든 것이 다 찬양의 제목들입니다. 또한 그 후 계속 시간이 지나면서 이 지구 상에 하나님의 가족들이 점점 늘어 온 것을 인해서도 하나님을 찬양할 수 있습니다. 하나님께서 끊임없이 그분의 자녀들을 한 세대 한 세대, 한 사람 한 사람씩 본향으로 부르셔서 영화롭게 하시는 것을 인해서도 기뻐할 수 있습니다. 또한 하나님께서 그리스도 안에서 모든 것을 완성하시게 될 그날을 바라보며 즐거워할 수도 있습니다. 그날이 오면 우리는 하나님의 아들의 형상으로 변화된, 셀 수 없이 많은 형제 자매들과 함께 영원히 하나님과 더불어 지내게 될 것입니다.

시편 111:2은 "여호와의 행사가 크시니, 이를 즐거워하는 자가 다 연구하는도다"라고 말합니다. 하나님께서 행하신 일에 주의를 집중하면 할수록 우리는 다윗과 이사야의 말을 더욱 실감하게 될 것입니다.

여호와 나의 하나님이여,
주의 행하신 기적이 많고
우리를 향하신 주의 생각도 많도소이다.
내가 들어 말하고자 하나
주의 앞에 베풀 수도 없고
그 수를 셀 수도 없나이다.
(시편 40:5)

여호와여, 주는 나의 하나님이시라.
내가 주를 높이고 주의 이름을 찬송하오리니
주는 기사(奇事)를 옛적의 정하신 뜻대로
성실함과 진실함으로 행하셨음이라.
(이사야 25:1)

오직 하나님만 구함

하나님께서는 자신이 하신 일들을 인하여 우리의 찬양을 받으시기를 기뻐하시지만, 또한 하나님께서 누구시며 어떤 분이신가에도 우리가 초점을 맞추기를 원하십니다. 하나님께서 누구시며 어떤 분이신가와 하시는 일 사이에는 밀접한 관계가 있습니다. 앞의 것이 샘이라면 뒤의 것은 샘물이요, 앞의 것이 등이라면 뒤의 것은 그 불빛입니다. 하나님께서는 그 하시는 일을 통해 자신이 누구신가를 나타내 보여 주십니다.

하나님께서는 구원자이십니다. 그래서 구원을 베푸십니다. 하나님께서는 생명의 떡이십니다. 그래서 우리의 속사람을 먹여 주십니다. 하나님께서는 후히 주시는 분이십니다. 그래서 우리에게 좋은 선물들을 주십니다. 하나님께서는 사랑이십니다. 그래서 자상한 보살핌과 보호를 통해 그 사랑을 끊임없이 나타내 보여 주십니다. 하나님께서 하시는 일은 하나님께서 누구시며 어떤 분이신가에서 나옵니다. 성경 말씀을 통하여 하나님께서는 자신이 누구시며 어떤 분이신지를 보여 주시며, 행하시는 일들을 통하여 그것을 우리 개개인의 삶 속에서 확증시켜 주십니다.

하나님께서 행하시는 일들과 하나님께서 주시는 은혜의 선물들은 하나님께 대한 우리의 찬양의 폭을 넓혀 주고 풍성하게 해 줄 수도 있지만, 반대로 하나님을 경배하지 못하게 방해하는 우상이 될 수도 있습니다. 우리는 복을 주시는 하나님보다 하나님께서 주시는 복에만 관심이 있을 수 있습니다. 또한 구원자이신 하나님보다 하나님께서 베푸시는 구원에만 관심이 가 있을 수가 있는 것입니다. 그럴 때 하나님께서 주시는 복과 구원이 오히려 하나님을 예배하지 못하게 막는 우상이 될 수 있는 것입니다. 하나님께서는 우리가 축복 이면에 계시는 복의 근원이신 하나님을, 또한 구원 이면에 계시는 구원자이신 하나님을 바라보기를 원하십니다. 하나님께서는 우리를 위해 일하기를 좋아하십니다. 그러나 그 일들은 우리의 아버지시요, 친구시요, 신랑이시요, 목자시요, 왕이신 하나님께서 우리를 보배롭고 존귀하게 여기고 지극히 사랑하셔서 우리를 위해 해주시는 것들의 일부에 지나지 않습니다.

 하나님께서는 우리가 하나님께서 베푸시는 축복만이 아니라 하나님 자신을 즐거워하기를 바라십니다. 하나님께서는 하나님 자신을 기뻐하고 즐거워하는 마음을 우리가 찬양이나 감사의 말로 표현하기를 원하십니다. 하나님께서 베풀어 주신 것들에 대한 고마움과 하나님의 어떠하심에 대한 찬사의 마음을 표현하는 한, "주님을 찬양하나이다"라고 표현하든 "주님께 감사드리나이다"라고 표현하든 하나님께서는 개의치 않으십니다. 그러므로 "주님을 찬양하나이다"라고 했어야 하는데 "주님께 감사드리나이다"라고 잘못 말한 것은 아닌가 하는 염려는 전혀 할 필요가 없습니다.

하나님께서 베풀어 주신 은택들만이 아니라 하나님 자신을 구하고 바라보며 감사할 때, 하나님께서 주시는 것들을 단지 받기만 할 때보다 훨씬 더 깊은 필요가 채워지는 것을 경험합니다. 뛰어난 선교 지도자였던 심프슨은 이런 시를 썼습니다.

한때는 축복을 바라보았지만
이제는 주님을 바라보네.
한때는 감정을 의지하였지만
이제는 주님의 말씀을 의지하네.

한때는 주님의 선물을 원했지만
이제는 오직 주님만을 원하네.
한때는 주님의 치유를 구했지만
이제는 오직 주님만을 구하네.

하나님께서는 우리가 일생 동안 그분의 선물과 구원을 구하고 누리기를 원하십니다. 우리를 돌보아 주시는 것은 우리의 하나님이 되시는 그분의 역할의 일부입니다. 그러나 무엇보다도 하나님께서 우리에게 원하시는 것은 하나님 자신을 구하는 것입니다. 토저는 이렇게 말했습니다. "하나님의 보물을 얻기 위하여 하나님을 소유한 사람은 하나님 한 분 안에서 모든 것을 가지고 있습니다.… 모든 것의 원천을 가지고 있기에 그는 한 분 안에서 모든 만족, 모든 즐거움, 모든 기쁨을 다 가지고 있으며… 또한 그것을 영원히 가지고 있는 것입니다."

하나님께서는 그분의 말씀과 행사, 이 둘 모두를 통하여 우리에게서 더 깊은 사랑을 얻기를 바라십니다. 이 두 가지를 통하여 하나님께서는 우리가 하나님의 하시는 일뿐 아니라 하나님의 어떠하심에 대해서도 하나님을 찬양하도록 격려해 주십니다. 하나님께서는 우리가 만유의 주재 되시는 하나님 안에서 크게 기뻐하며, 이 하나님께서 우리의 하나님이심을 깊이 깨닫고 믿음 가운데 쉼을 누리기 원하십니다. 능력과 지혜와 변치 않는 사랑의 하나님, 생명과 그 생명이 주는 모든 것보다 더 뛰어나신 하나님, 그분은 영원토록 우리의 하나님이십니다. 그분은 우리가 드리는 최고의 찬송을 받으시기에 합당하신 분이십니다(요한계시록 4:11, 5:12-13, 7:12 참조). "주의 인자가 생명보다 나으므로 내 입술이 주를 찬양할 것이라"(시편 63:3).

실제로 찬양함

단순히 '찬양이란 좋은 것이다. 지금은 너무 바빠서 힘들지만 조금 숨을 돌리게 되면 시간을 내어 한번 해보고 싶다'라는 생각만으로는 찬양에 발전이 있을 수 없습니다. 찬양에 대한 강의를 듣거나 책을 읽는다고 찬양의 삶에서 저절로 성장하는 것도 아닙니다. 스스로 "난 찬양을 좀 더 해야 해"라고 다짐하거나, 단순히 찬양을 해야겠다는 결심만으로도 되지 않습니다. 그 생각과 결심을 행동으로 옮길 때, 나중이 아니라 바로 지금 찬양을 할 때 비로소 찬양에 발전이 있게 됩니다.

찬양을 시작할 수 있는 방법을 한 가지 제안합니다. 잠시 시간을 내어, 하나님을 찬양하고 싶은 마음을 일으켜 주는 것들을 생각해 보십시오. 너무 깊이 생각하지 말고 지금 머리에 떠오르는 대로, 하나님께서 행하신 놀라운 일들과 하나님의 속성과 성품들을 적어 보십시오. 적었으면, 그 목록을 보면서 하나님에 대하여 묵상하십시오. 그 목록을 보고 묵상하노라면 마음이 뜨거워져서 찬양하고 싶은 생각이 들 것입니다. 자 이제, 묵상 내용을 기초로 하여 실제로 하나님을 찬양하는 기도를 하십시오. 이런 식으로 날마다 하나님을 찬양할 새로운 이유들을 찾아 기록해 나가는 보물찾기를 하기 바랍니다. 찬양을 하는 데 큰 도움이 될 것입니다.

나는 이전 몇 년간 하나님에 대해 기록한 적이 있습니다. 노트를 하나 마련하여 한 부분에는 하나님께서 과거에 하신 일, 현재 하시는 일, 장차 하겠다고 하신 일들을 기록했습니다. 또한 신구약 시대에 하나님께서 행하신 놀라운 일들, 그리스도를 통하여 하나님께서 나의 생에 베풀어 주신 놀라운 축복들을 죽 적었습니다. 그리고 이 세상에 살 동안 하나님께서 나의 모든 필요를 채워 주시겠다고 약속하셨는데, 내게 주신 하나님의 약속들을 생각나는 대로 모두 적어 나갔습니다. 또 다른 부분에는 하나님께서 누구시며 어떤 분이신지를 보여 주는 이름, 칭호, 속성들(하나님의 사랑, 은혜, 자비, 거룩하심, 엄위하심, 절대주권 등), 그리고 내게는 어떤 분이 되시는가(이를테면 나의 아버지, 나의 남편, 나의 빛, 나의 생명, 나의 피난처 등)를 기록했습니다.

하나님께서 누구시며 어떤 분이신가와 또 내게는 어떤 분이 되시는가를 적은 부분이 노트의 대부분을 차지했습니다. 나는 성경 말씀에서 새로운 주제들을 찾을 때마다 추가시켜 나가며, 나의 주의를 끄는 하나님의 속성, 이름, 관계 등을 기록했습니다. 매장마다 앞면의 맨 위에는 그 주제를 적고, 그 아래에 성령께서 내 마음에 감동을 주시는 구절들과 내용을 그대로 옮겨 적었습니다. 거기에는 살아 계신 하나님의 능력 있는 말씀, 하나님께서 스스로를 나타내 보여 주신 권위 있는 말씀만 적고 싶었던 것입니다. 그 뒷면에는 앞 쪽에 기록한 성경 구절들에 대한 나의 생각과 그 주제에 대한 인용문이나 시, 그리고 나중에 생각해 보고 싶은 참고 구절들을 적었습니다. 나는 새로운 구절들을 자주 추가시켰는데, 특히 경건의 시간에 본 구절들이 많았습니다.

필요할 때마다 노트에 기록한 것들을 보면 하나님께서는 내 마음을 새롭게 해주시며 확신을 더해 주시곤 하셨습니다. 한두 구절만 적혀 있는 페이지도 있었는데 그것만으로도 나의 필요는 채워지고 찬양이 가능하게 되었습니다.

하나님을 갈망함

어떤 방법을 사용하든 하나님을 더 깊이 알면 알수록 우리의 삶과 예배는 더 풍성해질 수 있습니다. 또 이 예배는 우리 마음 속에 그리스도를 더 잘 알고 싶은 열망을 북돋아 줍니다.

우리 손녀 크리슨이 생후 17개월이 되었을 때인데, 우리는 그 애가 뭐든지 좋은 것에 대해서는 "더!"라는 말을 즐겨 하는 것을 발견했습니다. 참으로 즐거운 일은 더 하고 싶고 계속해서 하고 싶은 마음이 생깁니다. 예배는 주님과의 관계에 대한 만족감을 높여 주고 주님과의 불충분한 교제에 대한 건전한 불만을 느끼게 해줍니다. 우리에게 이것저것 하고 싶은 것들이 많은데, 예배는 우리로 거기서 손을 떼고 우리의 마음을 너무너무 좋으신 단 한

분에게만 온전히 집중시키며 그분만을 사랑하도록 해줍니다. 스탠리 존스는 "주님의 얼굴을 뵙고 난 후로는 그분과 같지 않은 것으로는 그 어떤 것으로도 영원히 만족하지 못하게 되었습니다"라고 했습니다.

하나님을 아는 지식은 끝없이 넓고 크고 깊은 바다처럼 우리 앞에 펼쳐져 있습니다. 우리는 마치 시원한 산들바람을 맞으면서 해변의 얕은 물가를 맨발로 거닐며 해변에 밀려와 부서지는 작은 파도들을 즐기고 노는 어린아이들 같습니다. 우리는 하나님께서 누구시고 어떤 분이시며 무엇을 하시는지 하나님을 더 깊이 알아 가며 하나님을 높이는 시간을 가짐으로써 그분의 충만하심 가운데로 점점 깊이 들어가게 됩니다.

묵상 및 토의를 위하여

1. 당신의 과거에 일어났던 일이나 현재 일어나고 있는 일 가운데서 하나님을 찬양하고 하나님께 감사를 돌리고 싶은 일들을 적어 보십시오. 또한 당신이 하나님께 받은 축복들을 적어 보십시오.
2. 하나님에 대한 진리 중에서 당신이 가장 감사하고 싶은 것을 5-6가지 적어 보십시오.
3. 위 두 가지 목록을 가지고 하나님을 예배[경배]하고 찬양하며, 하나님께 감사하는 시간을 가지십시오.
4. 당신의 예배를 풍성하게 해줄, 하나님에 대한 진리들을 지속적으로 기록해 나갈 계획을 세워 보십시오.

제 14장

기쁨을 가꿈

기쁨이란 말을 들으면 어떤 생각이 떠오릅니까? 행복? 웃음? 재미? 승진했을 때나 시험에 합격했을 때, 혹은 새 차를 샀을 때에 느끼는 만족감? 사랑하는 사람들과 함께 보냈던 지난 어느 휴가 때의 즐거웠던 추억?

우리가 이 땅에서 누리는 기쁨들은 "우리에게 모든 것을 후히 주사 누리게 하시는 하나님"(디모데전서 6:17)께 감사와 찬양을 드리도록 상기시켜 주는 신호가 될 수 있습니다. 그러나 지속적인 찬양과 감사가 생활화될 수 있기 위해서는 이 땅에서 누리는 기쁨 이상의 것이 필요합니다. 자신의 삶을 얼마나 잘 영위하고 있느냐에 좌우되지 않는, 위로부터 오는 참되고 영원하며 참안식을 주는 기쁨이 필요합니다. 환경에 좌우되는 천박한 기쁨이 아니라, 그 무엇에도 흔들리지 않는, 영혼 저 깊은 데서 샘솟는 심원한 기쁨이 필요합니다. 우리는 기쁜 감정이 먼저 생기기를 기다렸다가 그 후에야 찬양과 감사를 하려 해서는 안 됩니다. 찬양과 감사가 감정에 좌우되어서는 안 됩니다. 감정이 생기든 안 생기든 찬양과 감사를 드려야 합니다. 하지만 하나님께서는 가끔 우리 마음속에 기쁨을 주셔서 찬양과 감사를 하고픈 감정이 일어나게 하십니다. 마음에 기쁨이 없이 머리로만 찬양을 드리게 되면, 우리는 결국 실망하여 포기하게 될 것입니다. 기쁨의 감정이 따르지 않는 찬양은 얼마 못 가 힘을 잃고 지속하기가 어렵습니다.

하나님의 기쁨을 경험함

하나님께서 주시는 기쁨은 세상이 주는 인간적인 기쁨보다 훨씬 큽니다. 다윗은 "주께서 내 마음에 두신 기쁨은 저희의 곡식과 새 포도주의 풍성할 때보다 더하니이다"(시편 4:7)라고 노래했습니다. 하나님께서 다윗에게 주신 기쁨은 그 당시 사람들의 가장 큰 인간적 기쁨이었던 풍성한 추수에서 오는 기쁨보다 훨씬 더 컸던 것입니다. 하나님께서 주시는 기쁨은 이루 형언할 수 없을 만큼 크고 영광스러운 기쁨입니다. 인간적 기쁨이 수도꼭지에서 나오는 물과 같다면 하나님 주시는 기쁨은 강물과 같이 넘치는 기쁨입니다. 그것은 요한복음 15:11에서 예수님께서 말씀하신 그런 기쁨입니다. "내가 이것을 너희에게 이름은 내 기쁨이 너희 안에 있어 너희 기쁨을 충만하게 하려 함이니라."

인간적 기쁨이 모두 잘못된 것이라는 말은 아닙니다. 성경은 "마음의 즐거움은 양약"(잠언 17:22)이라고 말하고 있습니다. 우리 주위에 익살스런 태도, 뛰어난 유머 감각, 쾌활한 성격으로 우리에게 기쁨을 선사하는 사람이 있다면 그는 하나님께서 우리에게 주신 특별한 선물입니다. 이처럼 세상에서 누리는 자연적 기쁨도 하나님께서 우리의 행복을 위하여 계획하신 것입니다. 이는 비엔나커피 위에 얹어 놓은 휘핑크림이요, 맛있는 케이크의 멋진 장식과 같은 것입니다. 그러므로 이 땅에서 누리는 여러 가지 기쁨은 찬양하는 삶에 도움이 됩니다. 이렇게 해서 드리는 찬양은 또한 우리의 기쁨이 하나님 중심이 되도록 인도해 줍니다. 그러나 우리가 이 땅에서 축복을 받고 기쁜 마음이 들 때만 찬양을 한다면, 우리의 찬양은 깊이 없는 간헐적인 찬양에 그치고 말 것입니다.

이스라엘 백성은 종종 깊이 없는 천박한 기쁨과 깊이 없는 천박한 찬양으로 하나님 앞에 나아갔습니다. 그들은 하나님께서 그들을 위해 행하시는 역사를 눈으로 볼 때에는 하나님의 말씀을 믿고 하나님께 찬송을 드렸습니다. 그러나 그들은 너무도 쉽게 곧 "그 행사를 잊어버리며 그 가르침을 기다리지 아니하고 광야에서 욕심을 크게 발하며 사막에서 하나님을 시험하였습니다" (시편 106:13-14). 이스라엘 백성은 하나님을 신뢰하는 대신 하나님을 시험했습니다. 그들의 충성심은 "아침 구름이나 쉬 없어지는 이슬"(호세아 6:4) 같았습니다. 그들의 찬양은 마치 금방 싹이 나오나 뿌리가 깊지 못해 시들어 버리는 식물과도 같았습니다. 대부분의 경우 불신과 불평의 잡초가 자라 그들의 삶에서 찬양을 질식시키고 있었습니다.

우리는 이 땅에서 누리는 자연적 기쁨에만 마음을 빼앗겨 버리기가 얼마나 쉬운지 모릅니다. 심지어는 찬양을 드리면서도 그런 피상적인 기쁨에 빠져 있을 수가 있습니다. 살아 있는 진짜 난초가 얼마든지 많이 있는데 생명이 없는 가짜 난초를 택할 사람이 있겠습니까? 민들레가 아무리 앙증스럽고 예쁘다한들 자기 집 정원에 장미와 백합을 제쳐두고 민들레를 우선적으로 기르려고 하는 사람이 있겠습니까? 그렇지는 않을 것입니다. 그런데도 우리는 하나님의 기쁨이 만개해야 할 마음의 정원에다 온통 그보다 훨씬 못한 이 세상 기쁨과 즐거움만을 심고 있는 때가 얼마나 많은지 모릅니다.

기쁨을 구함

영혼 깊은 데서 항상 기뻐하는 것은 그리스도를 닮은 성품이요 하나님의 뜻입니다(데살로니가전서 5:16, 빌립보서 4:4 참조). 예수님께서는 즐거움의 기름으로 부음을 받으시고 그 동류들보다 뛰어나게 되셨으며(시편 45:7), 희락의 기름으로 우리의 슬픔을 대신하러 오셨습니다(이사야 61:3). 주님께서는 십자가를 눈앞에 둔 시점에서도 제자들에게 자신의 기쁨을 나누어 주기 원하신다고 말씀하셨습니다(요한복음 15:11, 16:22,24 참조). 하나님께서 주시는 기쁨은 우리가 하나님의 자녀로 태어날 때부터 얻은 특권입니다. 우리는 이 기쁨을 누릴 권리가 있습니다. 희락은 성령의 열매입니다(갈라디아서 5:22). 성령께서는 우리의 삶 가운데서 희락이라는 열매를 맺기를 원하십니다. 그러므로 우리는 기대를 가지고 우리의 기쁨을 충만케 해주시도록 하나님께 기도할 수 있습니다.

시편 90:14에서 모세는 평생에 날마다 즐겁고 기쁘게 해달라고 기도하는데, 그 기쁨은 하나님과 하나님의 인자 곧 한결같은 사랑에 기초하였습니다. "아침에 주의 인자로 우리를 만족케 하사 우리 평생에 즐겁고 기쁘게 하소서." 또한 바울도 골로새 성도들이 기쁨으로 감사를 드릴 수 있게 되기를 기도했습니다(골로새서 1:11-12 참조). 우리 자신을 위해서도 동일한 내용으로 기도할 수 있습니다. 우리로 하여금 날이 갈수록 더 큰 기쁨을 누릴 수 있게 해달라고 하나님께 기도하기 바랍니다. 그러려면 하나님의 놀라운 성품과 길을 더욱더 잘 알고 감사하는 것이 필요합니다.

하나님께 하나님의 기쁨을 달라고 구하는 것은 이기적인 기도가 아닙니다. 왜냐하면 주님의 기쁨은 우리에게 주님의 뜻을 행할 수 있는 힘을 주기 때문입니다. 기쁨을 구하는 것은 안이한 삶을 구하는 것도 아닙니다. 하나님께서 주시는 기쁨이라고 해서 우리의 삶에서 모든 고난과 슬픔을 다 제거해 주는 것은 아니기 때문입니다. 대신 그것은 슬픔 가운데 있는 우리를 굳세게 해줍니다.

한번은 비극적인 사고로 딸을 잃은 어느 경건한 그리스도인의 이야기를 들은 적이 있습니다. 어느 날 그는 길을 걷다가 자기 딸의 이름과 똑같은 이름이 쓰인 거리 표지판 앞에 발을 멈추게 되었습니다. 마음속에는 슬픔이 북받쳐 오르고 눈에는 눈물이 핑 돌았습니다. 그러나 한편으로는 형언할 수 없는 하나님의 기쁨이 홍수처럼 밀려와 슬픔 가운데서도 기뻐할 수 있게 해주었습니다. 바울이 자신에 대해 "근심하는 자 같으나 항상 기뻐"(고린도후서 6:10)한다고 했는데, 그는 자신도 그러하다는 것을 경험했습니다.

현재 삶 가운데 하나님의 기쁨을 누리고 있지 않다면 매일매일 하나님 앞에 이 필요를 가지고 나아가 기도하기 바랍니다. 우리는 확실한 기대를 가지고 기도할 수 있습니다. 왜냐하면 주님께서 "구하라. 그러면 너희에게 주실 것이요"(누가복음 11:9)라고 약속하셨기 때문입니다.

기쁨을 주시기를 기도할 때 언제까지 달라는 식으로 기한을 정한다든가 어떤 방법으로 응답해 달라는 식으로 기도해서는 안 됩니다. 우리의 마음속에서 기쁨의 꽃이 활짝 피게 하기 위해서는 먼저 땅을 갈고 씨앗을 심고 물을 주며 잡초를 뽑아 주는 일이 꼭 필요하기 때문입니다. 때로는 우리 영혼에 가뭄의 때가 필요할 수도 있습니다. 이 땅의 샘이 마를 때 우리 영혼은 전과는 다른 새로운 마음과 방법으로 하나님을 간절히 찾게 됩니다. 유대 광야의 다윗과 같습니다. "하나님이여, 주는 나의 하나님이시라. 내가 간절히 주를 찾되 물이 없어 마르고 곤핍한 땅에서 내 영혼이 주를 갈망하며 내 육체가 주를 앙모하나이다"(시편 63:1). 우리에게는 실망과 좌절이 필요할 수도 있습니다. 우리로 하나님의 위로를 간절히 찾게 만들기 때문입니다. 환난과 고난이 필요할 수도 있습니다. 우리로 하나님의 사랑과 능력을 의지하지 않을 수 없도록 몰아가기 때문입니다.

누군가가 이런 말을 했습니다. "슬픔이 오는 것은 마음속에 기쁨의 공간을 넓혀 주려는 것입니다." 내룻는 가장 슬픈 사별(死別)을 당했을 때조차도 이것이 사실임을 깨달았습니다. 그 슬픔은 기쁨의 근원이신 하나님께 나의 시선을 고정시키고 하나님을 갈망하며 앙모하도록 나의 영혼을 새롭게 변화시켜 주었습니다. 슬픔을 통해서 나는 하나님을 더 깊이, 그리고 새롭게 알아 가게 되었을 뿐만 아니라, 이 땅의 자그만 기쁨들에도 새로이 눈을 뜨게 되었고 그것들을 한껏 즐기게 되었습니다. 어린아이의 얼굴에 떠오른 기쁨의 표정에서도, 겨울 하늘을 배경으로 실루엣처럼 꿋꿋이 서 있는 겨울나무 한 그루에서도 나는 벅찬 희열을 느꼈습니다.

슬픔이 빚어내는 이 놀라운 결과를 보노라면 마치 신비한 연금

술과도 같습니다. 슬픔이라는 과정을 통과하면서 이 땅의 자연적인 기쁨과 하나님의 기쁨은 새로운 방법으로 한데 녹아 하나로 합해집니다. 이 과정이 진행되어 감에 따라 고통은 더 많은 기쁨을 받아들일 수 있도록 점점 우리의 용량을 넓혀 줍니다.

예수님께서는 정의를 사랑하시고 악을 미워하셨으므로 즐거움의 기름을 부음받으셨습니다(시편 45:7 참조). 우리에게도 역시 정의를 사랑하고 악을 미워하는 것이 즐거움의 주된 뿌리입니다. 우리는 이 면에서 그리스도를 더욱 닮아 감으로써 기쁨에 방해가 되는 것들을 떨쳐 버리게 됩니다. 그러므로 기쁨을 구하는 우리의 기도에 대한 응답으로 하나님께서 연단을 주실지라도 놀랄 필요가 없는 것은 그런 연단을 통해 우리는 정의를 더 사랑할 수 있게 되기 때문입니다.

기도 응답을 받기 위해서는, 하나님께서 행동하시기를 수동적으로 기다리는 게 아니라 우리 편에서 뭔가를 적극적으로 해야 할 필요가 있는 경우도 종종 있습니다. 하나님께서는 때로 우리 편에서 어떤 선택을 내리기를 원하실 때가 있는데, 우리는 그러한 선택의 기회들에 깨어 있어야 합니다. 하나님께서 원하시는 선택이 무엇이든 기꺼이 하겠다는 마음으로 기도한다면 우리는 확신을 가지고 담대히 기쁨을 구할 수 있습니다. 이렇게 기도할 수 있습니다.

주님, 주님의 기쁨으로 제 삶을 충만하게 채워 주소서. 주님께서 계획하신 가장 완벽한 때에 그 기쁨을 제게 주실 것을 믿고 감사드리옵니다. 그 전에 먼저, 제가 그 기쁨을 받아 누릴 수 있도록 저를 준비시켜 주소서. 그 기쁨을 누리기 위해 제가 내려야 할 선택이 있거나 취해야 할 행동이 있다면 마땅히 할 수 있도록 인도해 주소서. 주님께서 응답하실 때까지 주님과 항상 동행하며 인내로 기다릴 수 있게 도와주소서. 그리하여 주님께서 주시는 온갖 좋은 선물을, 특히 기쁨이라는 이 좋은 선물을 제가 온전히 받아 누릴 수 있게 축복하여 주소서.

하나님을 알아 감으로 얻는 부산물

기쁨은 '어떤 것이 선하고 만족을 줄 때 느끼는 유쾌하고 즐거운 감정'이라고 정의할 수 있습니다. 우리는 하나님의 기쁨을 원한다고 고백하며 그것을 달라고 정기적으로 기도하면서도, 실제로는 하나님이 아니라 다른 여러 가지 것들에 바탕을 둔 기쁨을 구할 수도 있습니다. 이를테면 사람이나 소유물, 삶 속에서 일어나는 이런저런 사건들이나 자신이 이룬 업적이나 공로 등 일시적이며 덧없고 변하는 것들에 바탕을 둔 기쁨을 구하는 것입니다.

하나님과 하나님의 뜻에 기초를 둔 기쁨에 우리의 시야를 고정시키기 전까지는 우리는 참되고 지속적인 기쁨, 삶에서 일어나는 이런저런 일들에 결코 흔들리지 않는 그런 기쁨을 누릴 수가 없습니다. 오직 하나님만이 언제나 선하시고, 영원한 만족을 주실 수 있습니다. 하나님의 모든 것, 이를테면 하나님의 사랑, 하나님의 능력, 하나님의 권세, 하나님의 약속⋯ 은 변함이 없으며 영원합니다. 하나님의 기쁨은 아주 다양한 형태로 나타납니다. 잔잔한 즐거움, 근심 걱정 없는 유쾌함, 하늘을 날 듯한 환희, 혹은 하나님의 말씀 안에 약속된 미래의 즐거움에 대한 조용한 기대 등, 비록 나타나는 형태는 다를지라도 그 기쁨은 결코 소멸되지 않습니다.

우리가 이 기쁨을 누리기 위해서는 먼저 해야 할 일이 있습니다. 하나님을 우리 기쁨의 주된 원천으로 삼고, 우리 삶을 위한 하나님의 목적에 부합된 삶을 사는 것입니다. 오직 하나님께서 우리를 만드신 목적을 성취해 나갈 때만이 우리는 참된 기쁨을 알 수 있습니다.

하나님께서 주시는 심원한 기쁨은, 다른 모든 것보다 하나님께 최고의 가치를 두며 하나님을 가장 귀히 여기는 심령 속에 찾아옵니다. 기쁨보다 더 중요한 것은 하나님 자신입니다. 어느 시인은 이처럼 하나님을 최고로 여기는 태도를 이렇게 표현했습니다.

나의 목적지는 오직 하나님.
평안도 기쁨도 축복도 아니요,
오직 한 분, 나의 하나님.
나를 그곳으로 이끄시는 건
내가 아니요 주님이시라네.
사랑하는 주님,
어떤 값을 치르든,
어떤 길을 만나든,
오직 주님 향해 가오리이다.

시편 43편을 쓴 시인 역시 이런 마음 자세를 가지고 있었습니다. 그것은 하나님께서 주시는 기쁨을 누리는 선행 조건입니다. 그는 지금 팔레스타인의 먼 북쪽에 추방되어 있는 상태입니다.

비록 극한 고난으로 자신의 영혼이 낙망하며 불안해하였지만, 그는 하나님을 "나의 극락(極樂)의 하나님"(4절)이라고 고백했습니다. 문자적인 뜻은 '기쁨 중의 기쁨이신 나의 하나님'입니다. 하나님만이 나의 최고의 기쁨이시라는 의미입니다. 여기에는 최고의 기쁨을 제공하는 근원은 오직 하나님이시라는 시인의 고백이 담겨 있습니다. 그는 하나님을 최고의 기쁨과 만족을 주시는 분으로 여겼습니다. 낙망 속에서도 변치 않는 기쁨의 유일한 기초가 되시는 하나님만 바라보는, 확정된 마음을 계속 유지하고 있었던 것입니다. "하나님이여, 내 마음이 확정되었고 내 마음이 확정되었사오니 내가 노래하고 내가 찬송하리이다"(시편 57:7).

바울도 이런 마음을 갖고 있었습니다(빌립보서 3-4장 참조). 그는 예수 그리스도를 아는 지식이 가장 고상함을 알았습니다. 주님을 아는 것을 가장 가치 있는 최고의 특권으로 여겼습니다. 주님을 알게 된 것이 너무도 귀해서 이것과 비교하면 다른 것은 다 무가치하게 여겨질 뿐이었습니다. 그래서 다른 모든 것은 해로 여겼습니다. 그는 그리스도를 위하여 모든 것을 잃어버렸고 배설물로 여겼습니다. 그리스도 외에는 다 쓰레기처럼 여기고 모두 내버린 것입니다. 그 결과 극심한 고난과 역경 가운데서도 늘 하나님의 기쁨으로 충만했습니다. 그는 영적 자녀들에게 주님 안에서 항상 기뻐하라고 가르쳤으며, 또한 하나님 중심의 기쁨을 누리는 삶을 사는 본을 직접 보여 주었습니다. 언제 어느 상황에서나 기뻐하였습니다. 감옥에서도 기뻐하였습니다. 기도할 때에도 기쁨이 넘쳤습니다. 경제적으로 궁핍할 때든 풍부할 때든 늘 자족하며 기뻐하였습니다. 주님 안의 형제 자매들을 생각하며 늘 기뻐하였습니다.

시편 87편에서 하나님의 백성들은 예루살렘을 가리켜 "나의 모든 근원이 네게 있다"(7절)라고 선포했습니다. '근원'이라는 말은 문자적으로 샘, 우물, 원천이라는 뜻입니다. 그래서 '나의 모든 근원'이라는 말을 '나의 모든 축복의 샘', '나의 모든 기쁨의 샘'으로 번역하기도 합니다. 그들은 모든 축복과 기쁨의 샘이 예루살렘에 있다고 믿었습니다. 예루살렘은 하나님께서 자신을 나타내시기 위해 특별하게 택하신 성이었습니다. 그들이 예루살렘에서 기쁨을 찾은 까닭은, 거기에 여호와 하나님께서 거하셨기 때문입니다. "여호와께서 야곱의 모든 거처보다 시온의 문들을 사랑하시는도다. 하나님의 성이여, 너를 가리켜 영광스럽다 말하는도다"(2-3절). 그러나 예수님께서 죽으시고 부활하신 이후로 하나님께서는 더 이상 이 지구 상의 어느 특정한 장소에서 자신을 나타내시지는 않으십니다. 이제 하나님께 속한 우리는 어떤 특정한 장소가 아니라 하나님 안에서 기쁨을 찾습니다. 하나님께서는 우리가 하나님을 찾을 때 어디에서나 우리에게 자신을 나타내 주시는 분이십니다. 이제 우리는 예루살렘을 향해서가 아니라 삼위일체 하나님께 이렇게 고백하는 것이 마땅합니다. "나의 모든 근원이 주 하나님께 있나이다." 우리의 모든 축복과 기쁨의 샘은 삼위일체 하나님 안에 있습니다!

우리의 기쁨의 샘이 하나님 안에 있기에 우리는 더 큰 기쁨을 누릴 수 있습니다. 그러기 위해서는 하나님을 더 잘 알아 나가야 합니다. 우리에게 기쁨을 주는, 하나님에 관한 진리들이 많이 있습니다. 하나님의 완전한 용서, 하나님의 한없는 사랑, 하나님의 풍성한 공급, 하나님의 신실하심, 하나님의 궁극적 승리 등등. 이러한 진리들에 초점을 맞출 때, 우리는 하나님을 더욱 깊이 경험하게 되며, 죄의식, 근심, 두려움, 분노처럼 우리로 기쁨을 누리지 못하게 막는 감정들을 몰아낼 수 있게 됩니다.

기쁨의 샘에서 길어 마심

우리는 하나님을 묵상하며 하나님을 찬양함으로써 우리의 기쁨의 샘에서 물을 길어 마실 수 있습니다. 시편 63편을 보면, 다윗은 간절히 하나님을 찾았습니다. 물이 없어 마르고 곤핍한 땅에서 그의 영혼이 주님을 갈망하며 그의 육체가 주님을 앙모하였습니다. 그는 주님의 권능과 영광을 보기 원했습니다. 그래서 주님을 묵상했습니다. 주님의 인자가 생명보다 낫다는 것을 알았습니다. 그의 입술로 주님을 찬양했습니다. 그는 이렇게 기록했습니다. "골수와 기름진 것을 먹음과 같이 내 영혼이 만족할 것이라. 내 입이 기쁜 입술로 주를 찬송하되, 내가 나의 침상에서 주를 기억하며 밤중에 주를 묵상할 때에 하오리니"(5-6절). 하나님께서 누구신가에 대한 생각이 우리의 머릿속에 가득 차 있을 때 우리는 하나님을 더욱 신뢰하고 의지하게 되며, 그 신뢰와 의지는 기쁨과 즐거움의 기초가 됩니다. 시편 33:21은 "우리 마음이 저를 즐거워함이여. 우리가 그 성호를 의지한 연고로다"라고 말합니다. 하나님께서 자신에 대하여 나타내 주신 진리를 진정으로 믿을 때 우리는 우리의 기쁨이신 주님의 샘물을 마실 수 있게 되는 것입니다.

하나님께서 누구신가를 묵상할 때 우리는 자신이 바로 '주님의 사랑하시는 자'(시편 60:5, 127:2, 스바냐 3:17, 요한복음 13:

23, 21:7,20, 데살로니가후서 2:13 참조)라는 것을 깨닫게 됩니다. 우리 자신을 봅시다. 우리는 그리스도 안에 있고, 새로운 피조물이 되었으며, 성령께서 우리 안에 거하시게 되었습니다. 이제 우리는 성령으로 말미암아 우리 안에 기쁨의 샘을 소유하게 되었습니다. 우리는 참으로 복 받은 사람들입니다. 주님께서는 우리로 주님과 연합하여 하나가 되게 해주셨습니다. 주님께서는 우리 안에 거하시고 우리는 주님 안에 거하게 되었습니다. 우리가 하나님의 자녀로 거듭났을 때 하나님께서는 자신의 성품을 우리에게 주셨습니다. 이 영적 출생으로 말미암아 우리는 그분의 영원한 기쁨에 연결되게 되었고, 영원토록 언제 어디서나 그 기쁨을 맛보며 누릴 수 있게 되었습니다.

우리는 하나님의 기쁨을 구하러 찾아다닐 필요가 없습니다. 그 기쁨은 이미 우리의 소유가 되었습니다. 이제는 다른 기쁨들은 버리고 그것을 선택하는 일만 남아 있을 뿐입니다. 하나님의 기쁨을 한 번 맛보고 나면 다른 기쁨들은 쳐다보지도 않게 됩니다. 우리의 경험을 보면, 이 기쁨을 풍성하게 누릴 때도 있지만 그렇지 못할 때도 있는데, 그렇다고 그 기쁨이 어디로 사라져 버린 것은 아닙니다. 그것은 항상 거기에 있습니다. 그 기쁨은 우리의 전 존재에 차고 넘칠 새로운 기회를 기다리고 있습니다. 하나님의 기쁨을 선택하십시오. 그 안에 거하십시오. 그것을 맛보고 누리십시오. 그것은 우리의 책임입니다.

우리의 현재 기분이나 감정이 어떻든 우리는 삼위일체 하나님(아버지와 아들과 성령)을 찬양할 수 있습니다. 그리스도 안에서 하나님과 연합한 자로서 하나님의 성품에 참여하는 자가 되었기 때문입니다(베드로후서 1:3-4 참조). 우리는 하나님의 성품을 나누어 받게 될 것입니다. 하나님의 영원한 생명과 사랑, 영원한 빛과 영광, 영원한 기쁨…에 참여하게 되었습니다. 주님과의 연합으로 말미암아 우리는 지금 영원 속에 들어가 있는 것입니다. 우리는 이미 영원한 기쁨을 소유하고 있습니다. 언젠가 주님 앞에 가는 날 그 기쁨을 영원토록 누리게 될 것입니다. 그것은 확실히 보증된 것입니다. 우리가 지금 이 땅에서 누리는 기쁨은 그 영원한 기쁨의 보증으로서 예고편이요 맛보기입니다. 그런 이유에서 우리는 저 옛날 하나님의 선지자 이사야처럼 지금도 변함없이 이렇게 말할 수 있는 것입니다. "내가 여호와로 인하여 크게 기뻐하며, 내 영혼이 나의 하나님으로 인하여 즐거워하리라"(이사야 61:10 참조).

성숙의 표지

하나님의 기쁨을 지속적으로 누리고 경험하기 위해서는 또한 매일매일 우리의 태도에서 순종의 선택을 해야 합니다. 이것이 성숙한 선택입니다.

한 가지 성숙한 선택은 기뻐하는 것입니다. 다시 말해 기뻐하기로 선택을 해야 합니다. "주 안에서 항상 기뻐하라. 내가 다시 말하노니 기뻐하라"(빌립보서 4.:4). 상황이 호전될 때까지는,… 아픔과 고통이 사라질 때까지는,… 배우자가 태도를 바꿀 때까지는,… 혹은 경제 사정이 나아질 때까지는… 기뻐할 수 없다고 생각하는 함정에 빠진 사람들이 많습니다. 현재 환경 가운데서는 도저히 기뻐할 수 없다고 느낍니다. 기뻐하기를 자꾸 미루려 합니다. 그러나 하나님께서는 그렇지 않다고 하십니다. 하나님 안에서 항상 기뻐하라고 말씀하십니다. 언제나 하나님 안에서 우리의 기쁨을 찾고 발견해야 한다고 말씀하시는 것입니다.

하나님께서는 또한 시련을 만났을 때 그것을 "온전히 기쁘게 여기라"고 말씀하십니다(야고보서 1:2). 시련은 기쁨의 적이 아니라 우리를 진정한 기쁨으로 안내해 주는 표지판입니다. 시련은 우리에게서 기쁨의 자연적 근원들을 앗아 감으로써 오직 하나님의 기쁨만을 선택하게 합니다. 하나님께서는 시련을 사용하셔서 세상의 마력에 취해 있는 사람들을 깨워 주십니다. 세상의 마력은 보잘것없는 세상 기쁨을 움켜쥐게 만들고, 주님 안에서 우리를 기다리고 있는 참기쁨에 대해서는 눈이 멀게 합니다. 원한다면 우리는 기뻐하기를 미룰 수는 있습니다. 그러나 하나님께서는 지금 그분 안에서 기뻐하라고 우리를 초청하십니다. 기뻐하기를 선택할 때 하나님께서는 거기에 필요한 힘을 공급해 주십니다. 그 선택은 전적으로 우리에게 달렸습니다.

우리가 할 수 있는 또 하나의 성숙한 선택은 소망의 태도를 갖는 것입니다. 이 소망은 미래에 대한, 기대에 찬 확신으로, 하나님의 약속들에 근거를 두고 있습니다. 때때로 우리가 경험하는 것들을 보면 기쁨과는 거리가 멀어 보이기도 합니다. 예수님 자신도 겟세마네의 고뇌를 겪으시고 십자가의 고난을 받으실 때에는 환희로 가득 차 있지는 않으셨습니다. 그러나 그 앞에서 주님을 기다리고 있는 즐거움을 위하여 십자가의 부끄러움을 개의치 않으셨습니다(히브리서 12:2 참조). 주님께서는 소망을 가지고 십자가를 참으셨습니다. 우리 역시 소망을 가지고 앞을 내다보기로 선택함으로써 자신의 자연적 감정이 어떻든 거기에 좌우되지 않고 주님 안에서 항상 기뻐할 수 있게 되는 것입니다.

그러므로 무슨 일이 일어나든 우리는 기뻐하기로, 또 소망의 태도를 갖기로 선택해야 합니다. 이 선택은 좀 더 기본적인 선택, 즉 단순히 하나님을 믿겠다는 결단에 달려 있습니다. 로마서 15:13에서 바울은 우리가 믿을 때 소망의 하나님께서 모든 기쁨과 평강을 우리에게 충만케 하사 성령의 능력으로 소망이 넘치게 하신다고 말했습니다. 베드로의 편지를 받은 그리스도인들은 이것을 경험했습니다. "예수를 너희가 보지 못하였으나 사랑하는도다. 이제도 보지 못하나 믿고 말할 수 없는 영광스러운 즐거움으로 기뻐하니"(베드로전서 1:8). 중국에서 사역을 한 어느 선교사의 아내는 이 기쁨을 다음과 같이 나타냈습니다.

주님 손 잡고 주님 발걸음에 맞춰
흥겨워 주님 따라가니
찬송과 어깨춤 절로 나오네.
오, 힘찬 파도처럼 밀려오는 이 기쁨.

또한 드번 프롬케는 이렇게 썼습니다.

기쁨은 하늘나라의 삶의 방식과 목표에 사로잡혀 살아온 사람들 가운데서 가장 확실히 나타나는 것입니다. 주님께서는 기쁨 그 자체이십니다. 기쁨의 근원이십니다. 그들은 기쁨의 근원이신 주님의 능력 안에서 살아가는 법을 배워 왔습니다.… 우리는 기뻐하도록 부르심을 받았습니다. 기쁨을 나타내는 것은 해도 좋고 안 해도 좋은 그런 것이 아니라 반드시 해야 되는 것입니다. 그것은 승리를 얻기 위해 달음질하는 자라면 누구나 드러내야 하는 성숙의 표지입니다.

하나님께서는 기쁨의 찬양이 자라는 비옥한 토양이십니다. 때로는, 하나님과의 동행을 시작한 지 얼마 안 되는 시기에라도 우리는 큰 기쁨과 즐거움을 맛볼 수 있습니다. 그러나 우리가 그리스도 안에 더욱 깊이 뿌리를 내려 감에 따라 하나님께서는 새로운 방법으로 우리의 생각과 감정을 사로잡으십니다. 이를 통해 우리의 기쁨은 더 충만하고 견고해집니다. 이렇게 될 때 어떠한 형편과 처지에 있든, 인생에서 어떤 시기에 있든, 모든 상황에서 우리의 찬양은 활짝 꽃피우게 되고, 아름다운 향기를 발하게 될 것입니다. 그리고 그 향기는 하나님 앞에까지 상달될 것입니다.

묵상 및 토의를 위하여

1. 하나님의 기쁨을 경험하는 것은 왜 중요합니까?
2. 이 장에서 기쁨에 대한 진리들 중에서 당신에게 가장 크게 도움이 된 것은 무엇입니까?
3. 하나님의 기쁨을 더욱 지속적으로 경험하고 싶습니까? 이를 위해 당신이 할 수 있는 일들은 무엇입니까? 그중에서 당신이 지금 즉시 시작할 수 있는 일을 한 가지 든다면 무엇입니까?

제15장

하나님과 친교를 나눔

우리 하나님께서는 기쁨의 하나님이십니다. 하나님께서는 주권자시요 전능자시요 거룩하시고 지극히 높은 영광 중에 계신 분이시지만, 또한 우리와 개인적인 관계 가운데 친밀한 사귐과 교제 즉 '친교(親交)'를 나누기를 기뻐하시는 분이시기도 합니다. 하나님께서는 고독한 분이 아니십니다. 하나님께서는 텅 빈 영원 속에 외롭게 혼자 계신 적이 결코 없으십니다. 영원 전부터 그분은 삼위일체 하나님이십니다. 영원토록 아버지와 아들과 성령께서는 한없이 친밀한 사랑의 관계 가운데서 존재하십니다.

하나님께서는 우리를 자기 형상대로 창조하심으로써 자신과 같은 관계적 존재가 되게 하셨습니다. 우리가 그리스도와 연합했을 때 삼위일체 하나님께서는 아버지와 아들과 성령의 사랑의 교제라는 '이너서클(inner circle)' 가운데로 우리를 반갑게 맞아들이셨습니다. 하나님께서는 참으로 우리 각 사람과 친밀한 교제를 나누기를 간절히 원하십니다.

하나님의 임재를 즐김

우리는 다른 사람들과의 관계 가운데 다양한 수준의 의사소통을 하며 살아갑니다. 서로 인사를 하고, 날씨, 건강, 아이들에 대한 소식 등 사실을 나눕니다. 대부분의 인간관계가 인사를 하고 사실을 나누는 이 정도로 그칩니다. 이것은 가장 낮은 수준의 의사소통입니다. 하지만 때로는 좀 더 가까이 다가가는 모험을 하여, 자신의 생각이나 의견을 나누기도 합니다. 그런가 하면 어떤 사람들과는 용기를 내어, 약간은 긴장을 하면서 조심스럽게 자신의 감정까지도 나눕니다. 또 때로는 마음을 활짝 열어 놓고 그야말로 친교라고 부를 수 있을 정도로 마음속 깊숙이에 있는 생각과 감정까지 숨김없이 자유롭게 나누는 관계가 있습니다. 이러한 친교 수준의 의사소통이 될 때라야 다른 사람의 깊은 내면에 다가설 수 있는 기쁨을 맛보게 됩니다. 다른 수준의 의사소통에서는 맛보지 못해 늘 아쉬워하던 것입니다.

하나님과는 모든 수준의 의사소통이 다 가능합니다. 심지어는 "안녕하세요? 하나님"이라는 말도 의미가 있을 수 있습니다. 그러나 사람들에게와 마찬가지로 하나님께 사실을 나누는 수준이나 현재 당면한 일을 나누는 정도를 넘어서서 감정을 나누는 의사소통은 얼마나 하고 있습니까? 이에서 더 나아가 모든 것을 기탄없이 나누는 영적 친교를 나누고 있습니까? 이것은 가장 깊은 수준의 의사소통입니다. 우리는 하나님과 이러한 친교 수준의 의사소통을 해야 합니다. 친교 시 우리는 의식적으로 우리 내면의 가장 깊은 곳으로부터 우러나오는 교제를 하나님과 하게 됩니다. 영으로 기도하며 찬양하게 됩니다. 그것을 말로 표현할 수도 있고, 말은 없지만 사랑, 즐거움, 관심, 애통함, 갈망을 통해 표현할 수도 있습니다. 우리는 머리와 가슴, 이성과 감정을 전부 동원하여 하나님과 하나님의 말씀에 응답하게 됩니다.

친교는 하나님에 대한 여러 생각과 연관되어 있을 수도 있지만, 또한 그 생각들을 넘어서 직접 인격적 존재이신 하나님을 즐거워하는 것으로 발전합니다. 이를 통해 우리는 빅토리아 시대의 저명한 찬송시 작가인 F. 페이버가 쓴 것처럼 하나님을 기뻐하는 것을 배울 수 있습니다.

> 가만히 앉아 하나님을 생각하면
> 생각만 해도 얼마나 기쁜지!
> 하나님을 생각하며 그 성호를 부르니
> 이 땅에서 그보다 더 큰 복이 없도다.

이 시에는 하나님과 나누는 친교의 감정적 측면이 잘 나타나 있습니다. 단순히 "하나님!" 하고 그 성호를 부름으로써 속사람 전체가 하나님 안에서 안식을 누리거나 크게 기뻐한 적이 있습니까? 바쁜 일상 속에서 잠시 멈추어, 우리의 이성으로뿐 아니라 우리의 중심으로, 하나님께 경배하고 감사를 드린 적이 있습니까?

모세는 "그런즉 너는 오늘날 상천하지에 오직 여호와는 하나님 이시요 다른 신이 없는 줄을 알아 명심하고"(신명기 4:39)라고 했습니다. 너는 알아 명심하라! '알고 마음에 새겨라' 이런 말입니다. 친교에는 머리와 가슴이 다 필요합니다. 시편 46:10도 이와 비슷한 말씀입니다. "너희는 가만히 있어 내가 하나님 됨을 알지어다."

하나님께서는 자신에 대하여 보여 주신 진리들을 우리가 주의 깊게 생각하기를 요구하십니다. 하나님께서는 또한 우리가 그분 앞에 잠잠히 있기를 바라십니다. 마음과 정신과 몸의 긴장을 다 풀어 버리고, 그분이 하나님 되심을 우리의 내면 깊은 곳으로부터 깨닫게 되기를 바라십니다. 그분은 천지를 다스리시는, 유일하신 참하나님이시요, 언제나 우리를 도울 준비가 되어 있는, 끝없는 사랑의 하나님이십니다. 하나님과의 친교 가운데 우리는 잠잠히 가만히 있어 하나님을 바라보며 이 놀라우신 하나님을 즐거워하는 시간을 가지게 됩니다.

친교는 여러 형태로 나타날 수 있습니다. 기도를 하다가 간간이 멈추고 조용히 주님을 묵상하는 것으로 나타날 수도 있고, 하나님의 능력과 그 창조의 놀라움을 깨닫고 말없이 경외감에 사로잡히는 것으로 나타날 수도 있습니다. 동이 터오는 광경이나 해가 지는 광경을 본 적이 있습니까? 뜰에 핀 작은 꽃 한 송이를 들여다본 적이 있습니까? 우리는 그 아름다움에 그만 넋을 잃고 바라봅니다. 천지 만물이 다 하나님의 영광을 담대히 선포하고 있습니다. 이처럼 친교는 하나님께서 지으신 자연을 바라볼 때 물밀듯 밀려오는 가슴 벅차오르는 감격으로 나타나기도 합니다. 친교는 또한, 일상을 살아가면서 삶 속에서 단순한 것이지만 그것을 보고 우리의 영광스러운 창조주시요 왕이신 하나님을 생각하게 되었을 때 마음속에서 솟구치는 경탄의 마음으로 표현될 수도 있습니다.

친교는 마치 땅이 이슬을 받아들이는 것처럼 단순하게 마음을 열어 놓고 조용히 하나님을 받아들이는 형태를 취할 수도 있습니다. 그것은 식물이 물을 흠뻑 머금은 흙 속에 뿌리를 깊이 내리고 조용히 양분을 섭취하고 있는 것과 비슷하다 할 수 있을 것입니다. 우리도 이처럼 바삐 놀리던 우리의 손을 잠깐 멈추고 조용한 침묵 속에서 잠잠히 주님의 얼굴만을 바라보며, 주님께 모든 것을 다 맡겨 버리고 편히 쉬면서 주님과의 교제를 즐기며, 주님의 풍성한 자원을 '섭취'하고 온전히 누릴 수 있게 됩니다.

찬양과 친교는 이상적인 짝입니다. 친교는 우리의 찬양을 더욱 활기차게 해주고, 구태의연하고 피상적인 것이 되지 않게 해줍니다. 친교를 통하여 우리 영혼의 가장 깊은 곳으로부터 우러나오는 감사와 찬양을 하나님께 돌릴 수 있게 됩니다. 또한 지극히 아름다우신 하나님을 앙모하며 즐거워하고 높일 때 마음으로부터 우러나오는 풍성한 찬양과 친교가 한데 어우러집니다.

친교의 중요성

헬렌 모컨 여사는 오랜 세월 동안 나[롯]에게 깊은 영향을 주었는데, 말씀의 사람이요, 기도의 사람이요, 하나님과 친밀한 교제를 해온 사람이었습니다. 어느 날 그분을 방문했을 때 내게 물었습니다. "누구나 의사소통에 대해 이야기하고 있어요. 하지만 친교에 대해서는 어떻습니까?" 우리는 하나님께도 사람들에게 하듯 여러 종류의 의사소통에서 전문가가 되어 우리의 생각을 잘 이해시키고 우리의 처지를 확신 있게 전달할 수도 있습니다. 그러나 편안한 마음으로 개인적으로 하나님과 친밀한 교제를 하는 것에 대해서는 잘 배우지 못하고 있는 것 같습니다.

  조지 밀러는 주님과 친밀하게 동행한 지 16년째, 나이 서른여섯 되던 해에 한 가지 사실을 깨달았는데, 이것이 그의 영적인 삶에 중요한 변화를 가져다주었습니다. 이것을 그는 다음과 같이 설명했습니다.

  요즘 와서 더 밝히 깨닫게 된 것은, 내가 날마다 해야 할 일 중에서 가장 크고 중요한 일은 내 영혼으로 주님 안에서 행복을 누리게 하는 일이라는 것입니다. 내가 관심을 가져야 할 첫 번째 일은 내가 주님을 얼마나 많이 섬기는가도 아니요, 어떻게 하면 주님을 영화롭게 해드릴 것인가도 아니었습니다. 그것은, 어떻게 하면 내 영혼으로 행복한 상태에 거하게 할 수 있는가와 어떻게 내 속사람이 양식을 섭취할 것인가 하는 것이었습니다. 구원받지 못한 사람들에게 복음을 전하며, 다른 그리스도인들을 유익하게 하며, 좌절 가운데 있는 사람들을 건져 내려고 하는 등, 나는 이 세상에서 하나님의 자녀답게 살아가려고 애쓰고 있을지 모릅니다. 하지만 그러면서도 정작 내 심령은 주님 안에서 행복하지도 않고 또 날마다 속사람이 양식을 먹고 강건케 되고 있지 않다면, 영적으로 올바른 상태에 있다고는 볼 수 없습니다.

  이것을 깨닫기까지 적어도 이전 10년 동안 내가 꾸준히 해 왔던 일은, 아침이면 세수를 하고 단정하게 옷을 차려 입고 그저 습관적으로 기도한 것입니다. 그러나 이제 와서야 깨닫게 된 바는 하나님의 말씀을 읽고 묵상함으로 내 심령이 위로를 얻고, 격려를 받고, 경계를 받고, 책망을 받고, 교훈을 받는 것이 내가 했어야 했던 가장 중요한 일이라는 것입니다. 다시 말해 하나님의 말씀을 가지고 그 말씀을 묵상하는 가운데 나의 심령이 주님과 살아 있는 친교를 나누는 일이 그 무엇보다 중요하다는 사실이었습니다.

성취인가 친교인가

오늘날 우리 그리스도인들은 영적인 성취를 추구하는 일에서 떠나 조용히 하나님께 나와 친밀한 교제를 갖기가 어렵습니다. 주님과 나만의 교제 시간인 경건의 시간도 자칫하면 이런저런 활동들로 가득 채워 버려 주님과의 친교의 시간은 거의 남아 있지 않기가 쉽습니다. 그런 활동들이 때로는 긴급하기도 하고 중요하기도 해서 도저히 무시하기가 어려울 수도 있다는 것을 모르는 바 아닙니다. 문제는 주님과의 친교를 방해하고 희생시키는데도, 외적 활동과 성취에 집착한다는 것입니다.

그 이유가 무엇일까요? 우리가 지나치게 자기만족을 추구하고 있기 때문이 아닐까요? 우리는 자신이 뭔가를 하여 성취를 해내야 만족하는 본성이 있습니다. 눈에 보이고 만질 수 있는 성과가 있어야 만족합니다. 또는 하나님보다는 다른 것, 이를테면 영적 양식의 섭취나 예배를 위해 세운 목표를 성취하는 데서 우리의 깊은 감정적 만족을 찾기 때문이 아닐까요? 하나님과의 친밀한 교제보다 하나님과 적당한 거리를 두는 것에 더 익숙해 있고, 그럴 때 더 안전함을 느끼고, 더 편안함을 느끼기 때문은 아닐까요? 때때로 하나님의 충만하신 임재를 느끼며 하나님과의 교제가 무르익으려는 순간, 갑자기 어떤 생각이나 아이디어가 떠올라—아주 훌륭하고 유익한 것일 수도 있습니다—마음이 딴 데로 분산되어 친교에 방해를 받은 경험이 누구에게나 있을 것입니다.

　오늘날 사람들은 시간에 쫓겨 바쁘게 살며 지나치게 성취 지향적입니다. 어떤 사람들은 성경 읽기 목표를 달성해야 한다든가, 주어진 시간 내에 기도를 다 마쳐야 한다는 생각에 매여서, 주님과의 친밀한 교제를 잘 가지지 못할 수도 있습니다. 물론 성경 읽기 목표는 반드시 세우기를 권면합니다. 그러나 그 읽기를 교제 시간에 다 마쳐야 할 필요는 없습니다. 못다 읽은 것은 나중에 읽을 수도 있습니다. 기도에 있어서도 마찬가지입니다. 우리의 필요를 채워 달라고 기도하는 데만 매달려 시간을 다 보내기도 하는데, 그러나 경건의 시간에는 하나님의 임재를 즐거워하는 것이 가장 중요하다는 사실을 알고 여기에 특별히 주의를 기울여야 합니다. 주님께서 우리에게 간절히 바라시는 것이 무엇인지 아십니까? 우리가 주님의 임재를 누리며 주님 안에서 즐거워하는 것입니다. 최근에 미국 네비게이토 선교회 지도자의 한 사람인 봅 세필드가 보내온 편지 중에 다음과 같은 내용이 있었습니다.

　　삶에서 맞이하는 여러 압력과 고난 가운데서 내가 깨닫게 된 것은 내 기도의 초점이 주로 하나님의 능력과 힘, 축복, 피난처를 구하는 데 가 있다는 것이었습니다. 그러나 이런 것들은 하나님께서 자신을 나타내 주실 때 함께 따라오는 것이라는 사실을 분명히 알게 되었습니다. 때때로 나는 하나님의 임재보다 그 능력과 힘을 구하는 일에 더 관심이 쏠려 있음을 발견합니다! 생존을 위한 싸움이 치열하게 벌어지고 있는 그 한복판에서 내게는 하나님의 능력보다 하나님의 임재하심이 더욱 필요합니다.

우리의 관심사들을 기도로 하나님께 가지고 나아가는 것은 필수적입니다. 그러나 개인적인 요청 사항에, 심지어는 다른 사람들을 위한 중보 기도에 지나치게 초점을 맞추다 보면 하나님과의 친밀한 교제는 경험할 수 없게 되고 맙니다.

바쁘게 또는 서둘러 경건의 시간을 가질 때는 우리 안에 있는 여러 방 중에서 되도록이면 좀 덜 사적인 방, 이를테면 지성이라는 방이나, 또는 의지라는 방에서 주님을 만날 수도 있습니다. 혹은 진짜 감정은 드러내지 않은 채 피상적 수준에서 주님을 만날 수도 있습니다. 하지만 이런 경우 십중팔구 우리 존재의 중심에서는 하나님을 만나지 못하게 될 가능성이 아주 많습니다. 성령께서는 이 세상의 가장 가까운 인간관계가 제공할 수 있는 것보다 더 친밀한 교제로 우리의 영을 뜨겁게 해주려고 애쓰고 계십니다. 우리가 친교를 소홀히 하게 되면 성령께서 우리의 삶 가운데서 행하시는 이 기본적인 사역을 놓치게 됩니다.

어떤 사람들은, 천성적으로 또는 문화적인 배경 때문에, 쉽게 다른 사람들과 친해질 수 있습니다. 이런 사람들은 크게 애쓰지 않고도 하나님과 친밀한 교제를 가질 수 있습니다. 하지만 그렇지 못한 사람들도 있습니다. 엄마의 따뜻하고 부드러운 품속에 편히 안겨 엄마의 사랑과 격려를 먹으며 재롱을 부리고 있는 어린아이들을 보십시오. 그들은 친교에 대해 우리 어른들보다 더 잘 알고 있다고 볼 수 있습니다. 우리는 어린아이와 같은 단순한 친교의 기술을 잃어버린 채, 친교를 목말라 하면서도 그 목마름을 억제해 왔습니다. 우리는 사람들과 또 하나님과 어떻게 하면 더욱 따뜻하고 친밀한 교제를 나눌 수 있는지를 배워야 할 필요가 있습니다.

하나님과의 친교를 시도하는 초기에는 마음이 집중도 잘 안 되고 자꾸 분산되어 쉽게 곁길로 벗어날 수도 있고, 또 처음 하는 일인지라 어떻게 하는 것인지 익숙하지도 않아, '친밀한 교제는 아마도 우리 같은 사람을 위한 것이 아닌가 보다'라고 생각할지도 모르겠습니다. 이것은 친교 자체가 복잡해서가 아니라 우리 자신이 복잡하기 때문입니다. 우리를 보면 그동안 비인격적 관계에 길들여져 인격적 관계를 맺는 데 어려움을 느끼며, 가치관이 온통 거꾸로 뒤바뀌어 있고, 관계 자체를 즐기기보다 뭔가를 이루고자 하는 성취 욕구가 강하며, 또한 친밀한 관계를 맺는 것을 두려워하고 있는 것이 현실입니다. 친교는 이 복잡한 것들을 다 떨쳐 버리고 순수한 마음으로 그리스도께 헌신하며 어린아이처럼 단순하게 주님과의 관계를 즐길 수 있게 해줍니다. 친교는 즐거운 순종의 길을 따라 걷도록 촉진시켜 줍니다.

친교를 배움

오랜 세월 동안, 때때로 예외는 있었지만, 나[워렌]의 경건의 시간은 풍성했고 내게 많은 유익을 주었습니다. 나는 경건의 시간에 하나님의 말씀을 읽고, 기도하는 마음으로 그것을 묵상하고, 주님을 찬양하고, 중보 기도를 했습니다. 근년에 들어서는 친교에 더욱 주의를 기울이고 더 나은 방법을 개발하여 더욱 질적인 시간을 가지게 됨으로 나의 즐거움은 더 커졌습니다. 매일 주님과 교제의 시간을 시작할 때 나는 주님께서 원하시면 언제라도 내 자신이 세운 시간 계획을 접어 두고 바로 주님과의 친교를 나눌 것을 다짐합니다. 어떤 때는 주님께서 나를 부르시기 전에 최소한 그날 분량의 암송 복습과 성경 읽기는 다 마쳤으면 하고 혼자 속으로 은근히 바라기도 합니다. 주님께서 때때로 나의 계획들을 접게 하실 때면 순간적으로 실망이 되기도 하지만, 나는 즉시 마음을 돌이켜 즐거이 주님의 뜻에 따릅니다.

어느 날 아침 암송 복습을 하려고 카드를 꺼내 들었는데 첫 구절이 역대하 14:11이었습니다. "그 하나님 여호와께 부르짖어 가로되, '여호와여, 강한 자와 약한 자 사이에는 주밖에 도와줄 이가 없사오니, 우리 하나님 여호와여, 우리를 도우소서. 우리가 주를 의지하오며, 주의 이름을 의탁하옵고 이 많은 무리를 치러 왔나이다. 여호와여, 주는 우리 하나님이시오니, 원컨대 사람으로 주를 이기지 못하게 하옵소서' 하였더니." 유다를 침공한 100만 대군의 적군을 앞에 두고 유다 왕 아사가 여호와 하나님께 기도한 내용입니다. 그 구절을 훑어보고 있는데, 주님께서는 즉시 '우리가 주를 의지하오며'라는 부분에 나의 주의를 집중시켜 주셨습니다. 나는 내가 의뢰하고 그 안에서 쉴 수 있는 주님이 계심을 인하여 몇 분 동안 조용히 즐거워했습니다. 두 번째 구절은 역대하 20:12이었습니다. "'우리 하나님이여, 저희를 징벌하지 아니하시나이까? 우리를 치러 오는 이 큰 무리를 우리가 대적할 능력이 없고, 어떻게 할 줄도 알지 못하옵고, 오직 주만 바라보나이다' 하고.” 이 구절은 대군의 침략을 맞아 여호사밧 왕이 간구한 내용입니다. 이번에는 주님께서 “오직 주만 바라보나이다”라는 부분에 내 눈을 멈추게 하셨습니다. 주님께서는 이 짧은 두 구절을 사용하셔서 30분 간이나 주님과 즐거운 친교를 나누도록 이끌어 주셨습니다. 나는 마음속으로 "주님은 우리의 방패, 우리의 보호자. 우리가 주님을 의지하나이다"라는 찬송가를 부르며, 관련 구절들을 묵상하는 등 주님과의 여유로운 교제를 즐겼습니다.

주님과의 친교는 성경의 한 구절이나 한 문단, 또는 한 가지 생각이나 찬송가에 의해서도 시작될 수 있습니다. 주님과의 친밀한 교제로 우리를 부르시는 주님의 초대는 여러 가지 형태로 우리에게 전달될 수 있습니다. 어떤 때는 하나님께서 말씀에 대한 새로운 깨달음을 주실 때 눈부시게 쏟아져 들어오는 빛과 같이 우리에게 전달되기도 하고, 때로는 주님께서 영원하신 팔로 우리를 안고 보호하실 때 느껴지는 그 팔의 따뜻한 감촉으로 우리에게 전달되기도 합니다.

그 초대를 어떻게 알게 되든, 또 그것이 어떻게 전달되든, 주님과의 친교로 부르시는 주님의 음성을 들으면, 즉시 다른 일을 멈추고 고요한 마음으로 하나님을 즐기기를 선택하십시오. 계획된 읽기 계획이나 기도 계획, 혹은 큰 소리로 나의 관심을 요구하는, 해야 할 일에 대한 부담감도 다 떨쳐 버리기 바랍니다. 그런 것들은 잠시 기다렸다가 나중에 할 수가 있습니다. 더 중요한 우선순위는 주님과의 쫓기지 않는 친밀한 교제 가운데 주님의 얼굴을 바라보며 주님을 즐거워하고 주님을 찬양하며 주님께 감사의 제사를 드리는 것입니다. 이를 위해 머리로, 가슴으로, 영으로, 다시 말하여 자신의 전 존재로 주님을 경험하도록 하십시오.

마음을 준비함

때로 주님께서는 우리 편에서 의도적으로 생각하거나 계획하지 않았는데도 자연스럽게 친교로 이끌어 주시는 경우가 있습니다. 이런 일은 번화한 거리를 걷는 중에 일어날 수도 있고, 교회 예배 중에 일어날 수도 있으며, 경건의 시간 중에 일어날 수도 있습니다. 그러나 종종 우리는 의도적으로 선택의 결단을 내려야 하기도 합니다. 눈코 뜰 새 없이 바쁘게 돌아가는 일상 속에서 발걸음을 잠시 멈추고 내적 분주함에서 벗어나 주님과의 친교를 위해 우리의 마음을 준비하는 분명한 조치를 취하는 것이 필요한 것입니다.

첫째로 해야 할 일은 의식적으로 성령을 의지하는 것입니다. 성령께서는 우리 안에 거하시면서 우리를 모든 진리 가운데로 인도하십니다(요한복음 14:16-17, 16:13). 우리를 모든 진리 가운데로 인도하신다는 말씀에는 우리로 하여금 성경 말씀을 명확히 이해하도록 인도하여 주신다는 의미가 들어 있습니다. 하지만 거기에는 그 이상의 의미가 들어 있습니다. 성령께서는 하나님의 말씀에 기록된 진리들, 특히 하나님 자신에 대한 진리들을 우리가 명확히 이해할 뿐 아니라 '경험'하기를 원하십니다. 그래서 우리를 인도하사 말씀을 경험하게 해주십니다. 이러한 경험은 많은 경우 내적 기쁨으로 시작됩니다. 말씀을 깨닫고 경험할 때 우리의 마음은 뜨거워지고 기쁨이 넘칩니다. 하지만 그것으로 끝나지 않습니다. 그것은 실제적인 순종으로 이어집니다. 또한 그것은 우리 자신의 내적인 변화로 이어집니다. 그 변화를 우리가 인식할 수도 있고 하지 못할 수도 있습니다. 이러한 경험들을 통해 우리는 더욱 깊고 차원 높은 영적 깨달음을 얻음과 동시에 하나님을 더욱 즐거워하게 됩니다. 이것은 자연스럽게 하나님과의 친밀한 교제로 이어집니다. 여기서 우리가 할 일은 성령의 역사를 간구하는 기도를 하는 것입니다. 성령께서 우리를 하나님과의 친교로 이끌어 주시고, 주님께서 우리를 위해 가지고 계신 고귀한 목적과 계획을 따라 거기에 합당한 사람으로 우리를 변화시켜 주시기를 구하는 것입니다.

또 하나는 조용히 받아들이는 태도를 길러야 합니다. 이러한 태도가 있을 때 성령께서 우리 마음에 정확한 개념을 심어 주시는 것은 물론 실제 삶에서 그것을 경험하게 해주십니다. 지식이 산 경험이 되게 해주시는 것입니다. 이렇게 기도하기 바랍니다.

말씀하소서, 주님.
고요한 중에 말씀하소서.
벅찬 가슴으로 주님을 기다리나이다.
잠잠히 주님의 음성 듣게 하소서.

말씀하소서, 주님.
이 조용한 시간에 말씀하소서.
나로 주님의 얼굴 보게 하소서.
주님의 능력의 손길을 느끼게 하소서.

혹은 이런 찬송가를 불러 보는 것도 이 태도를 기르는 데 도움이 됩니다.

주님, 내 눈을 열어 주소서.
주님 보기 원하나이다.
손을 내밀어 주님 만지며
사랑한다고 말씀드리기 원하나이다.
주님, 내 귀를 열어 주소서.
주님의 음성 듣기 원하나이다.
주님, 내 눈을 열어 주소서.
주님 보기 원하나이다.

마음을 준비하는 데 도움이 되는 또 한 가지는 하나님과의 온전한 친교를 위해서 기도하는 것입니다. 마음을 차분하게 가라앉혀 주시도록 기도하십시오. 그리고 나서 자신을 하나님의 말씀 앞에 내놓으십시오. 하나님의 말씀에 자신을 활짝 열어 놓으십시오. 또 어떤 때는 이런저런 생각과 잡념, 쓸데없는 염려와 걱정거리가 우리 머릿속에 몰려올 때도 있는데, 이런 때는 괜한 죄의식을 갖지 말고 조용히 그러나 단호히 한편으로 제쳐 놓아야 합니다. 그런 것들을 하나하나 차례대로 마음속 선반 위에 잠시 올려 놓든지, 아니면 주님의 손에 맡기기 바랍니다. 이를테면, 시험이나 학점에 대한 걱정, 장래에 대한 염려, 직장 문제, 남편이나 아내와의 문제, 자녀 문제, 오랫동안 만나 보지 못한 친구에 대한 생각, 어서 빨리 하고 싶어 기다리기가 힘든 어떤 일, 불현듯 떠오르는 어떤 사람의 기도 제목 등이 그런 것입니다. 각 항목을 수첩에 적어 두든지 함으로써 일단 마음속 선반에 얹어 두고 이렇게 기도할 수 있습니다. "주님, 이것들에 대하여는 나중에 말씀드리겠습니다. 지금은 주님과의 친교를 즐기기 원합니다."

하나님과의 친밀함

비록 친교 하면 주로 하나님을 즐거워하는 것을 의미하지만, 친교에는 여러 가지 감정이 광범위하게 포함되어 있을 수도 있습니다. 주님과 친교를 나눌 때 긍정적 감정만 있는 것만은 아닙니다. 마음이 혼란스러울 때도 있고, 기분이 안 좋거나 나쁠 때도 있고, 우울하고 슬플 때도 있고, 실망되고 낙심될 때도 있고, 심지어는 마음이 아주 힘들고 푹 꺼져 있을 때도 있습니다. 하지만 감정이 부정적 상태에 있을 때에도 우리는 주님과 친교를 나눌 수 있습니다. 감정적으로 주님의 임재를 느낄 수 있든 그렇지 않든, 자신의 감정을 숨기지 말고 주님과 함께 자유롭게 나누며 충만하신 주님께 자신을 열어 놓기 바랍니다. 기도할 때 서두르지 마십시오. 속사포처럼 쉬지 않고 기도를 쏟아 내지 마십시오. 기도하는 도중에 수시로 잠시 멈추는 시간을 갖기 바랍니다. 그래야 자신의 마음을 하나님 앞에 더욱 활짝 열어 놓을 수 있습니다.

주 하나님, 지금 제 마음이 힘드옵니다.… 이 슬픔, 저 염려, 이런저런 불안이 저를 엄습하나이다.… 이 시간 제 마음을 하나님 아버지께로 향하옵니다.… 주님께서는 저의 아버지가 되시나이다.…

저를 사랑하시고 불쌍히 여겨 주시는 아버지시옵니다.… 또한 제 마음을 아들 되신 예수님께로 향하옵니다. 예수님께서는 실로 저의 질고를 지시고 저의 슬픔을 당하셨나이다.… 그리고 저의 연약함을 체휼하시나이다.… 또한 제 마음을 보혜사이신 성령께로 향하옵니다. 성령께서는 위로자요 격려자가 되시나이다.… 주 하나님, 감사드리옵니다. 주님께서는 고난 중에 저를 홀로 버려두지 아니하시나이다.… 저의 모든 환난에 동참하사 저를 구원하시며 무궁하신 사랑과 긍휼로 저를 구속하시고 지금까지 저를 드시며 안으시나이다.… 주님께서는 저의 목자시옵니다.… 저를 먹이시고 인도하시며 보호하시는 목자시나이다.… 주님께서는 저의 피난처시요… 힘이시며… 환난 중에 만날 큰 도움이시옵니다. 영원토록 저와 함께하사 늘 저를 도와주시는 분이시옵니다.… 제가 의지할 분은 오직 주님 한 분밖에 없나이다. 그러기에 일평생 주 하나님만 의뢰하겠나이다. (이사야 53:4, 히브리서 4:15, 이사야 63:9, 요한복음 14:16,26, 시편 23:1, 46:1 참조.)

자신의 감정이 지금 어떠한 상태에 있든 하나님과 친교를 나누기 바랍니다. 지금 겪고 있는 그 감정을, 하나님께 초점을 맞추는 발판으로 사용하십시오. 주님을 바라보십시오. 주님만이 우리의 저 깊은 필요들을 채워 주실 수 있는 유일한 해결책이 되시기 때문입니다.

모든 죄에서 깨끗케 함을 입은, 순종하는 자녀로서(베드로전서 1:14 참조), 주님과의 친교에서 우리가 해야 할 역할은 즐거운 감정을 불러일으키는 것이 아닙니다. 단순히 우리의 마음을 하나님께로 향하게 하여 하나님께 초점을 맞추는 것입니다. 한 분 하나님께 관심을 집중하는 것입니다. 주님께서는 우리 각 사람과의 친밀한 관계를 갈망하시는 분이심을 기억하십시오. 도무지 즐거운 감정이 생기시 않으면 이렇게 기도하기 바랍니다. "주님, 지금 제 마음이 냉랭하고 예배드릴 마음도 나지 않사옵니다. 하지만 저는 진심으로 주님을 사랑하오며, 주님과 친밀하고 개인적인 교제를 나누고 싶사옵니다. 저로 하여금 날마다 주님의 얼굴을 찾게 하시고, 제 감정에 매이지 않게 하옵소서. 주님을 풍성하게 느낄 수 있는 친교와 예배 가운데로 저를 인도하여 주옵소서."

주님과의 친교가 쉬워 보이든 그렇지 않든, 즉각적으로 즐길 수 있든 없든, 시간을 내어 정기적으로 실천해 보는 것이 중요합니다. 실제 해봄으로써 더 많이 배워 나가게 됩니다. 하나님께서는 우리로 하여금 친교의 풍성한 축복을 경험하게 해주실 것입니다. 한두 번 하다가 잘 안 된다고 포기하지 말고, 한동안 꾸준히 실천해 보는 것이 필요합니다. 이렇게 꾸준히 하다 보면 친교의 기술도 발전하게 되고, 점차 하나님의 임재를 편안한 마음으로 여유 있게 즐길 수 있게 됩니다. 하지만 친교의 기술이 아무리 발전한다 해도 우리는 늘 부족할 수밖에 없기에, 계속해서 자신의 부족함을 인정하고 우리 자신을 하나님께 맡기는 것이 필요합니다. 이를 위해서는 기도와 수고가 필요하겠지만 그 보상은 매우 클 것입니다. A. W. 토저의 말을 들어 보십시오.

하나님과의 교제는 이루 말할 수 없이 즐겁습니다. 하나님께서는 구속받은 자녀들과 친교를 나누십니다. 자신을 주님께 활짝 열어 놓는, 이 편안하고 자유로운 교제를 통해 우리 영혼은 참된 안식을 누리고 모든 상처가 낫게 됩니다.

경청함

결혼 초기에 아내는 때때로 내가 경청하지 않는다고 느끼곤 했습니다. 자신에게 중요한 생각이나 감정을 나누는데 내가 건성으로 듣는다는 것입니다. 한번은 아내의 이야기를 들으면서 잡지책을 뒤적이고 있었습니다. 아내가 듣고 있느냐고 묻기에 나는 들은 바를 요약해서 말해 주었습니다. 그러나 아내는 "그래도 전 당신이 제 말을 듣고 있다고 느껴지지 않아요"라고 하는 것이었습니다. 사실 따지고 보면 아내의 말이 옳았습니다. 아내가 한 말을 앵무새처럼 틀리지 않고 되뇌어 말할 수 있었다 할지라도 진정한 의미에서 나는 아내의 말을 듣고 있지 않았습니다. 아내의 말 뒤에 숨어 있는 그 감정과 느낌까지 듣지는 않았습니다. 아내의 인격을 존중하고 주의를 기울여 깊은 생각과 관심 가운데 경청하고 있음을 느끼게 해주지는 못했습니다. 아내와 얼굴을 마주하고 앉아 있되 아내를 한 인격체로서 대하고 있지 않은 것입니다. 이런 경우에는 들어도 들은 게 아닙니다.

우리는 귀를 열어 하나님의 말씀을 듣고 있다고 생각하지만 실제로는 하나님께 귀를 기울이지 않고 있는 경우가 있을 수 있습니다. 하나님을 인격적 존재로 대하고 있지 않은 것입니다. 하나님의 말씀을 읽고 기도를 하다가도 이내 다른 급한 일들에 생각을 빼앗기는 경우가 한두 번이 아닙니다. 선입견, 이런저런 잡념과 욕망, 자기 나름의 계획들로 인해 우리는 하나님께서 전달해 주고자 하시는 진리를 쉽게 놓쳐 버립니다. 하나님의 말씀을 주의 깊게 듣지 않고 대충 들어 넘기기 때문에 하나님 자신은 물론 하나님의 말씀에 대한 깨달음이 빈약할 수밖에 없습니다. 따라서 어떤 사람들에게는 새롭게 하나님의 말씀을 경청하기를 힘쓰는 것이 하나님과의 친밀한 교제를 배우는 좋은 첫걸음이 될 수도 있습니다.

우리는 종종, 온갖 진수성찬을 차려 내놓기는 하지만 결코 상 앞에 앉아 그 음식을 먹지는 않는 주부와 같을 때가 있습니다. 요리를 할 때 조금 맛을 보긴 하지만 상을 다 차린 다음에는 보고 속으로 즐기기만 할 뿐 정작 실제로 먹고 즐겨서 자기의 피와 살이 되게 하지는 않습니다. 우리는 성경 말씀에 나타난 여러 진리들에 대해, 심지어는 하나님에 대한 진리들에 대해서까지도, 이 주부처럼 행동할 때가 있다는 사실을 먼저 인정해야 합니다. 진리들을 보고 속으로 즐기기만 할 뿐, 실제로 그 진리들을 마음껏 섭취하여 자기의 피와 살이 되게 하지는 않을 수가 있다는 것입니다. 우리는 주님에 대한 진리를 보고 즐기기만 할 게 아니라 주님을 '먹어야' 합니다(요한복음 6:53-58 참조). 하나님께서는 우리를 먹이기를 원하십니다. 여기에는 묵상과 적용이 필요하지만 그것으로는 충분하지 않습니다. 또한 하나님과의 친밀한 교제를 통하여 진리를 먹어 섭취하고 소화시켜 우리의 피와 살이 되게 하는 것이 필요합니다.

조용히 경청하는 태도는 하나님의 임재 안에서 쉼을 누리는 가운데 하나님 자신 곧 하나님의 사랑, 하나님의 능력, 하나님의 위엄, 하나님의 아름다우심과 충만하심…을 먹고 즐길 수 있도록 도와줍니다. 경청은, 마치 스펀지가 물을 빨아들이듯이, 또는 대지가 태양 광선을 흡수하듯이, 하나님의 진리를 풍성히 섭취하도록 우리를 준비시켜 줍니다. 경청(귀 기울여 듣기)은 순종(행함)과 서로 짝을 이루어, 진리를 우리 속에 받아들여 소화 흡수할 수 있도록 해줍니다.

말씀을 통하여 하나님을 즐거워함

하나님의 기록된 말씀은 언제나 하나님과의 친교로 이끌어 주는 이상적인 길을 제공합니다. 다음과 같이 해보십시오. 먼저 성경 말씀 하나를 택하여 깊이 묵상합니다. 그 의미를 더욱 깊고 풍성하게 이해할 수 있게 됩니다. 그런 다음 그 말씀을 한 부분씩 끊어 다시 음미해 봅니다. 이 과정을 통해 그 말씀에 나타난 진리를 온전히 흡수하게 되고, 그 말씀의 저자 되신 하나님을 온전히 즐거워할 수 있게 됩니다. 시편 63:1 말씀을 예로 들어 보겠습니다. 이 말씀을 한 부분씩 끊어 묵상하면서 되풀이하여 음미해 보십시오. 서두르지 말고 천천히 그 의미를 즐겨 보십시오.

하나님이여,… 주는 나의 하나님이시라.… 주는 나의 하나님이시라.… 내가 간절히… 내가 간절히 주를 찾되… 물이 없어 마르고 곤핍한 땅에서… 내 영혼이 주를 갈망하며… 주를 갈망하며, 내 육체가 주를 앙모하나이다.

또는 단순히 "하나님이여, 주는 나의 하나님이시라"라고 읊조리고 나서 이 심오한 진리 안에서 수많은 즐거움들을 찾을 수도 있습니다. 종종 깊이 생각하고 나서 우리의 반응을 덧붙일 수 있습니다.

하나님이여,… 주는 나의 하나님이시라.… 주님께서 나를 택하셨습니다.… 또한 나도 주님만을 나의 유일하신 하나님, 나의 유일하신 주님으로 택했습니다.… 주님께서는 내게 자신을 전부 주셨습니다.… 나 또한 주님께 내 자신을 전부 드렸습니다. 이처럼 우리는 서로에게 영원토록 헌신되었습니다!… 나를 둘러싸고 있는 모든 것이 메마르고 황량한 사막이어서 내 깊은 필요들을 아무것도 채워 줄 수 없어도, 주님께서는 능히 내 영혼을 만족시켜 주십니다.… 아니 만족시켜 주시고도 남습니다.… 나의 목마름을 완전히 해결해 주십니다.… 불안해하는 내 마음에 완전한 평화를 주십니다. 그러기에 내 영혼이 요동치 아니합니다.… 주님, 감사합니다.… 주님, 사랑합니다.… 주님을 찬양하고 주님께 경배를 드립니다!

어떤 때는 깊은 감사와 찬양의 마음으로 "하나님!", "아버지!", "주님!", 또는 "예수님!" 하고 계속 반복하여 부르는 것만으로도 친밀한 교제로 충분히 들어갈 수 있습니다. 목표는 하나님과의 친밀한 교제입니다. 개인적이고 인격적인 만남의 시간을 갖는 것입니다. 서두르지 않고 여유 있게 주님과 교제하십시오. 분주한 생각이나 일들로 인해 마음이 분산되어 교제가 방해받지 않도록 하십시오.

하나님께서는 성경 말씀 안에 창을 많이 달아 두셔서 그 창들을 통해 놀라우신 하나님의 모습—하나님의 속성과 성품, 그리고 행사—을 보며 우리 영혼이 격려를 받을 수 있게 해주셨습니다. 이 창들은 크기가 아주 다양합니다. 때로 한 단어 혹은 한 문구라는 작은 창일 수도 있고, 또 때로는 한 구절 전체 또는 한 문단 전체라는 큰 창일 수도 있습니다. 때로는 경건의 시간에 새로운 창을 찾아낼 수도 있고, 또 때로는 이전에 발견했던 창으로 다시 돌아갈 수도 있습니다.

이 창들을 통해 본 하나님의 여러 모습을 머릿속에 넣어 두었다가, 시간을 내어 한 번에 한 가지씩 묵상해 보십시오. 그러면 그 의미를 더욱 깊이 깨달을 수 있습니다. 그리고 나서 해당 말씀들을 사용하여 기도도 하고 그 말씀들을 암송도 해보십시오. 그러면 그 말씀들을 통해 본 하나님의 모습이 우리 마음속에 견고히 자리 잡게 됩니다. 그런 다음 친교를 통하여 오직 하나님만을 즐거워하십시오. 말씀의 창을 통해 본 하나님의 모습을 마음껏 즐기기 바랍니다. 이것은 우리의 마음을 놀랍게 바꾸어 줍니다. 조급하고 서두르는 마음이 쉼과 여유가 있는 마음으로, 무덤덤하고 냉랭한 마음이 생명과 활기가 충만한 마음으로, 실망되고 낙심한 마음이 사기충천한 마음으로 바뀝니다. 이로 말미암아 우리는 평안하고 고요한 마음으로 하나님 앞에서 잠잠히 기다릴 수 있게 되고, 하나님께서는 우리에게 또다시 순종할 수 있는 힘을 주십니다. 이 시간을 통하여 하나님께서는 하나님의 따뜻한 임재로 우리를 충만케 하시고, 이것은 하루 종일 우리의 감정과 반응에 큰 영향을 미치게 됩니다.

중심으로 안식을 누림

하나님께서는 우리와 친밀한 교제를 하기 위해 항상 손을 내밀고 계십니다. 하나님께서는 우리와의 친교를 기뻐하십니다. 또한 이 친교를 통하여 우리가 기쁨을 누리기를 원하십니다. 이 친교를 통하여 하나님께서는 우리의 공허한 마음을 충만케 하시고 우리를 견고케 하여 주심으로 우리가 더욱 순종하는 삶을 살기를 간절히 원하십니다.

친교의 기술을 개발하면 할수록 우리의 근본 태도 또한 더욱 변화됩니다. 우리가 삶에서 겪는 외적 경험이란 밀려왔다 밀려가는 파도와 같습니다. 하지만 눈에 보이는 파도 아래에 조용하면서도 세차게 흐르는 물줄기가 있듯이, 겉으로 보이는 우리의 일상사 아래에도 고요하면서도 강하고 힘차게 흐르는 물줄기가 있습니다. 이처럼 우리의 중심으로 조용하면서 강하게 밀려오는 안식과 기쁨을 누릴 때 거기로부터 예배와 순종의 삶에 필요한 능력이 흘러나오게 됩니다.

친밀한 교제 가운데서 주님을 경험할 때 다음과 같은 우리의 기도는 응답될 것입니다.

> 고요히 대지를 적시는 부드러운 이슬처럼
> 주님의 고요와 안식을 내려 주사
> 우리의 모든 싸움 끝나게 하소서.
> 우리 영혼에서 긴장과 압박감을 제하여
> 모든 것이 조화로운 삶을 살게 하사
> 주님의 평화의 아름다운 모습을 드러내게 하소서.
> 　　　　　　　　　　　　　　　존 휘티어

묵상 및 토의를 위하여

1. 친교의 유익점을 설명해 보십시오.
2. 하나님과의 친교를 갖는 여러 방법 중에 당신에게는 어느 것이 가장 도움이 됩니까? 한두 가지를 택하여 곧바로 당신의 경건의 시간에 활용해 보십시오.

제16장

풍성한 유익을 누림

대부분의 사람들은 할인 판매와 좋은 투자에 큰 관심을 가지고 있습니다. 그래서 자연히 신문 광고에 눈이 가게 되고 할인권이라도 나와 있으면 오려 두기도 합니다. 자동차를 살 때는 어떻게 하든 싸게 사려 하고, 팔 때는 조금이라도 값을 더 받으려고 합니다. 투자가들은 주식 시세나 금 시세를 늘 살핍니다. 수집가들은 희귀한 우표나 동전을 열심히 찾습니다. 어떤 사람들은 힘들이지 아니하고 단번에 많은 재물을 얻는 일확천금을 꿈꾸기도 합니다.

우리의 영적 삶에서 동기를 부여해 주시기 위해 주님께서는 가끔 이익과 보상을 받고 싶어 하는 우리의 욕구를 자극하십니다. 주님께서는 우리가 주님을 찾고 주님의 뜻을 행할 때 풍성한 복을 주겠다고 약속하십니다. 이 복에는 내적 부요도 있고 실제적인 축복도 있고 영생에 속한 부도 있습니다. 하나님께서는 "나를 존중히 여기는 자를 내가 존중히 여기리라"(사무엘상 2:30)고 말씀하십니다. 이 약속은 예배를 비롯하여 많은 것들에 적용이 됩니다.

물질적인 복은 아무리 크다 해도 예배가 가져다주는 영적 부요에 비하면 아무것도 아닙니다. 예배는 우리에게도 유익이 되고 하나님께도 유익이 됩니다. 이 장에서는 예배의 다양한 유익들을 한데 모아 정리해 보았습니다. 이 중의 많은 내용은 앞에서 이미 다룬 것입니다.

하나님께 유익이 되는 것들

하나님 아버지께서는 우리가 그분께 보이는 반응에 무관심하지 않으십니다. 하나님께서는 자기에게 신령과 진정으로 예배하는 자들을 찾으십니다(요한복음 4:23-24). 우리에게 하나님을 찬양하라고 촉구하십니다(시편 150편). 감사하는 것은 우리를 향한 하나님의 뜻이라고 선언하십니다(데살로니가전서 5:18). 우리가 하나님을 경홀히 여길 때는 슬퍼하시고, 우리가 하나님을 예배할 때는 즐거워하십니다.

우리는 신령과 진정으로 예배할 때 주 하나님을 직접 섬기게 됩니다. 우리가 찬양과 감사의 제사를 하나님께 드릴 때 이것은 하나님의 마음에 큰 기쁨을 가져다드립니다. 예배를 통해 나 이외에는 온 우주에서 어느 누구도 드릴 수 없는 독특한 것, 즉 나의 개인적인 사랑과 존경을 하나님께 드리는 것입니다. 이것은 하나님과 우리의 친밀함을 깊게 해줍니다. 하나님께서는 이 친밀함을 간절히 원하십니다. 우리의 아버지, 우리의 사랑하는 남편, 우리의 친구가 되시기를 너무도 기뻐하시는 하나님께 예배는 큰 기쁨이 됩니다. 우리 영혼이 하나님께 적극적인 반응을 나타내는 것은 실제로 하나님께 기쁨을 더해 드리게 됩니다.

그러므로 하나님을 예배하지 않는 것은 참으로 부당한 일입니다. 하나님께서는 우리의 찬송과 존귀와 영광과 능력을 받으시기에 합당하신 분입니다(요한계시록 5:12-13 참조). "우리 주 하나님이여, 영광과 존귀와 능력을 받으시는 것이 합당하오니, 주께서 만물을 지으신지라 만물이 주의 뜻대로 있었고 또 지으심을 받았나이다"(요한계시록 4:11). "이는 만물이 주에게서 나오고 주로 말미암고 주에게로 돌아감이라. 영광이 그에게 세세에 있으리로다. 아멘"(로마서 11:36). "만물이 그에게 창조되되 하늘과 땅에서 보이는 것들과 보이지 않는 것들과 혹은 보좌들이나 주관들이나 정사들이나 권세들이나 만물이 다 그로 말미암고 그를 위하여 창조되었고"(골로새서 1:16). 하나님께서는 크게 찬양을 받으셔야 마땅합니다. 하나님께서는 우리를 지으시고 유지시켜 주시는 분이시기 때문입니다. 우리는 하나님이 없이는 한순간도 살 수 없습니다. 하나님께서는 그분의 창고에 있는 무한한 자원으로 우리의 필요를 풍성히 채워 주시고 공급해 주십니다. 하나님께서는 스스로 큰 값을 치르시고 우리를 구속하심으로써 우리가 하나님의 존전에 아무 거리낌 없이 담대하고 당당히 나아갈 수 있는 길을 열어 주셨습니다(에베소서 3:12, 히브리서 10:19-20 참조). 그러므로 우리는 고마움과 경외와 충성의 마음으로 하나님 앞에 나아가 하나님을 예배해야 합니다(시편 100:4 참조). 우리를 구속하신 목적 중 하나는 우리의 입술과 삶을 통해 그분의 은혜의 영광을 찬미하게 하려는 것입니다(에베소서 1:6 참조). 하나님을 찬양하지 않는 것은 우리를 향한 하나님의 은혜로우신 목적들이 이루어지지 못하게 방해하는 것이요 하나님께서 마땅히 받으셔야 할 영광을 가로채는 것입니다.

하나님을 경험함

우리가 드리는 예배는 살아 계신 하나님께 기쁨과 영광을 드리게 될 뿐만 아니라 우리 자신에게도 풍성함을 가져다줍니다. 스포트라이트 조명이 그림의 아름다움을 돋보이게 하고, 햇빛이 꽃의 찬란한 색깔을 부각시켜 주는 것처럼, 예배와 찬양은 하나님을 높이는 우리의 마음을 드러나 보이게 해줍니다. 예배와 찬양은 우리의 영적 인식 능력을 높여 주어 하나님의 놀라우신 것들을 밝히 보며 즐거워할 수 있게 합니다. 우리가 예배를 드릴 때 하나님께서는 자신의 임재를 우리에게 알려 주십니다. 우리에게 추상적이고 관념적인 존재가 아니라 '진짜'가 되십니다. 이 세상의 그 어느 누구, 그 어느 무엇보다도 우리에게 구체적이고 실제적인 분이 되어 주시는 것입니다. 우리가 하나님을 존중히 여기고 영화롭게 해드릴 때 하나님께서는 우리를 존중히 여기고 영화롭게 해주십니다(사무엘상 2:30). 그리고 우리를 사랑하셔서 새롭게 우리에게 자신을 나타내 보여 주십니다(요한복음 14: 21 참조).

주님을 보면 볼수록 주님께 대한 만족은 점점 더 커갑니다. 하지만 주님께 대한 만족이 커갈수록 반면에 우리 영혼은 현 상태에 대해 점점 더 만족하지 못합니다. 자신이 주님을 경험하는 것이 너무도 빈약한 데서 나오는, 좋은 의미의 불만족입니다. 하나님을 향한 목마름은 더 커집니다. 이처럼 하나님을 뵈면 뵐수록 하나님을 더욱 사모하게 됩니다. 예배는 하나님을 향한 열망이 식어 가는 것을 막아 줍니다. 하나님을 더욱 열정적으로 찾고자 하는 마음을 불러일으킵니다. 그 결과 더욱 간절히 하나님을 찾게 됩니다. 요리사가 새로운 요리법을 찾고, 화가가 화폭에 담을 새로운 풍경을 찾는 것과 마찬가지로, 예배자는 감사와 찬양의 새로운 이유들을 찾습니다. 이것은 우리의 주의와 관심을 하나님께 집중시킵니다. 우리는 하나님의 말씀을 더 사모하게 되고 더 열심히 먹게 됩니다. 그 결과 하나님을 더 잘 알게 됩니다. 더욱 하나님을 즐거워하게 됩니다. 지속적으로 하나님을 더 풍성히 경험하게 됩니다. 우리 영혼은 깊은 만족을 누리게 됩니다.

예배는 영적 활력을 충만히 얻고 영적으로 성숙하는 데에 필수 불가결한 것입니다. 날마다 여기에 최우선순위를 두고 행할 때 주님께서는 우리에게 주님께서 가장 귀히 여기시는 것을 할 수 있는 힘을 더해 주십니다. 주님께서 가장 귀히 여기시는 것이 무엇입니까? 그것은 우리의 마음을 다하고 목숨을 다하고 뜻을 다하고 힘을 다하여 주 하나님을 사랑하는 것입니다(마가복음 12:30).

온전한 마음

예배와 찬양은 우리 안에 아주 고귀한 열망을 불러일으킵니다. 하나님을 영화롭게 해드리고자 하는 열망입니다. 이 열망은 커감에 따라 우리의 에너지를 한군데로 모으고 우리의 분산된 관심을 제어하여 한 곳에 집중하게 합니다. 우리의 머리와 손과 발로 하여금 하나님의 명령을 수행하도록 이끌어 줍니다.

예배는 순종을 낳습니다. 마음을 다하여 진정으로 예배하는 사람은 하나님께 순종하는 생활 습관을 발전시킵니다. 다윗은 성경에서 찬양과 감사의 삶을 가장 잘 보여 주고 있는 최고의 본이라

할 수 있습니다. 다윗은 시편 40편에서 하나님께 대한 찬양을 쏟아 놓습니다. 그리고 나서 이렇게 말했습니다. "나의 하나님이여, 내가 주의 뜻 행하기를 즐기오니 주의 법이 나의 심중에 있나이다"(8절). 다윗은 말씀의 사람이요 예배의 사람일 뿐 아니라, 또한 순종의 사람이었습니다. 하나님의 말씀을 항상 마음에 간직하고 있었습니다. 마음속 깊이 하나님의 말씀을 새겼습니다. 자기 마음을 하나님의 뜻에 꼭 붙들어 맸습니다. 그 결과 그는 즐거이 순종할 수 있었습니다.

리처드 포스터는 이렇게 썼습니다.

> 예배를 통하여 더욱 큰 순종을 하고자 하는 헌신의 결단을 하지 못했다면 그것은 예배가 아닙니다. 예배는 거룩한 기대로 시작하여 거룩한 순종으로 끝납니다. 거룩한 순종은 예배가 마취제, 즉 현재 삶의 긴박한 필요들로부터 도피하는 수단으로 전락하는 것을 막아 줍니다. 예배는 섬김을 위한 부르심을 똑똑히 듣게 해줌으로써 "내가 여기 있나이다! 나를 보내소서"(이사야 6:8)라고 응답할 수 있게 합니다.

예배는 또한 우리의 기도가 늘 하나님 중심이 되도록 도와줍니다. 예배가 없으면 우리는 주로 자신이 원하는 것들만을 얻으려고 하나님을 찾는 위험에 빠지기 쉽습니다. 원하는 것이 재물일 수도 있고, 건강이나 인간적인 사랑, 성공, 또는 사역의 열매일 수도 있습니다. 예배가 없으면 우리는 또한 자기중심적인 찬양을 하는 위험에 빠져서, 찬양을 했으니 하나님께서는 구하는 것을 반드시 들어주셔야 한다는 식으로 생각할 수도 있습니다. 바르고 참된 예배는 하나님께 첫 번째로 초점을 맞추고 우리 자신이 원하는 것들은 두 번째에 둡니다. 하박국 선지자는 이 면에서 우리에게 감동적인 본을 보여 줍니다. 쓰니쓴 절망 가운데 있을 때 그는 그 자신의 관심과 소원을 넘어서서 하나님을 높였습니다.

> 비록 무화과나무가 무성치 못하며,
> 포도나무에 열매가 없으며,
> 감람나무에 소출이 없으며,
> 밭에 식물이 없으며,
> 우리에 양이 없으며,
> 외양간에 소가 없을지라도,
> 나는 여호와를 인하여 즐거워하며,
> 나의 구원의 하나님을 인하여 기뻐하리로다.
> (하박국 3:17-18)

강력한 치료제

우리는 찬양을 하면 우리의 모든 감정적 갈등과 스트레스가 금방 쉽게 해결되리라 기대합니다. 성경은 찬양을 그런 치료제로 소개하지 않습니다. 하지만 찬양과 감사의 기도를 하면서 그와 더불어 자신의 감정과 필요를 솔직하게 주님께 토할 때 그것이 강력한 치료제가 될 수 있다는 것은 사실입니다. 그런 찬양과 감사는 불신의 어두움을 물리치고 하나님께 반항하는 마음을 녹여 버립니다. 그런 찬양과 감사는 스트레스 해소에 중요한 역할을 합니다. 또한 우리로 강박관념, 염려와 근심, 다른 사람들에 대한 비판적인 마음에서 벗어나 자유를 누리게 해줍니다. A. W. 토저는 이렇게 썼습니다.

감사에는 큰 치유 능력이 있습니다. 끊임없이 감사가 흘러넘치는 마음은 신앙을 가진 많은 사람들을 괴롭혀 온 원망과 우울의 공격으로부터 그들을 안전하게 지켜 줄 것입니다. 감사하는 마음은 냉소적이 될 수가 없습니다.

찬양을 할 때 주님의 임재가 우리를 감싸는 것을 경험합니다. 그리하여 고난 가운데서도 우리를 굳게 붙들어 줍니다. 우리 영혼을 소생시켜 줍니다. 화창한 날은 물론 흐린 날에도 찬양과 감사는 자주자주 짤막짤막한 휴가를 즐기게 해줍니다. 이를 통하여 우리는 휴식을 취하고 새 힘을 얻으며 활력을 회복하게 됩니다.

예배는 우리 자신을 바라보는 시야를 바꾸어 놓습니다. 거룩하고 영광스러운 하나님 앞에 엎드려 절할 때, 우리는 자신이 얼마나 작고 보잘것없는 의존적 존재며, 얼마나 쉽게 죄에 빠지며, 얼마나 그분의 사랑을 받을 만한 가치가 없는 존재인가를 깨닫게 됩니다. 그와 동시에 예배는 우리 마음 가운데 우리가 귀중한 존재임을 느끼게 해줍니다. 우리는 이 우주 만물을 주관하시며 다스리시는 만왕의 왕이신 하나님을 섬기는 자들이요 그분의 사랑을 받는 존재입니다. 우리가 무엇이기에 하나님께서 우리를 주님의 일에 쓰시며, 우리를 귀히 여기고 사랑하십니까? 참으로 과분한 은총이 아닐 수 없습니다. 우리는 본디 하나님과 그분의 영광으로부터 영원히 분리되어야 마땅하지만, 이제 그리스도를 통하여 하나님과 영원히 연합되었습니다(로마서 3:23-24 참조). 우리의 속사람은 그리스도의 생명—그분의 의, 부활, 승리의 삶—에 연합되어 있습니다(로마서 6:3-9 참조). 이러한 사실들에 대하여 감사할 때 우리의 기쁨은 더욱 커집니다. 이처럼 예배는 하나님 보시기에 우리가 어떠한 존재인지를 깨닫게 해줌으로, 한편으로는 겸손한 마음을 갖게 하고, 한편으로는 자랑스러운 마음을 갖게 합니다. 예배를 통하여 우리는 겸손과 자부심이 한데 어우러진 이 놀라운 신비를 경험하게 됩니다.

자신의 정체성에 대한 이와 같은 하나님 중심적인 인식은 우리를 자아도취에 빠지지 않도록 해줍니다. 그것은 또한 이 시대의 특징인 독립적 태도와 자기를 드러내고자 하는 교만한 태도에서 벗어나게 해줍니다. 그것은 수많은 죄악의 근원이 되어 온, 우리의 정체성에 대한 온갖 그릇된 생각들로부터 우리를 해방시켜 줍니다.

찬양은 또한 환경에 대한 우리의 태도를 바꾸어 줍니다. 우리에게 해독을 끼치는 것은 우리가 처한 환경이 아니라 그 환경에 대한 우리의 반응입니다. 찬양은 불평과 불만 대신 용납하는 태도를 길러 줌으로써 우리 삶에서 그 독을 제거합니다. 찬양은 우리가 당하는 어려움을 장애물이 아니라 기회로 볼 수 있게 해줍니다. 찬양은 하나님의 축복을 예기하고 미리 즐거워할 수 있게 해줍니다. 곧 하나님께서 마지막 날 그분의 영광스러운 목적을 다 드러내 보이실 것과 그날까지 계속해서 우리에게 모든 좋은 것과 복을 풍성하게 내려 주실 것을 믿고 즐거워하는 것입니다.

그러므로 찬양은 스트레스를 주는 감정을 몰아내고 긍정적인 감정을 자라게 하는 데 아주 놀라운 효과가 있습니다. 찬양은 우리로 잠깐 있다가 없어질 '보이는 것'을 바라보지 않고 영원히 있을 '보이지 않는 것'을 바라보게 합니다(고린도후서 4:18 참조). 보이는 것이 실체가 아니라 보이지 않는 것이 진짜 실체입니다. 찬양은, 보이는 세상에 속한 것들에 사로잡혀 거기에 빠져 사는 것을 막아 주고, 참되고 영원한 실체인 보이지 않는 하늘에 속한 것들에 사로잡혀 기뻐하고 즐거워하는 삶을 살도록 해줍니다. 찬양은 '땅엣 것'이 아니라 '위엣 것'을 생각하고 추구하게 합니다. 위대하신 하나님의 완전한 속성과 성품들, 반드시 이루어질 하나님의 확실한 약속들을 인하여 기뻐하며 즐거워합시다. 이 땅에서 하나님의 뜻과 목적에 합당한 삶을 산다는 것은 얼마나 큰 영광이요 특권인지 모릅니다.

그리스도를 닮아 감

열왕기하 17:15-16에는 이스라엘 백성이 하나님을 버리고 거짓 신들을 예배하고 섬겼던 역사가 기록되어 있습니다. "여호와의 율례와 여호와께서 그 열조로 더불어 세우신 언약과 경계하신 말씀을 버리고 허무한 것을 좇아 허망하며, 또 여호와께서 명하사 본받지 말라 하신 사면 이방 사람을 본받아 그 하나님 여호와의 모든 명령을 버리고 자기를 위하여 두 송아지 형상을 부어 만들고, 또 아세라 목상을 만들고, 하늘의 일월성신을 숭배하며, 또 바알을 섬기고." "허무한 것을 좇아 허망하며." 그들은 허무한 것을 좇다가 허망하게 되었습니다. 우리 역시 그들과 마찬가지입니다. 우리는 우리가 예배하는 대상처럼 됩니다. 그 대상을 닮아 갑니다. 참하나님을 예배하면 하나님을 닮아 갑니다. 그리스도의 형상으로 변화됩니다(로마서 8:29, 고린도후서 3:18 참조). 예배는 이 변화를 촉진시킵니다. 예배를 통하여 자신의 전 존재를 하나님 앞에 숨김없이 드러내 놓기 때문입니다. 윌리엄 템플은 이렇게 말했습니다.

> 예배를 드리는 것은 양심을 하나님의 거룩하심으로 일깨우는 것이요, 생각을 하나님의 진리로 먹이는 것이며, 마음을 하나님의 아름다우심으로 깨끗케 하는 것이요, 가슴을 하나님의 사랑에 여는 것이며, 의지를 하나님의 목적에 내맡기는 것입니다.

예배는 우리의 생각과 마음을 주님께로 집중시킴으로써 우리를 자기 중심에서 그리스도 중심으로 바꾸어 놓습니다. 예배는 우리를 하나님의 의향과 일치되게 해주고, 우리의 삶에 성령의 변화시키시는 능력이 임하게 합니다. 예배는 또한 우리의 성품 속에서 진행되고 있는 정련 과정의 속도를 높여 주는 촉매제 역할을 합니다.

우리가 삼위일체 하나님을 예배할 때 하나님의 능력과 긍휼의 마음이 우리 삶 가운데 서서히 침투해 들어와 우리 안에 충만하게 됩니다. 그 결과 우리는 그리스도의 희생적인 사랑으로 다른 사람들을 더욱 사랑할 수 있게 됩니다. 리처드 포스터는 이렇게 말합니다.

예배를 드리고 있을 때 우리 마음의 중심에 능력이 점점 많이 흘러들어오고, 영혼 속에서 남을 긍휼히 여기는 마음이 자랍니다. 예배는 우리를 변화시킵니다.

성품과 태도에서 주 예수 그리스도의 형상으로 바뀌는 것, 우리가 이보다 더 큰 상급을 구할 수 있을까요? 이 상급의 놀라움에 사로잡혀 스탠리 존스는 이렇게 썼습니다.

그리스도의 형상으로 변화되는 것, 그것은 우리의 숙명입니다. 그리고 그것이 바로 우리의 상급입니다! 지금까지 그런 숙명과 그런 상급이 있었던가? 이 지구 상에 살았던 인물 중에 가장 놀라운 분의 형상으로 변화된다는 것, 그것은 가장 고귀하고 고상한 숙명이요 상급인 것입니다. 그런 숙명과 상급은 지금까지 주어진 적도 없었고, 상상할 수도 없었습니다.

찬양은 장기적인 변화를 촉진할 뿐 아니라, 만왕의 자녀인 우리가 날마다 입어야 할 옷이기도 합니다. 왕자의 복장을 한 왕자를 보라. 얼마나 아름답고 멋있는가? 만왕의 왕의 자녀인 우리도 날마다 그에 걸맞은 복장을 해야 하는데, 그것이 바로 찬양입니다. 찬양이란 옷은 우리를 이 세상에서 가장 아름답고 멋있게 합니다. 그 옷은 다른 어느 것보다도 더 우리를 매력적이고 돋보이게 합니다. 우리는 아침마다 옷을 입을 때 이 찬양이란 옷도 입어야 합니다. 찬양의 옷을 입기까지는 우리는 옷을 입었다고 할 수 없습니다.

찬양은 구원을 가져온다

주님께서는 우리의 최고선(最高善)이십니다. 예배를 통해 우리는 이 주님을 배불리 먹습니다(요한복음 6:48-51 참조). 그런 까닭에 예배에는 외적인 상급이 아무것도 필요치 않습니다. 배고픈 사람이 음식을 먹었다고 그에게 상을 주겠습니까? 목마른 사람이 물을 마셨다고 상을 주겠습니까? 예배를 드리지 않는 것은 스스로가 하나님을 흡족하게 경험할 수 있는 기회를 포기하는 것입니다.

그러나 예배와 찬양에는 종종 내적인 유익은 물론 외적인 유익이 따릅니다. 하나님께서는 결단코, 찬양이 우리의 꿈이 실현되고 아무 고난이 없는 유토피아로 우리를 안내할 것이라고 약속하시지 않습니다. 그러나 찬양을 통하여 우리는 하나님께서 우리의 삶의 보좌에 앉으시게 해드리며, 그리함으로 하나님께서 우리의 필요를 채워 주실 길을 준비하게 됩니다. 시편 68:4을 읽어 봅시다.

> 하나님께 노래하며 그 이름을 찬양하라.
> 타고 광야에 행하시던 자를 위하여 대로(大路)를 수축하라.
> 그 이름은 여호와시니 그 앞에서 뛰놀지어다.

이 구절에 이어서 나오는 구절들은 인생의 갖가지 광야 길을 걷는 이들에 대하여 말하고 있습니다. 이를테면, 고아, 과부, 고독한 자, 수금된 자, 가난한 자입니다(5-6,10절). 하나님께서는 이와 같은 광야의 길을 행하시면서 저들을 관광객의 시야로 보지 않으시고, 저들을 불쌍히 여기사 은혜의 단비를 흡족하게 내려 주시고 저들에게 구원을 베풀어 주십니다.

이 구절에는 찬양이 주님을 위해 대로 즉 고속도로를 내는 데 일익을 담당한다는 의미가 내포되어 있습니다. 시편 50:23이 이것을 확인해 줍니다. "감사로 제사를 드리는 자가 나를 영화롭게 하나니 그 행위를 옳게 하는 자에게 내가 하나님의 구원을 보이리라." 이 구절을 다른 번역본으로도 읽어 보면 그 의미를 더 잘 파악할 수 있습니다. "누구든지 찬양을 드리는 자는 나를 영화롭게 하나니, 그 행위를 바르게 하는 자에게 내가 하나님의 구원을 보이리라"(흠정역). "감사의 제사를 바치는 자는 나를 영화롭게 하며, 내가 그에게 하나님의 구원을 보일 수 있도록 길을 준비한다"(NIV). 찬양과 감사를 통하여 우리는 주님께서 구원과 축복을 가져오시기 위하여 거침없이 달리실 수 있는 평탄한 대로를 수축하게 되는 것입니다.

앞에서 살펴본 역대하 20장에서 이스라엘 백성이 노래하고 찬송을 시작했을 때 여호와 하나님께서 마침내 그들의 대적들을 전멸시키셨습니다(21-24절). 우리의 영적 전쟁에서도 같은 원리가 적용됩니다. 기도와 찬양을 통하여 우리는 구원하실 하나님에 대한 믿음을 선포하고, 믿음의 방패를 높이 들며, 성령의 능력을 발합니다. 찬양을 통하여 우리는 사탄과 그의 군대를 쳐부수는 정면 공격을 감행합니다. 왜냐하면 찬양은 강하고 능하신 하나님께서 친히 싸움터에 임하셔서 우리 대신 싸워 주시도록 하나님을 부르는 것이기 때문입니다. 찬양으로 충만한 기도는 우리의 삶과 다른 사람들의 삶 가운데서 사탄을 막아 물리치는 힘이 있습니다. 그것은 또한 하나님께서 우리를 구하시고 복 주시려고 달려오실 때 주님의 길을 막는 산더미 같은 장애물들을 제거하는 능력이 있습니다.

사도행선 4상을 보면, 초대 교회의 그리스도인들이 처음으로 심한 반대와 핍박을 받았을 때 그들은 일심으로 하나님께 소리 높여 기도를 드렸습니다(사도행전 4:24-30). 기도 내용을 보면 주로 찬양이었습니다. 31절에는 그 결과가 기록되어 있습니다. "무리가 다 성령이 충만하여 담대히 하나님의 말씀을 전하니라." 찬양이 흠뻑 배어 있는 기도로 말미암아 사탄이 중단시키기를 원했던 활동들이 오히려 새로운 힘을 얻어 더욱 활발해진 것입니다.

찬양과 감사는 우리에게 하나님을 신뢰하도록 자극을 줌으로써 때때로 하나님의 능하신 손을 움직여 문제가 해결되고 시련이 끝나게 합니다. 때로는 우리가 간절히 원하는 축복과 구원이 지연되거나 보류되는 경우도 있습니다. 그럴 때에라도 찬양과 감사는 우리에게 강력한 영향을 미치며, 또한 우리를 통하여 우리의 상황에 영향을 미칠 수 있습니다. 찬양과 감사는 우리의 태도를 변화시킵니다. 찬양과 감사는 우리가 처한 역경을 창조적으로 사용하는 일에 우리로 하나님과 한마음을 이루어 동역하게 합니다. 찬양과 감사는 우리가 삶과 말로 주님을 증거할 때 우리의 증거에 큰 힘을 실어 줍니다.

하나님께서 우리의 예배를 바라시는 한 가지 이유는 우리의 영육간의 필요를 채워 주시고자 하는 데 있습니다. 우리와의 깊은 교제를 갈망하시는 하나님의 소원을 만족시켜 드리고자 우리가 예배를 드리면, 하나님께서는 우리의 삶과 환경에 많은 축복과 유익을 쏟아 부어 주십니다. 그러므로 우리가 아무리 하나님을 예배하고 예배한다 해도 결코 지나치지 않습니다.

섬김을 위한 활력

예배가 주는 외적 보상 중 가장 신 나는 것은 하나님의 특별한 손길입니다. 하나님을 위한 우리의 섬김에 하나님의 손길이 친히 함께하신다는 것입니다. 예배는 섬김을 위하여 우리를 준비시켜 줍니다. 예배가 선행될 때 섬김은 하나님의 임재로 빛을 발합니다. A. W. 토저는 이렇게 썼습니다.

> 우리가 여기에 있는 것은, 예배자가 되는 것이 첫째요, 일꾼이 되는 것은 두 번째일 뿐입니다.… 예배자가 한 일은 영원한 가치를 지니게 될 것입니다.

예배는 우리가 주님을 위해 하는 행동과 말이 하나님의 영광을 나타내게 합니다. 예배는 우리의 증거에 신선함을 가져다줍니다. 어느 시편 기자의 고백에 그것이 잘 나타나 있습니다. 그는 주님에 대하여 말할 때 자기의 마음에서 좋은 말이 넘쳤다고 했습니다(시편 45:1 참조).

하나님과의 친밀한 관계에서 나오지 않은 섬김, 하나님을 신령과 진정으로 예배하는 마음에서 나오지 않은 섬김은 종종 예배의 경쟁자요 적이 됩니다. 헌신된 그리스도인에게 만성적으로 따르는 유혹의 한 가지는 사람들을 섬겨 달라는 끝도 없는 부름에 따르느라고 동분서주하며 바쁘게 사는 것입니다. 그러다 보니 정작 예배를 통하여 주님을 섬기는 일은 제쳐 놓고 맙니다. 섬김으로 예배를 대체할 때 급기야는 섬김이 우상이 되어 버립니다. 이 같은 일은 흔히 자신의 창의적인 능력이 잘 발휘되거나 자신이 가장 즐기는 영적 은사를 사용할 때 아주 곧잘 일어납니다.

  예배가 없으면 섬김은 반 마음이나 억지로 하는 것이 되기 쉽고, 때로는 뭔가 하지 않으면 안 되기 때문에 하는 강박적인 것이 되기 쉽습니다. 그런 섬김은 마음에도 없이 의무감에서 억지로 해야 하는 지루하고 따분한 고역으로 전락해 버립니다. 혹은 업적을 통하여 자신을 나타내 보이려는 강렬한 시도로 변질되어 버립니다. 하나님께 영광을 돌리는 삶에서 그저 그런 수준이 아니라 정말이지 탁월한 수준이 되고 싶습니까? 하나님의 시야에서 사람들의 삶에 특별하고 비범한 영향력을 끼치기를 간절히 원합니까? 사람들에게 초자연적인 손길을 뻗기 원합니까? 그렇다면 섬김의 시간은 물론 예배의 시간을 반드시 가져야만 합니다. 예배를 섬김을 위한 필수 불가결한 준비로 보아야 합니다.

  하지만 효과적인 섬김을 위해 예배만 있으면 다 되는 것은 아닙니다. 또한 하나님의 말씀에 착념하고 말씀에 푹 잠기는 것도 필요합니다. 그리고 중보 기도를 하며, 다른 신자들과 교제를 갖고, 그리스도를 모르는 사람들에게 그리스도를 전하기도 해야 합니다. 그러나 예배는 피라미드의 정점이나 산의 정상과도 같이, 영적 삶에서 맨 위에 위치하며 최우선순위를 차지하고 있습니다. 사람들이 우리의 열심과 능변과 자기희생적 태도와 행동을 보고 아무리 찬사를 보낸다 할지라도, 예배가 없이는 하나님을 제대로 섬기지 못합니다. 아무리 오랜 세월 동안 수고할지라도 영적으로 구태의연한 상태에 머물러 있을 수밖에 없습니다.

그리스도의 향기를 나타내는 섬김은 예배를 높은 우선순위에 두는 일꾼들에게서 나옵니다. 그들이야말로 복 있는 사람들입니다.

하나님을 예배하는 예배자요 하나님을 섬기는 일꾼으로서 바울은 자기를 통하여 하나님께서 모든 환경 가운데서 그리스도를 아는 향기를 나타내신다고 말할 수 있었습니다(고린도후서 2:15 참조). 어느 작가가 그것을 다음과 같이 표현했습니다.

우리의 말을 통해서만이 아니라
우리의 행동을 통해서만이 아니라
전혀 의식하지 못하는 방법으로
그리스도는 나타납니다.

내게 그리스도를 알게 한 건
당신이 가르친 진리가 아니었습니다.
당신에겐 아주 명료했으나 내겐 아주 모호했습니다.
그러나 당신은 내게로 왔을 때
그분의 향기를 느끼게 해주었습니다.

당신의 눈으로 그분은 내게 눈짓하고,
당신의 가슴에서 그분의 사랑이 풍겼습니다.
마침내 당신은 보이지 않고
그 대신 그리스도가 보였습니다.

우리의 최고 특권

예배의 유익들이 우리에게 예배에 대한 동기를 주는 것은 사실입니다. 그러나 예배의 상급들은 잘하면 받기로 약속된, 활짝 핀 장미꽃 다발이 아닙니다. 그보다는 아직 활짝 피지 않은, 넝쿨 위의 장미꽃 봉오리들에 더 가깝습니다. 그 상급들은 예배의 본질적 일부입니다. 예배를 통해 하나님과 더 친밀해지며, 내적으로 더욱 조화로운 삶을 살게 되고, 믿음이 더 강해지며, 주님의 형상을 더욱 닮게 되고, 다른 사람들에게 주님을 더 잘 섬기고 예배하도록 동기를 부여하게 됩니다. 그런 상급들은 우리에게 기쁨과 만족을 줍니다. 그러나 가장 중요한 것은 그것들이 하나님께 기쁨과 만족을 드린다는 점입니다. 하나님의 영원한 갈망을 이루어 드리기 때문입니다.

예배에는 상급이 따르긴 하지만, 예배는 근본적으로 상급이나 열매, 또는 그 밖의 다른 어떤 것을 얻기 위한 수단이 아닙니다. 예배는 하나님께서 우리를 위해 계획하신 궁극적인 목표 가운데 하나입니다. 다른 목표들에 이르는 길이 아니라 우리의 영원한 숙명과 우리가 받을 상급을 앞서 보여 주는 것입니다.

우리의 최고의 특권은 하나님을 예배하는 것입니다. 하나님께서는 예배를 받으시기에 합당하신 분이기 때문입니다.

묵상 및 토의를 위하여

1. 예배와 찬양과 감사의 유익점 중 가장 중요하다고 생각되는 것들을 적어 보십시오.

2. 하나님을 예배하도록 당신에게 동기를 주는 것을 몇 가지 들고 설명해 보십시오. (이 장에 있는 것도 좋고 당신이 스스로 생각해서 써도 좋습니다.)

3. 당신이 적은 것들을 가지고 기도하십시오. 당신에게 깊은 동기력을 주셔서 예배, 찬양, 감사를 생활화할 수 있게 해주시기를 간구하십시오.

부 록

이 부록에는 예배를 생활화함으로 예배의 즐거움을 더 깊이 누리는 데 도움이 될 수 있는 것들을 실었습니다. 여기에 실린 찬양 기도를 활용하여, 비할 데 없이 놀라우신 우리 하나님과, 하나님께서 우리에게 주신 놀라운 특권들에 대해 깊이 묵상해 보는 기회가 되기를 바랍니다.

최대로 유익을 얻기 위해서는 하루에 하나씩 해보는 것이 좋습니다. 먼저 그날의 찬양 기도 내용을 주의 깊게 음미하면서 죽 읽어 보십시오. 읽으면서 주 하나님을 앙망하고 주님께 당신의 영혼을 드리십시오. 주님을 예배[경배]도 하고 찬양도 하며 감사도 하십시오. 도중에 찬양과 연관된 생각들—이를테면, 개인적인 묵상, 성경 구절, 그 주제에 관한 찬송가 등—이 떠오르면 추가하십시오. 당신과 다른 사람들의 삶 가운데 하나님께서 그날의 찬양 기도 내용을 어떻게 나타내 주셨는지 생각해 보십시오. 그러고 나서 그 구체적인 방법들에 대해 감사하십시오.

찬양 기도 부분을 사용하여 예배[경배]하는 시간을 가진 후 계속해서 그날의 제안대로 해보십시오. 참조 구절들이 주어져 있을 경우에는 성령께서 그 구절들을 사용하여 당신의 눈을 뜨게 해주심으로 하나님을 더욱 분명히 볼 수 있게 해주시기를 기도하십시오. 각 구절을 찬양과 감사의 기초로 사용하고, 당신의 생각을 기록하십시오.

그날 계속해서 더 찬양과 감사를 할 수 있도록 하기 위해 찬양 기도 내용이나 찬양 기도에 사용된 성경 말씀들 중에서 한 가지를 선택하십시오. 예를 들어 첫째 날에서 "주님께서는 나의 호흡을 주장하시고 나의 모든 길을 작정하시나이다"를 택하거나, 아니면 간단히 "나의 왕, 나의 하나님이시여"를 택할 수 있습니다. 자주 예배[경배]하는 습관을 들이는 데 도움이 되도록 아침 경건의 시간에, 식사 기도 시에, 그리고 하루를 끝내고 잠자리에 들기 전 그 구절이나 문장을 사용하십시오. 그 찬양 기도를 사용하여 예배할 때나 연구 제안을 공부할 때에 마음에 떠오르는 참조 구절들을 기록해 두십시오. 만약 어떤 구절이 당신에게 무슨 특별한 것을 말해 준다면 앞으로의 찬양을 위해 당신 나름의 방법으로 기록해 두십시오.

자기만의 예배 노트를 사용하면 도움이 됩니다. 그 노트에는 다음에 소개되어 있는 일곱 개의 찬양 기도를 옮겨 적어 두는 것과 더불어 이 부록에 있는 질문들에 대한 답을 기록해 둘 수 있습니다. 앞으로도 그 노트는 성구, 인용문, 찬송가, 기타 예배에 보조적인 것들을 기록하고 사용하는 데 도움이 될 것입니다. 그 노트에 기록된 것들을 경건의 시간에 되풀이해서 사용한다면 우리의 놀라우신 삼위일체 하나님께 드리는 당신의 예배를 계속적으로 풍성하게 만들어 줄 것입니다.

첫째 날
나의 왕, 위엄과 능력의 하나님

나의 왕, 나의 하나님이시여,
주님의 무한하신 능력과
주님의 존귀하고 영광스러운 위엄을 인하여
내 영혼이 주님을 찬미하나이다.

주님께서는 온 우주 이 끝에서 저 끝까지 다스리시며,
모든 권세 위에 뛰어나신 분이시나이다.

나의 삶을 처음부터 끝까지
매일매일 다스리시는
주님의 절대주권을 인하여 찬양을 드리옵나이다.

주님께서는 나의 호흡을 주장하시고
나의 모든 길을 작정하시나이다.

주님께서 내 인생 길에 두신 모든 것은
주님의 영광스러운 목적들을 이루시기 위함이니이다.

매일매일을 확신으로 맞이할 수 있게 하시니 감사하옵나이다.
이는 주님께서 내 앞길을 주장하시기 때문이옵니다.

주님의 계획은 영원히 서고
주님의 생각은 대대에 이르나이다.

나라와 권세와 영광이 아버지께 영원히 있사옵나이다. 아멘.

시편 5:2, 시편 145:5, 역대하 20:6, 시편 48:14, 이사야 46:3-4, 다니엘 5:23, 잠언 16:9, 로마서 8:28, 시편 31:15, 시편 33:11, 마태복음 6:13

　이 기도문을 한 줄 한 줄 묵상할 때 우리 하나님의 위엄과 능력을 찬양하고 감사할 것들이 머리에 떠오르는 대로 여백에 기록해 두십시오.

나의 찬양

둘째 날
나의 아버지, 사랑과 은혜의 하나님

하늘과 땅의 주재이신 하나님 아버지,
주님의 완전한 사랑과
주님의 크신 은혜를 인하여
감사를 드리옵나이다.

주님께서는 은혜로우시고 자비로우시며,
긍휼히 여기시며 사유하기를 즐기시며,
용납하심과 길이 참으심이 풍성하시며,
인자와 진실이 풍성하신 하나님이시나이다.

주님께서는 나를 택하시고 가까이 오게 하사
주님의 뜰에 거하게 하셨나이다.
내가 주님의 집의 아름다움으로 만족하리이다.

주님께서는 나의 하나님이시요,
나의 왕이시요,
나의 친구시요,
환난과 위험 중에 나의 피난처시요,
나를 기르시는 아버지시요,
나를 인도하시는 목자시요,
나를 기뻐하시는 신랑이신 것을 감사하옵나이다.

주님의 인자가 생명보다 나으므로
내 입술이 주님을 찬양하옵나이다.

누가복음 10:21, 시편 145:7, 시편 86:5,15, 로마서 2:4, 시편 103:8, 시편 65:4, 시편 59:16, 시편 89:26, 누가복음 12:4, 시편 23:1, 이사야 62:5, 시편 63:3

다음 구절들을 깊이 묵상하고 이를 자신의 말로 풀어서 하나님 아버지께 대한 찬양과 경배의 기도문을 만들어 보십시오. 누가복음 1:78-79(예수님의 오심으로 성취된 예언), 요한복음 1:12-13, 에베소서 2:4-7, 요한일서 3:1-2.

나의 찬양

셋째 날
예수 그리스도, 나의 주님과 구주

아버지 하나님, 감사하옵나이다.
아버지의 사랑은 모든 인간의 사랑보다 크시옵니다.
아버지께서는 한없는 은혜와 자비로
독생자 우리 주 예수 그리스도를 이 땅에 보내 주셨나이다.
예수님께서는 근본 하나님의 본체시나
하나님과 동등됨을 취할 것으로 여기지 아니하시고
오히려 자기를 비어 종의 형체를 가져 사람들과 같이 되셨고
사람의 모양으로 나타나셨으매
자기를 낮추시고 죽기까지 복종하셨으니
곧 십자가에서 죽으셨나이다.

아버지 하나님, 감사하옵나이다.
내가 눌려서 쓰러질 수밖에 없는 무거운 죄 짐을
아버지께서는 예수님께 담당시키셨나이다.
예수님께서는 날 위해 죄를 지셨고,
나를 대신하여 죽으셨나이다.

아버지 하나님을 찬양하옵나이다.
아버지께서는 예수님을 죽은 자들 가운데서 다시 살리시고
예수님을 지극히 높여 하나님 보좌 우편에 앉히사
하늘과 땅에서 보이는 것들과 보이지 않는 것들과,
모든 정사와 권세와 능력과 주관하는 자와
이 세상뿐 아니라 오는 세상에 일컫는
모든 이름 위에 뛰어나게 하시고
모든 자로 예수님의 이름에 무릎을 꿇게 하셨나이다.

예수님께서 자기를 힘입어 아버지께 나아가는
나를 온전히 구원하실 수 있으시니
내가 기뻐 뛰며 찬양하나이다.
또한 나를 능히 아버지의 영광스러운 존전에
거룩함에 흠이 없이 서게 해주실 것을 인하여
영영히 기뻐 외치며 즐거워하나이다.

요한복음 3:16, 빌립보서 2:6-11, 이사야 53:3-6, 에베소서 1:20-22, 골로새서 1:16, 히브리서 7:25, 10:14, 데살로니가전서 3:13, 5:23, 시편 32:11

당신의 주님이시요 구주이신 하나님께 또 어떤 찬양과 감사를 드리겠습니까? 당신이 생각한 것을 기록하고 하나님을 예배[경배]할 때 사용하십시오.

나의 찬양

넷째 날
성령, 위로부터 온 선물

하나님 아버지, 감사하옵나이다.
하나님께서는 온갖 좋은 선물과
온전한 은사를 주시는 분이시나이다.
또한 보혜사이신 진리의 성령을 우리에게 보내 주셔서
영원히 우리와 함께 있게 하시고 또 우리 속에 계시게 하셨나이다.

성령을 인하여 내 영혼이 기뻐하나이다.
성령께서는 성부와 성자와 동등하시고,
어두운 데서 비치는 빛처럼 하나님의 사람들을 감동 감화시키사
성경을 기록하게 하셨나이다.

하나님 아버지, 감사하옵나이다.
성령으로 말미암아 처녀가 잉태하여 아들을 낳았으며,
성령께서 예수님 위에 머무르시며,
예수님께 기름을 부으시고
복음을 전하게 하시고 포로 된 자를 자유케 하게 하셨나이다.

하나님 아버지, 감사하옵나이다.
내가 아버지를 의뢰할 때
성령께서 나를 위해 일하사,
평평한 땅에 나를 인도하시며,
아버지께 순종할 수 있게 하시고,
사랑과 기쁨과 평강으로 충만케 하시며
내 얼굴을 소망으로 빛나게 하시나이다.

하나님 아버지, 감사하옵나이다.
성령께서 나에게 은사를 주사 아버지를 섬기게 하시고,
내게 능력을 부어 주사 영적 전쟁에서 승리하게 하셨나이다.
승리는 내 힘과 내 능력으로가 아니라
오직 성령으로 말미암나이다.

야고보서 1:17, 요한복음 14:16-17, 요한복음 16:13, 마태복음 1:18,20, 요한복음 1:32-33, 누가복음 4:18, 고린도후서 4:6, 베드로후서 1:21, 시편 143:10, 시편 42:11, 베드로전서 4:10-11, 스가랴 4:6

성령, 또는 당신 삶 속에서 역사하시는 성령의 사역을 인하여 찬양하고 감사하고 싶은 내용이 떠오르는 대로 계속 노트에 기록을 해두십시오.

나의 찬양

다섯째 날
내 안에 거하시는, 나의 주님

사랑하는 주님, 참으로 감사를 드리옵나이다.
주님께서는 나의 생명이시나이다.
주님께서는 죽은 자를 일으키고 생명을 주시며
능치 못한 일이 없으시며 영원불변하시나이다.

주님, 내가 주님을 기뻐하나이다.
주님께서는 능히 내 속의 뒤엉킨 것들을 푸시고
옛 생활 방식을 새 생활 방식으로 바꾸실 수 있나이다.
또한 나의 육신적인 반응들인
근심, 두려움, 분노, 후회를 능히 다 씻어 내시고
의의 열매들로 채워 주사
하나님의 영광과 찬송이 되게 하실 수 있나이다.

주님, 감사하옵나이다.
내 안에 거하시는 주님으로 말미암아
내가 하나님의 뜻을 행할 수 있나이다.
내게 능력을 주시는 주님 안에서
나는 어떤 일이라도 할 준비가 되어 있으며,
무슨 일이든지 할 수 있나이다.

주님을 찬양하옵나이다.
주님께서는 내 안에서 역사하시는 주님의 능력으로
내가 구하거나 생각하는 모든 것에
더 넘치도록 능히 하실 수 있나이다.

주님, 내가 주님을 사랑하나이다.

골로새서 3:4, 요한복음 6:35, 11:24-25, 예레미야 32:17,27, 에베소서 4:22-23, 빌립보서 1:11, 2:13, 4:13, 에베소서 3:20, 시편 18:1

다음 구절들을 깊이 묵상하고 그리스도께서 당신 안에서 행하시는 일들을 인하여 찬양과 감사의 기도문을 작성해 보십시오. 이사야 61:3, 로마서 6:4, 빌립보서 1:11, 2:13, 디도서 2:14.

나의 찬양

여섯째 날
말씀, 나의 진리의 보고(寶庫)

주님을 찬양하옵나이다.
주님의 말씀이 내게 어찌 그리 보배로운지요!
주님께서는 내가 말씀을 통해
언제든지 주님께 나아가
주님과 대화하게 하시고
주님의 진리로 내 영혼을 축이시며,
나의 삶 가운데서 주님의 목적을 이루어 가시나이다.

주님, 감사하옵나이다.
주님의 말씀 안에서
주님의 음성을 듣고 주님의 얼굴을 구하며
주님의 놀라우심을
더욱 밝히 깨달을 수 있나이다.

말씀 안에서 주님의 생활 방식을 깨닫고,
주님께서 내 마음을 넓히시니
주님의 계명의 길로 달려가는 것을 배울 수 있나이다.

주님, 감사하옵나이다.
성령께서 주님의 말씀을 사용하사
나를 깨우치시고 축복하시며,
나를 인도하시고 먹이시며
기르시고 변화시켜 주시나이다.

만군의 하나님 여호와시여,
나는 주님의 이름으로 일컬음을 받는 자이기에
주님의 말씀은 내게 기쁨과 내 마음의 즐거움이나이다.

시편 139:17, 마태복음 4:4, 요한복음 5:39, 요한복음 14:26, 시편 119:32, 시편 23:2, 예레미야 15:16, 시편 119:97

다음 찬송가 또는 이 주제와 연관된 다른 찬송가를 묵상하고, 그것을 기도와 찬양과 감사에 사용하십시오.

생명의 떡이신 주님,
갈릴리 바닷가에서 떡을 떼사
무리를 먹이어 주심같이
나에게도 그 떡을 떼어 주소서.
성경의 매 페이지를 펼 때마다
간절히 주님을 찾나이다.
살아 있는 말씀이신 주님,
내 영혼이 주님을 찾기에 갈급하나이다.

사랑의 주님,
주님께서는 내게 생명의 떡이시옵니다.
나를 변화시키시는 거룩한 진리의 말씀이시옵니다.
위로부터 그 떡을 내리어 주사
주님을 먹고 살게 하소서.
나를 가르치사 주님의 진리를 사랑하게 하소서.
주님께서는 사랑이시니이다.

-메리 래드버그의 '생명의 떡을 주소서'에서

나의 찬양

일곱째 날
기도, 은혜의 보좌 앞에 나아감

만왕의 왕이신, 영광의 주 하나님,
주님을 찬양하옵나이다.
주님께서는 내 모습 그대로
주님의 존전에 나아갈 수 있게 하셨나이다.
내 공로가 아니라 그리스도의 공로이나이다.

주님, 감사하옵나이다.
두려움 없이 어느 때에나
주님의 존전에 나아갈 수 있나이다.
또 그리스도를 의지하여 하나님께 나아갈 때
반갑게 나를 영접해 주실 것을 믿기에
나는 두려움이 없나이다.

주님, 감사하옵나이다.
나의 실수에 대해 긍휼하심을 받고
때를 따라 돕는 은혜를 얻기 위하여
담대함과 확신을 가지고
주님의 은혜의 보좌 앞에 나아갈 수 있나이다.

주님, 감사하옵나이다.
조용한 친교 가운데 주님을 앙망하며,
주님의 사랑이 나를 감싸도록 맡기고,
주님의 능력과 기쁨으로 나를 채울 때
주님께서는 내 영혼을 회복시키시나이다.

주님을 찬양하옵나이다.
기도를 통해 다른 사람들을 섬김으로,
그들의 삶과 섬김에
주님의 능력이 임하게 할 수 있나이다.
그 능력은 조용하면서도
송두리째 삶을 변화시키는 힘이 있나이다.

주님 외에는 자기를 앙망하는 자를 위하여
이런 일을 행한 신이 예로부터 없었나이다.

요한복음 16:24, 로마서 15:7, 에베소서 3:12, 시편 59:10, 히브리서 4:16, 이사야 40:31, 시편 23:3, 히브리서 4:12, 10:22, 에베소서 6:18, 고린도후서 1:11, 이사야 64:4

시편 100편을 깊이 묵상한 후, 주님을 찬양하고 예배하는 데 사용하십시오.

나의 찬양

삼위일체 되신 주 하나님,
주님께 꿇어 경배하며
온 마음 다해 주님을 찬양하나이다.
만유의 창조주시요 만주의 주이신 하나님,
주님 외에 다른 신이 없으시나이다.
오, 삼위일체 되신, 거룩하신 주 하나님,
모든 영광과 존귀를 주님께 돌리나이다.
할렐루야, 할렐루야, 할렐루야.

효과적인 기도

마이어즈 부부 지음
신국판/ 280쪽

당신은 참으로 '위대한 사람들' 가운데 하나가 되고 싶습니까? 19세기의 위대한 설교자인 S. D. 고든은 다음과 같이 말했습니다: "오늘날 세상의 위대한 사람들은 기도하는 사람들입니다. 나는 기도에 대해 이야기하는 사람들이나 기도의 능력을 믿는다고 말하는 사람들이나 기도에 대해 설명할 수 있는 사람들을 말하는 것이 아니라, 오직 시간을 내어 실제로 기도하는 사람들을 말하는 것입니다."

워렌 마이어즈는, 본서 효과적인 기도를 통해서 세계에 영향을 미칠 사람들의 숫자를 늘리는 데 기여하고 싶은 열망을 가지고 있습니다. 아내인 룻과 함께 그는 기도에 대한 당신의 이해를 깊게 하기 위해, 그러나 무엇보다도 당신이 기도하도록 돕기 위해 본서를 집필했습니다.

먼저 워렌 마이어즈는 그리스도 안에 거하는 일과 죄로부터 깨끗케 되는 일의 필요성에 주의를 기울이고 있습니다. 그는 당신이 '주기도문'을 잘 이해하며, 그것을 당신의 기도의 모본으로 활용할 수 있도록 도와줍니다. 경건의 시간, 하나님의 말씀을 당신의 기도에 이용하는 법, 기도할 때 감정을 올바르게 다루는 법, 끈기 있게 기도하는 법 등에 대한 저자의 제안들을 통해 당신은 매우 실제적인 도움을 받게 될 것입니다. 끈기 있는 기도란 겉으로 드러나는 활동이 아니기 때문에 기도를 향한 당신의 열정을 아는 사람은 별로 없을 것입니다. 그러나 당신이 이 책에서 알 수 있듯이, 하나님께서는 드러나지 않는 이 '위대한 사람들' 즉 기도하는 사람들을 통해 그분의 계획이 성취된다고 말씀하십니다.

완전한 사랑

룻 마이어즈 지음
신국판/ 486쪽

우리는 날마다 거울을 봅니다. 자기 모습을 알기 위해서입니다.

또 다른 거울이 있습니다. 우리 주위의 `사람들'입니다. 누가 칭찬을 하거나 미소를 지어 주면 자신을 괜찮은 사람으로, 누가 책망을 하거나 얼굴을 찡그리면 자신을 못난 사람으로 여깁니다. 하지만 이 거울은 부정확할 뿐 아니라, 보여 주는 모습도 시시때때로 변합니다.

또 다른 거울이 있습니다. 그 거울만이 우리의 모습을 올바로 보여 줍니다. 바로 `하나님의 사랑'입니다. 그 거울에 비춰 볼 때, 우리는 만왕의 왕의 극진한 사랑을 받는 존귀한 자임을 알게 되며, 참된 기쁨과 만족과 자유와 평안과 쉼을 누리게 됩니다.

본서를 통해 당신을 향한 하나님의 완전한 사랑을 살펴보십시오. 하나님에 대한 생각이 바뀌고, 자신에 대한 생각이 바뀌고, 삶이 바뀝니다.

찬양: 하나님의 존전으로 통하는 문

초판 1쇄 발행 : 1989년 2월 27일
개정 1쇄 발행 : 2012년 9월 10일

펴낸곳: 네비게이토 출판사 ⓒ
펴낸이: 조 성 동
주소: 120-600 서울 서대문 우체국 사서함 27호
120-836 서울시 서대문구 창천동 497
전화: 334-3305(대표), 334-3037(주문), FAX: 334-3119
홈페이지: http://navpress.co.kr
출판등록: 제10-111호(1973년 3월 12일)

ISBN 978-89-375-0441-9 03230

본 출판사의 서면 허락 없이는 본서의 전부 또는
일부의 무단 복제, 또는 원문에 대한 무단 번역을 금합니다.